剣道大臣

笹森順造と撓《しない》競技

山本甲一

島津書房

撓競技正装

昭和25（1950）年9月9日　国鉄札幌鉄道管理局職員会館「第2回全道撓競技大会」
進駐軍関係者を招き全日本撓競技連盟会長である笹森順造が直接競技の特長やルールを解説してPRにつとめた。

昭和28年10月（海外出張中で笹森不在） 香川県内海町（小豆島）ほぼ中央野田孝（大阪・撓競技連盟副会長）その右宮田正男（東京・同）。いずれも笹森順造を支えつづけるとともに学校剣道の発展に尽くした。野田の左は中山博道。

昭和22（1947）年12月17日　片山内閣、後列右端笹森順造。前列中央総理大臣片山哲。前列左端三木武夫。宇野農相更迭後波多野大臣就任。

小豆島、内海中学校校庭で行われた大会は床は三和土（たたき）であった。そのため選手は運動靴をはくことが義務づけられた。

競技前に練習に興じる女子選手。

剣道大臣

笹森順造と撓《しない》競技

目次

目次

序章

これは、明治・大正・昭和を生きた笹森順造という男の、昭和戦後時代の物語である。

津軽弘前に生まれ、少年時代から政治家をこころざしていた笹森順造は、アメリカぐらしが十年となったとき、とつぜん故郷にできる私立中等学校の校長になるよう要請され、いそぎ帰国し、東奥義塾の塾長となった。大正十一（一九二二）年、三十五歳のときだった。

新米塾長は、地方における私立中学経営のむずかしさをなんとか克服しながら、おのれの信念にしたがい聖書と剣道を正課とし、自らも指導した。

塾長らしい雰囲気がただよってきた昭和十四（一九三九）年、五十三歳のときに、こんどは青山学院の院長となってくれという要請があり、上京した。

ちょうど青山学院が混乱してきていた時代で、塾長となった笹森順造は思い切った人事を断行し、それが学院史の一大事件となった。昭和十八年、混乱の収束とともに青山学院長を辞任する。

それからは、大東亜戦争勃発後あらたに設立された大東亜省に嘱託として勤務する一方、古流武術を後世に伝えるため、「小野派一刀流」宗家としてその体系化と伝承にとり組んだ。武術関係者のあいだで、笹森順造の名が定着していく。

開戦後も東京にいた笹森順造であったが、八月十五日の終戦の日はたまたまふるさと弘前にいた。

この物語はここからはじまる。

そこでまず、五十九年という笹森順造の人生を序章としてたどっておこう。

笹森順造は、明治十九（一八八六）年五月十八日、弘前藩士だった父要蔵、母さがの六男として青森県弘前若党町に生まれた。熱心にキリスト教を信仰するとともに、幼いときから剣道を学び、それが一生をつらぬくたて糸になった。

長兄の卯一郎（卯は宇とも書く。宇という字を本人が気にいっていたという）は、長崎にある鎮西学院の院長として知られていた。卯一郎は、明治四十四年に四十五歳で世を去ってしまうが、のちのちまでも熱血院長として語り継がれる男であった。

卯一郎は、青年時代にアメリカに学んだ経験があって、順造おまえもアメリカで学べと、順造にすすめていた。

青森一中(のちの弘前中学、戦後の弘前高校の前身)を出て早稲田大学に進んだ順造は、留学の準備をととのえたが、卒業してすぐにアメリカにわたることはしない。

「いったん実社会で働いてみて、自力で生活できる方法と自信をつけて、それから海外に出た方がいい」

という、卯一郎のアドバイスにしたがったのだ。順造は東京にある新公論社にはいり、総合雑誌『新公論』の編集者となった。そのころは、編集者は号を持つことが習慣となっていて、笹森北天という号で執筆した。

『新公論』は、当時の日本を代表する雑誌『中央公論』をモデルにして創刊されたものである。編集者として順造は、いわゆるときの人を取材してまわり、インタビューした内容を「識者の声」として記事にしたり、さらに時事にふれ自らの見解を記事にしていた。一年後には編集長になる。

明治四十五(一九一二)年、少年のときからえがいた人生計画にしたがった順造は、新公論社を辞して、アメリカにわたる。アメリカでじっくり学び、政治の道にすすむのだ。

順造は、コロラド州のデンバー大学に学び、大学院を修了する。のちにデンバー大学で哲学博士号を得る。

笹森順造という男の生涯を貫く剣道については、アメリカにわたってからも一人で鍛錬に励むとともに、アメリカ人に紹介したり、また、日本人の仲間をつのって稽古をおこなっていた。さらに「北米武徳会」という剣道・柔道のクラブを自ら組織して、日本の武道をアメリカに紹介し、普及する活動にも力を入れた。

大正九（一九二〇）年、順造は、青森第一中学校で六期上の先輩であり、また早稲田大学の先輩でもある藤岡紫朗という人物に招かれて、デンバーからロスアンゼルスに移る。藤岡はロスで新聞の仕事にたずさわっていた。

やってきた順造は、南加中央日本人会書記長という仕事につき、日本人会組織のかなめとしてはたらくことになった。

ロスアンゼルスは日本人が多く、順造は、そしてここでも剣道の普及をはかった。映画俳優として知られる早川雪洲などのように、日本で剣道の稽古を積んできた者たちと稽古をするとともに、日系人の子として現地で生まれた子供たちの教育に、剣道を役立てるようにと説いてまわった。

日本人会書記という役目柄、順造のところには、さまざまな相談やアメリカ人とのトラブルが持ち込まれた。トラブルではあきらかに日本人が悪いこともあるし、日本人が無知につけこまれていることもある。日米それぞれの良さやまずい面を、目の前の人間を通じて、順造は自ら実感したものだ。

順造がこうしてロスアンゼルスにいるころ、廃校となっていたふるさと弘前の東奥義塾が再興されることになった。

東奥義塾という私立学校は、弘前藩の藩校であった「稽古館」の流れをうけて明治五（一八七二）年につくられた。東奥義塾からは、青森県内はもちろん、日本各地や海外で活躍する人物が輩出した。順造の兄の卯一郎や、やはりすぐ上の兄の良逸もまた東奥義塾出身であった。

こんな東奥義塾であったのだが、不審火がつづくなど学校をめぐるトラブルが多発し、明治の末に閉校となった。

しかし、地元における東奥義塾の評価は高く、大正十一（一九二二）年になると、メソジスト（当時の表記はメソヂスト）派というキリスト教団体の支援により、中等学校として東奥義塾は再建されることになった。

弘前を代表する牧師である山鹿元次郎を先頭に、熱心な再興準備活動が展開された。再興にあたり、学校運営を代表する塾長について、関係者から三つの条件が出され、これを満たす塾長候補者さがしがおこなわれた。

①　弘前出身であること

② キリスト教信者であること

③ 日米両方の大学を出ていること

ときはまだ大正という時代だ。順造は目立ちすぎるほどこの条件を満たす存在であった。たちまちのうちに、

「笹森順造という男がいるじゃないか」

と、声が出た。すぐに最有力候補となった。

海をわたり、順造のところに、塾長就任を要請する使者がやってきた。

政治家をめざしていた順造は、突然の指名にとまどいながらも、故郷の若者教育をせよという運命を素直にうけいれ、いそぎ帰国した。

大正十一年四月、東奥義塾は再興開学を迎えた。

塾長となった笹森順造は、はばかることなくおのれが最善と信じた教育方針をつらぬいた。次から次と、あたらしい試みを実行した。

高い評価も受けた。トラブルもあった。はげしい非難もあびた。

塾長として順造がやったことは、

① 入学試験で、学科試験を廃止

小学校長による推薦とメンタルテスト（知能テスト）と口頭試問で入学を決定した。

②　聖書と剣道

キリスト教による学校であるから、聖書の時間が設けられることは当然であろう。一方、剣道は当時、全国的に多くの学校でクラブ活動としてさかんにおこなわれていたが、正課としてはほとんど採用されていなかった。それを東奥義塾では正課として全員が学ぶことにした。

キリスト教の学校ではあっても、

「剣道のように、日本が誇りうる、すぐれた教材となるものは、おおいに採用すればいい」

と、順造は主張した。

③　背広の制服

当時の常識であったつめえりの学生服でなく、背広の制服とし、さらに一年から五年まで、学年ごとにネクタイの色を決めた。

④　落第と退学のすすめ

成績不良者に対しては、進級を拒否し、さらにそれでも救いがたい者については、退学をすすめた。

⑤　教師のレベルアップ

各地から教師としての実力がある者を高給で集めた。

⑥ 外国人教師

英語には特に力を入れ、外国人教師により英語力を鍛錬した。

⑦ アメリカの日系人生徒受け入れ

アメリカに移住した日本人たちの子弟を生徒として引き受けた。

こういう特徴を出しながらも、順造は、私立学校経営の宿命である資金獲得のために、全国をかけずりまわったものだった。

一方、おのれの方針をつらぬく順造を、地元教育界のベテランと称される一部の者たちは、「若い素人」と決めつけ攻撃した。なにしろまだ三十代のなかばである。それが高報酬を受け、弘前の花形校長になってしまっては、先輩校長の立つ瀬がないというものだ。

しかし、攻撃にもまったく動じることなく反論し、背筋を伸ばし、キリスト教を説き、剣道を教え、生徒たちから「エラ様」と呼ばれ、笹森順造は東奥義塾と生きている。

学校の正課にとり入れた剣道については、自分にもきびしい修練を課していた。

津軽藩には、剣術の代表的な流派である小野派一刀流が伝えられていて、津軽藩の剣道師範たちは、代々律儀に原形を残してきた。

順造はもともと幼年時に学んだ流派が小野派一刀流ということもあって、東奥義塾長になってからはさらにその道の奥義を極めようと、同じ流派の達人の域にある師を学校に招いたり、あるいは自分から出かけて教えを受けたりして、膨大なこの流派の体系を身につけたのであった。

そのほかに抜刀術、長刀（なぎなた）、柔術などの武術も鍛錬していた。

津軽にいる笹森順造という男をみこんだ男が東京にいた。遠いところにいるのに、順造のことをいつも思っていたようだ。順造の次の仕事につながっていくきっかけをつくる米山梅吉という人物だ。

米山梅吉は、三井銀行重役のあと、三井信託会社を設立、社長として軌道に乗せてきた。三井という大財閥を代表し、さらに日本経済界をも代表する人物の一人であり、貴族院議員であった。

また米山は、日本におけるロータリークラブの創設者として知られていた。アメリカのダラスで三井系の棉花商社マンであった福島喜三次が設立事務を担当し、米山がメンバーをつのり組織化してきた。

さらに米山は、学校経営にも直接関わり、青山学院経営陣のリーダーであるとともに、のちに青山学院初等部となる緑が丘小学校を私費で建て、建てるだけでなく、みずから校長となり、自力で運営しようとしていた。

しかしこの時期、昭和十年代というのは、キリスト教の学校である青山学院は、むずかしい局面にあった。

青山学院は、メソジスト派によってつくられた学校である。ところが日本は、キリスト教の学校であるということだけで、軍隊からにらまれる時代になっていたのだ。

このような状況を打破するために、青山学院設立の母体であるメソジスト派からも、青山学院はほかの学校と合同したらどうかという案も出ていた。

一方で、青山学院内部に、教員たちの主導権あらそいが表面化しようとしていた。

これまで米山梅吉は、

「学校経営については理事たちが万全を期す、教授陣は学生指導に万全を期せ」

という考え方で、青山学院の運営を指導してきた。

ところが、どうもその流れが変えられてきている。教師の中に、政治的な動きというものを好む者がいて、派閥を形成したがっているようだ。人事ということが好きでたまらぬ様子でもある……

「この状況を打開し、青山学院を永続させていくには、断固として行動する院長がいなければなりません。しかし、現在の学院内部からでは不可能です」

こう思案した米山は、順造に白羽の矢を立てる。

これまで米山は、なんども東奥義塾長である順造を支援してきた。

東奥義塾に資金が必要なときは、多額の寄附をおこない、塾長の順造が長らく海外に視察に出たときは、資金の援助はもちろんだが、三井の持つ海外のネットワークをあげて、視察が円滑に進行するよう助けてきたものであった。

「笹森順造。あの男なら、私の思いを実行してくれるだろう」

そこで米山は、自ら青森におもむき、順造に青山学院の実情を話すとともに、順造に青山学院長就任を要請したのであった。

このとき青山学院長は、弘前出身の阿部義宗である。阿部と順造とは幼なじみの友で、順造はときどき阿部から、学校運営の悩みを直接きいていたものだ。

昭和十四（一九三九）年十一月、順造は青山学院長就任を承諾する。あたふたと準備をすすめ、突然のことにぽかんとする東奥義塾の教員たちを残して上京した。

津軽から中等学校の校長が青山学院にやってきて、第五代の院長となった。笹森順造の次なる仕事がはじまったのだ。

青山学院の多数の教員たちにとって、日本のキリスト教界の大物であり、青山学院創設の柱となった本多庸一の出身地とはいえ、地の果てのような津軽からやってきた院長の就任が、おもしろいはずがない。大東京の青山学院に、津軽弁が通用してたまるか。

しかも、いきなり舞いあがってきた新米なのに、笹森順造という男は堂々としているのだ。

ことばづかいはていねいだが、なにごとにも自信を持っているようだ。

多くの教師たちが想定外の新米院長だと思っているうちに、順造は学院内の有力教授をあっさり解雇する。

まさかと青山学院は混乱、紛糾する。

主流派をめざしてきた教職員たちはとまどい、学生たちをも味方につけて、新米院長を、

「院長は強引な人事を断行しようとしている」

と弾劾する。

大手新聞社に勤務するある保護者などは、ものの道理がわからぬ新米院長にお説教をしてやろうと青山学院にやってきて、順造に一蹴される。家族にとってもにくたらしい存在の院長となる。

学生がストライキにはいったといううわさが飛び交い、そのためキリスト教の学校であるからと青山学院に目をつけている軍にとって、より見張りを強化するかっこうの口実となる。昭和の初期というのは、左翼思想が学生のあいだに浸透してくるとともに、ストライキが頻発したものだが、このころはすっかり落ち着いていたので目立つさわぎになった。

昭和十八年、十分であったかどうかはともかく、米山との約束を果たした順造は、青山学院長を辞任する。任期を何ヶ月か残していたが、順造が学園混乱の責任をとったことにより、米山梅吉たちが矢面に立つことはない。


青山学院を去った順造は、大東亜省に嘱託として勤務する。

大東亜省というのは、大東亜戦争がはじまってからあたらしくできた役所である。外務省とは別に、大東亜共栄圏を構成する国々への窓口とするために、昭和十七年十一月に設けられた。もっとも、設置とともに初代の大臣となった青木一男のあとは、いずれも外務大臣が大東亜大臣を兼務するのであるが。

嘱託という身分で勤務するこの時期は、順造を知る者の目には不遇と映った。だが、順造にとっては、おのれに課せられた役をつとめるだけだ。

青山学院の院長館を出て六本木近くの質素な家に移り、女中たちもいなくなったが、剣道にじっくりとり組める。東奥義塾長時代でも、また青山学院長時代でも、順造は、剣道というものが、非常にすぐれた教育材料であるとして、その研究を熱心におこなってきた、
とくに古流といわれる伝統流派の研究については、専門武道家の域をこえて徹底していた。津軽藩に伝えられた小野派一刀流は笹森順造自身が宗家となっている。

それにしてもさすが東京である。入門してくる弟子が一流なのだ。順造のもとに鶴海岩夫、小川忠太郎、小野十生、石田和外といった、戦後の剣道界に異彩を放つ者たちが集まっていた。順造が青山学院長になって、およそ二年後に大東亜戦争が勃発し、時とともにはげしさを増していく。どうも日本が不利で、負け戦となることを覚悟しなければならないようだ。順造の妻と子たちは、弘前に疎開した。

この戦争は昭和二十年の八月で終わるのだが、これから笹森順造は、どう生きていくのであろうか。

教育や剣道に深くかかわってきたが、順造には、青年時代にあこがれたものの、まだ果たしていない夢があった。「政治家」だ。

そして戦後の混乱は、笹森順造を政治家にする。還暦にいたり、青年の日の夢が実現するのだ。

その一方で、順造が熱心にかかわってきた剣道が、占領軍によって悪しき日本の代表とされ、まず学校で追放され、さらに全面禁止になろうとしていた。順造が人生のたて糸とする剣道が存亡の危機を迎える。

順造は、この危機を日本文化の危機、日本教育の危機ととらえた。そして剣道の復活に向けて格闘していくことになる。

「日本の貴重な文化を守ろう」

順造は、復活運動の先頭に立った。

――政治家と剣道の復活。

笹森順造のあたらしい生き方がはじまろうとしていた。

第一章

1　八月十五日

昭和二十（一九四五）年八月十五日。水曜日。

きょうも津軽は焼けるような暑さになるだろう。

弘前女学校の会議室では早朝から理事会が開かれ、理事長である笹森順造をはじめ理事たちがしきりに汗をぬぐっている。

学校は、教室棟をはじめ施設すべてが強制的にとりこわされるという、開校以来の危機に直面していたのだ。

――八月六日、弘前市から「第二次疎開計画」なるものが発表された。

疎開というのは、空襲に対して、燃える建造物を撤去した空き地すなわち「防火地帯」をもうけることで、それにより重要建物や密集地への延焼を防ごうというものである。

七月二十八日、青森市が米軍の空襲でやられてしまい、市街地が壊滅状態になった。八月三日に県知事の金井元彦が内務省に報告した死者の数は七百三十二名で、焼失した家屋は一万五千戸であった。

ところが、米軍が飛行機からまいた警告のビラによると、青森市だけでなくほかにも空襲の候補地があるというのだ。

こういう背景もあり、青森県では徹底して空襲対策が進められることになった。焼け残った青森県会議事堂議長室に陣どる金井知事は、疎開計画の見直しと実施を大急ぎで強力にすすめていた。

空襲の日、敵機襲来のときから金井知事は県庁で陣頭指揮をとりつづけていたのだが、たちまち県庁は焼け落ち、命からがら難をのがれた。

だが四十一歳の知事はタフである。空襲直後に一人で青森のＮＨＫをたずね、ぼくは知事の金井だが県民に向けて放送をさせてくれと頼みこみ、

「県民諸君、県庁は焼けた。だが県は仕事をしている。これからもみんながんばろう」

と呼びかけた。

痛めつけられた青森県では、そのあと思い切った空襲対策を打ち出した。

ほどなく弘前市をとおして発表された弘前市関連の計画によれば、弘前女学校は、校舎や附

属施設の全部がとりこわされることになった。

「そんなあ。とんでもない」

学校関係者は腰を抜かすほどにおどろいた。

「建物がなくなれば、再建は困難だ」

おととし校長に就任した成田孝治は、全力をあげて学校防衛のための行動を開始した。理事会を毎日のように開催して対応策を検討するとともに、弘前市の計画を所管する青森県に出向いて、計画内容を再考してくれるよう要請した。

しかし、県は、あらためて担当者を弘前女学校に派遣し、

「通知した予定のとおりとりこわしを実施する」

と伝えたのであった。

青森県としては、万一のときにも住民から犠牲者を出さないようにしなければならないため、とりこわしを最善策としてすすめる姿勢である。

せっぱつまった校長の成田から、東京に住んでいる笹森順造に至急電報が打たれた。

おどろいた順造はすっとんできたものの、どう見ても事態は絶望的であった。

だが、こわされる学校側としても生き残りがかかっている。あとかたもなくなってしまうと再建はむずかしい。どの建物でもいいから一部は残しておかなければならない。一部が残って

さえいれば、やがて再建はそれを足がかりにすすめることができるからだ。

十四日の理事会では、苦肉の策として、弘前女学校に軍需工場の施設を誘致し、建物がとりこわされることを回避しようという決議がなされた。

すでにとりこわし開始は十七日と決められていた。目の前だ。

順造は、成田校長と県庁を訪問し、なにがなんでも全面とりこわしをストップさせる決意をかためている。もちろん、そんなことは奇跡に近い。そうなのだが、頼みこみ、ねじふせるしかない。

女学校は明治十九年、笹森順造が生まれた年に弘前教会の中に誕生し、町に根づいてきた貴重な私立の女子中等学校である。日米の関係悪化にともない、キリスト教からの支援を辞退してまで、存続させてきたのだ。

元東奥義塾長、元青山学院長であり、県内各界に知人多く影響力のある順造の申し出をことわるわけにいかず、県は、十五日の午後に順造に会うという回答をよこしていた。

「さあ、成田さん、出ましょう」

とりあえず理事会を閉じて、順造と成田は学校を出た。

とたんにあたらしい汗がふき出した。寒さにも暑さにも強い丈夫な順造だが、流れる汗を拭きまくらねばならぬ。

弘前市坂本町にある校舎から、弘前の停車場までは一キロほどだ。坂本町のほとんどを占める学校敷地の中には、弘前の代表的建築物である宣教師館がある。戦争がきびしさを増してくるとともに、妻の寿子と、東京にいる良子をのぞく建英、建美、より子の三人はここで暮らしていた。

この八月十五日という日は、正午に重大放送があることになっていて、日本国民はラジオをきくようにと呼びかけられていた。

「うーん。あわただしくてまことにおそれおおいことだが、停車場できくしかないだろう。成田さん、いいですね」

正午、順造は弘前駅の職員らとともにラジオの前に直立して、運命の玉音放送をきいた。レコード収録版で放送された玉音はききとりにくいものだったが、横綱双葉山の連勝ストップを実況中継したエースアナウンサーともいえる和田信賢による朗読と解説もあり、戦争の終結ということはあきらかだった。

「日本が負けた！」

放送の内容は、ある程度予想はしていたものの、いざ、天皇陛下からそう告げられると、やはり衝撃は大きかった。

弘前女学校がとりこわされることはなくなった。

しかし、学校や町をこえたもっと次元の違う問題がこれから起きてくるだろう。

「これはもう県庁どころでない。すぐもどりましょう」

順造と成田校長は、走るように女学校にとって返した。汗は流れるままだ。

「大変なことになる……」

くりかえしつぶやいていた。

こうして笹森順造の戦後がはじまった。


戦争終結という大きな役目を果たして鈴木貫太郎内閣が総辞職し、八月十七日、東久邇宮稔彦内閣が成立した。だれが政治の中心にいようとも、混乱状態がつづくことはまちがいない。

またこの日、インドネシアがオランダからの独立を宣言し、独立戦争がはじまる。さらにこのあと、ベトナムもフランスからの独立を宣言するのである。

八月二十八日、アメリカ陸軍テンチ大佐に率いられた百五十名が横浜に上陸し、連合軍本部を設置する。日本各地に、占領軍が続々と配置されていく。

八月三十日、この日もよく晴れた厚木飛行場に、連合国軍最高司令官であるダグラス・マッカーサーが降り立った。

これからマッカーサーが日本の支配者になり、占領政策がはじまるのである。のちの歴史には、「進駐軍」として名称が残るが、実体としては「占領軍」である。

占領政策の検討がはじまったころには、アメリカだけでなく、ソ連、イギリス、中国と共同による日本統治が計画されたり、また、最後までソ連が北海道占領を主張していたという経過があったが、日本国土の大部分をアメリカ、そして一部をイギリスが占領する形となる。

順造が嘱託として勤務している大東亜省は、八月末をもって廃止され、必要な機能はもとの外務省にひきつがれた。

順造もしたがって外務省に嘱託として勤務することとなった。

九月二日、東京湾上のアメリカ戦艦ミズーリ号において、降伏調印式がおこなわれた。この日で日本の負けが確定したが、日本が連合国軍と交戦中であり、占領下に置かれるという状態は、昭和二十七年までつづく。

連合国を代表するマッカーサーとアメリカを代表するニミッツが、日本政府代表の外務大臣重光葵と日本軍代表の陸軍参謀総長梅津美治郎と向かい合い、それぞれが署名した。

歴史的舞台となったミズーリ号は、現役引退のあと、ハワイのパールハーバーに残され、調印をした甲板部分は公開されている。

九月十一日、東條英機ら三十九名が戦犯として逮捕される。

九月十六日、連合国軍本部は、皇居を目の前にした第一生命ビルに移った。

翌日、マッカーサーも本拠をここに移し、いよいよ本格的に占領政策が進められていく。マッカーサーのもとで占領政策を推進する組織は、連合国総司令部、あるいは連合国軍最高司令官総司令部と呼ばれ、日本ではGHQ（ジェネラル・ヘッド・クォーターズ）という略称が一般的であった。本書でもこれから、GHQという。

総司令部は第一生命ビルであるが、GHQが拠点としたのは丸の内一帯である。三菱が開発した丸の内は、近代的なビル群とともに、東京でもっともインフラがととのっている。戦後の日本統治を考慮して、アメリカ軍は、このあたりを空襲の標的からはずして多くのビルを無傷で残し、次々と接収したのであった。

九月二十七日、天皇がはじめてマッカーサーを訪問、日本国民に大きな衝撃を与えた。

十月四日、GHQから「自由の指令」が出された。人権の確保のため、「治安維持法」などの法律を廃止し、政治犯や思想犯を解放すべしという内容である。

それに対して東久邇宮内閣では、これを実施すれば国内に大きな混乱が起きるであろうと躊躇し、翌日、内閣総辞職の道を選択したのであった。

こうして、史上初の皇族内閣は、五十日あまりで終わりとなり、十月九日、幣原内閣にバトンタッチした。

第四十四代内閣総理大臣となった幣原喜重郎は、このとき七十三歳であった。自分ではとうに引退したつもりでいたところを、吉田茂らに強く推されて、ふたたび政治の表舞台に立つことになった。

幣原は戦前には再三外務大臣に就任し、とくに協調外交として知られていて、「幣原外交」という名が残っている。

就任早々の幣原に、マッカーサーから「五大改革指令」が出された。

①　婦人の解放
②　圧政的諸制度の撤廃
③　教育の自由主義化
④　労働組合の結束
⑤　経済の民主化

これにもとづき、戦後の改革がすすめられていく。

十月十五日、「治安維持法」が廃止される。

十月二十四日、国際連合が発足する。

十一月二日、日本で戦後はじめてとなる政党が結成される。

日比谷公会堂で朝からはじまった日本社会党の結成大会は、議長に松岡駒吉が就任して進められ、午後六時過ぎ、賀川豊彦の音頭による天皇陛下万歳、日本社会党万歳でお開きとなったという。こうして新政党が誕生した。

昭和十五（一九四〇）年七月、第二次近衛内閣は「基本国策要綱」を閣議決定し、それにもとづき日本の全政党は解散していた。自主解散しなくても、国が強制的に解散させることができるとしたものだった。したがって、社会党の誕生は、戦後初であるとともに、日本にとって五年ぶりとなる政党結成であった。

十一月六日、社会党につづいて日本自由党が結成された。もともと戦前からの政党である立憲政友会の流れを受け継ぐもので、翼賛政治に批判的な立場をとっていた。総裁の鳩山一郎や河野一郎、芦田均、吉田茂などが中心的な存在となっている。

この日はまた、持株会社解体令が出された。三井、三菱、住友、安田という四大財閥は、解体されることになった。

十一月十六日、日本進歩党が結成された。かつての立憲民政党から大政翼賛会に移った者が多かった。総裁の町田忠治、それに鶴見祐輔、斎藤隆夫、犬養健などが中心となっていた。翌年、幣原喜重郎が総裁となる。

十一月三十日、陸軍省と海軍省が廃止される。それにともない、十二月一日、第一復員省（旧陸軍省）と第二復員省（旧海軍省）が設置される。廃止時の陸軍大臣は下村定、海軍大臣は米内光政であったが、復員省となってからは、首相の幣原が第一、第二の両復員大臣を兼任した。

「復員」ということばは、のちの時代には使われなくなったが、「動員」の反対と考えればよい。つまり、戦時体制だったものをもとにもどして、兵の招集を解除することである。さらにまた、その兵が家にもどることも復員という。

「日本から陸海軍が消えてしまう」

というおどろきのニュースをきいたとき、まさか近い将来、自分自身が復員省に関わることになるなど、順造は夢にも思わない。

十二月七日、「農地解放指令」で日本の農業が一大変化を遂げることとなる。

十二月十五日、衆議院議員選挙法改正案が可決された。

これにより、日本に婦人参政権が確立された。女性が立候補することも、投票することも可能になった。

選挙権を持つ年齢についても、二十五歳から二十歳となり、被選挙権つまり立候補することができる年齢が、三十歳から二十五歳になるなど、大きな改正であった。

十二月十八日、衆議院が解散された。

いよいよあたらしい選挙がはじまることになる。

同じ日、日本協同党が結成される。

山本実彦という男が委員長となったこの党は、労使協調を主張し、都市でも農村でも漁村でも、協同組合を核にして相互扶助をはかって生活を安定させていくという「協同組合主義」を掲げていた。

このように、何年分にも匹敵するできごとが、次々と起こった。そしてそれは、次の年もその次の年もつづいていく。

十月に発足した幣原内閣では憲法問題調査委員会が設けられ、委員長に、国務大臣である松本烝治が就任した（「松本委員会」と呼ばれた）。マッカーサーから幣原首相に対して、憲法改正に関する意見が述べられたのであった。

政府関係者もいずれは手をつけなければならないことは承知していたが、国全体の現状をながめたとき、まずは混乱状態を落ち着かせることが先であり、とくに、食糧の確保や治安といったことの方が、優先されるべきだと考えられていた。憲法よりも胃袋が先であった。

ところが、ＧＨＱが憲法改正を重視していることが明らかになり、また、国内のいくつかの政党や団体が憲法改正案なるものを発表しはじめるようになると、政府としては、憲法改正に本腰を入れてとりくまざるをえず、そのため松本委員会も頻繁に開催されるようになった。

松本烝治という人物は、東大教授ののち貴族院議員、内閣法制局長官、商工大臣などを歴任したいわば大物政治家であり、法律家であった。自他ともに、法律の第一人者であると認めていた。

憲法をめぐるこういう動きが戦後とともにはじまっていた。

2　学校剣道禁止

一方、笹森順造が、人生の柱の一つとして関わってきている剣道も、その長い歴史において、特異となる時代を迎えていた。

日本らしさの否定化傾向から影響が出てくるだろうと剣道関係者は想像していたが、彼らの想像をはるかにこえて、剣道と剣道界にとって、大きな災難が現実のものとなってきた。

連合軍司令官であるマッカーサーから、文部省に対して、学校教育の場から、封建的な日本をなくすようにと指示が出た。それをうけて文部省は、学校でおこなわれるいっさいについて、一つひとつ洗いなおしていた。

そこで武道の中心となる剣道が、文部省にとっても頭の痛い大きな課題となっていた。

昭和二十年九月二十日、文部省幹部会議において、武道をめぐって検討会がもたれた。

○　銃剣道を廃止する

○　国民学校では剣道と柔道を「体操」にふくめる

○　中等学校以上では柔道と剣道必修を男子「選択」とする
○　薙刀は「課することを得」とする
という骨子を、文部省はGHQのCIE（民間情報教育部）に説明した。
しかし、これは却下された。
そこで、再度検討して、十月二十三日、
○　国民学校初等科は武道を廃止する
○　国民学校高等科では希望者のみ体操時間中の一部を充当する
○　中等学校等ならびに専門学校では自発的におこないたい者のためにのみ体操時間の一部を充当する
○　大学においては課外競技、対外競技とする
という修正案を提出した。
ところが、これも却下となったため、十月三十一日、
○　国民学校では武道を廃止する
○　中等学校以上では正課を廃止して課外活動のみとする
という再修正案を提出した。

日本武道存続のギリギリのラインとして文部省が妥協したこの内容も、教育部長のダイク代

将は拒絶した。

いったい剣道はどうなるのか。

――今のところ、なりゆきを見守るだけの立場にいる笹森順造である。

「宮田さん、なんだか剣道はやっかいなことになりそうですね」

「どうもそんな雲行きですなあ、土田さん」

丸ビルの八階にある三菱地所の本店事務所で、ひんぱんに開かれる会議の合間にこんな会話をしている幹部がいる。

巨漢といってよい宮田正男と、背はさほどでもないががっちりした骨組みの土田才喜の二人である。宮田は慶應義塾、土田は早稲田で、いずれも剣道部出身であった。ともに、剣道を奨励してきた三菱グループの中で稽古するだけでなく、母校の学生たちのめんどうをよくみていたものであった。

二人がいる三菱地所はこのころいそがしい最中であったが、二人にとっては剣道をめぐる動向も気がかりであった。戦争のために中断してしまった剣道の早慶戦を、一日もはやく再開させたいと思い、二人でそう語り合っている。しかし、どうもことは悪い方向に向かっているようであった。

三菱地所が多忙をきわめていたのは、管理している建物でGHQに接収されるところが相次ぎ、その対応に追われていたからである。明治生命館、郵船ビル、東京海上ビル、銀行協会など、主な建物がまず接収され、つづいて三菱地所が所有する建物の接収がはじまっていた。

切実な問題も出てきた。近々自分たちの本拠である丸ビルも接収されそうな気配になってきたのだ。しかしそれだけはどうしてもくいとめなければならない。出て行けといわれたら、会社の事業そのものが停止状態になってしまう。

「接収!」

という、問答無用の号令が出る前に手を打たなければならない。

そこで、丸ビル全館をあげて防衛運動を起こすことになった。

さいわいというか、丸ビルには日本を代表するような弁護士の事務所がいくつも入居しており、またテナントにも海外との交渉にたけたすぐれた会社が多く、アメリカ型の折衝方法のツボを心得ていた。こうした者たちが一体となって、多数の署名をあつめて嘆願書をつくり、GHQにうったえていた。

そんなとき、剣道をめぐる次の動きが出た。昭和二十年十一月六日に、「文部次官通牒(発体八十号)」が出された。これで学校剣道の運命が大きく変わった。

通牒の内容は、武道(剣道、柔道、薙刀、弓道)の授業は禁止、クラブ活動も禁止、武道をなくすことによって生ずる時間は体操とせよ、というものであった。

さらに、十二月二十六日、「文部省体育局長通牒（発体百号）」で、学校や付属施設での武道が「いっさい」禁止された。この「いっさい」という表現により、学校内外の誰もが、武道の鍛錬のために学校を使うとができなくなった。そのうえ、防具は処分し、武道場はほかに転用せよということになったのである。

学校において、剣道をしてはならぬ、剣道用具があってはならぬ、剣道場もあってはならぬとなり、こうして学校から剣道が追放された。

十二月十六日には、モスクワにおいて主要連合国外相会議が開かれ、「極東委員会」なるものの設置が決議された。三ヶ月後には実際の活動をスタートさせることとなった。極東委員会が日本の占領政策を決定し、その決定にもとづきマッカーサーが執行する形ができた。

この極東委員会の出先機関として、「対日理事会」というものが設けられた。マッカーサーが命令として発する前に協議する機関である。


こんなころ、三菱地所の宮田正男を、慶應義塾剣道部の後輩がたずねてきた。

小柄で立ち居振る舞いが歯切れよい。荒木六弥という医学部の学生である。

荒木は、自分のような後輩が直接先輩に会いにくるとは恐縮ですがといいながらも、遠慮なく宮田に相談をかけた。

十一月六日の文部次官通牒、すなわち授業もクラブ活動も禁止という新聞記事に、荒木はびっくり仰天した。

「えーっ。剣道ができなくなったらたいへんじゃないか」

とりあえず荒木は、それを報道した毎日新聞社をたずねた。記者にもっとくわしい動きをきくつもりだ。

ところが、そのことなら文部省へ行けといわれ、文部省に行くとGHQだ、GHQへ行ったらそれならやっぱり文部省だという具合にらちがあかない。

荒木は困ったすえ、三菱地所の宮田正男に相談することにした。宮田は、営業部長という要職にありながらも、慶應義塾剣道部の行事にこまめに顔を出していたし、陰で「宮田のパパ」と呼ばれる宮田は、学生たちにとって頼りやすい存在であった。

「うん、ぼくや稲門の土田くんもずっと心配しているところなんだ……」

応接室に通された荒木が経過を話しおえると、ゆったりと宮田はうなづき、説明した。

「それにはなあ、まず嘆願書だよ。嘆願書をGHQに出すんだ、荒木くん」

嘆願書については、宮田は、丸ビルにおける経験者である。接収をやめてくれと嘆願書をとりまとめた要領を、宮田は後輩にていねいに教えた。

宮田の指導で活動を開始した荒木は、仲間を連れ出してきた。山田重夫という、同じ慶應義塾剣道部の学生である。荒木と同じように小柄で、やはり動作が俊敏だ。英語を母国語とする山田は、このとき、まだ英語の方が達者であり、ＧＨＱにいっしょに行くには好都合だった。

山田は、アメリカからやってきて日本人になった。両親が神奈川県出身だった山田は、アイダホで生まれ、ロスアンゼルスで育った。昭和十四年、山田は生まれてはじめて日本にやってきた。

東京の中野にある日米学院で、山田はもっぱら日本語の勉強に明け暮れた。翌年、昭和十五年四月、山田は慶應義塾大学予科に入学する。そして、剣道部員として活躍するのである。この時期、慶應義塾の剣道部はどこと対戦しても勝つのではないかといわれるほどで、まさに絶頂期であった。

荒木が宮田に教えられた嘆願書づくりには、動きまわるメンバーが必要になる。山田は、早稲田に声をかけた。すぐにかけつけた中村栄太郎という男は、まだ一年生であるが、これから早稲田のリーダーの一人として活動をつづけていく。中村も早稲田の学生たちに声をかけてまわった。

慶應義塾も持田政治らが加わり、署名活動は各大学にひろがっていった。持田の父は、のちに剣道十段となる持田盛二である。

この嘆願書の結果、やがて荒木らとＧＨＱの担当者との面談が実現することになる。結局は流れを変えることにはならない面談であったが。

年が明け、昭和二十一年一月十九日、「文部省令第十号」により、武道の教員免許が無効となった。武道の教員は、いともあっさりその資格を剥奪されたのであった。武道の教員は、ほかの教科の免許がなければ、教師の職をうしなった。

所有する免許が剣道一つだけという教員は、数としては少ないだろう。京都の武道専門学校でも、剣道や柔道とともに国漢の免許を取得させていたものだ。

だが、ひたすら剣道の教師となることを夢見て努力し、剣道だけの免許で教師となった者もいる。

一人の剣道家の例だ。

愛知県の豊橋市立商業学校に鈴木房吉という剣道教師がいた。

鈴木は、明治二十三（一八九〇）年、静岡県に生まれた。順造よりも四歳下である。明治四十三年に豊橋の陸軍に入隊した鈴木は、本格的に剣道の練習をはじめる。剣道が好きであり研究熱心であることから、鈴木は上達いちじるしく、まもなく初年兵の指導を担当させられるようになった。

さらに鈴木は、東京にある陸軍の戸山学校に入学し、そこでも剣道の腕をみがき、卒業後は、陸軍士官学校で剣道指導を担当するようになった。

その一方で鈴木は、高野佐三郎のもとで小野派一刀流を修行し、さらには神道無念流の梅川巳之四郎の養真館に入門する。高野も梅川も、当時の代表的な専門剣道家であった。

こうして鈴木は、剣道教師としての学校勤務が終了すると、高野の修道学院で稽古をして、夕食が終わると梅川の養真館に行き、荒稽古にもまれて一日を終えるようになった。剣道三昧といってよい生活であった。

大正十二（一九二三）年、豊橋に市立の商業学校が設立されることになったとき、鈴木は軍隊を辞し、教師心得としてこの学校に勤務することになった。また、地元の各種学校や団体においても、講師や役員として剣道の指導にあたった。

そして昭和十（一九三五）年一月、鈴木は、中等学校の剣道科教員検定試験に合格し、晴れて豊橋市立商業学校教諭となったのである。このとき四十五歳であった。

その後も鈴木は、身をもって人に先んずと唱え、それを実践しながら、生徒をいつくしんだ。軍人あがりであるが、どなり声をあげることもなく、また生徒をはり倒すようなこともなく、ひたすら、人間として修行せよ、剣の道は人の道だと説き、教え方の工夫を怠らなかった。

軍隊における階級が特務曹長であったので、生徒たちもかげで「特さん」や「万特（万年特務曹長）」と呼んでいた。特務というのは一芸に秀でた者につく。おのれにつけられたそんなあだ名を知ってか知らずか、鈴木はいつ生徒が相談に行っても、春の日の笑顔で迎えていた。

この鈴木が職をうしなった。じっと耐える長い日々がはじまった。鈴木はひたすら耐えた。

——のちの時代になっても剣道ほどは語られないものの、薙刀もまた同様の運命であった。これも一人の例だ。

東與子は、四十歳。薙刀ひとすじの人生を送ってきた。

先祖は帰化した秦氏の一族といわれ、京都の松尾大社ゆかりの家で大社の東にあり、東姓となった。一家は明治になって、東京に出てきた。

実践女学校にはいった東は、ここで明治この方ならびなしといわれた園部秀雄（女性）に薙刀を習い、卒業すると薙刀教師となって、母校に残った。さらに東は、薙刀の専門教師としてほかの学校も指導するようになり、修徳館薙刀道教員養成所という専門学校が設立されるとともに、そこでも責任者である園部のもとで教えるようになった。

昭和二十年十一月の文部省通牒で、薙刀の授業は禁止となった。薙刀ひとすじの東は、十一月末で教師というものを辞めなければならなかった。

昭和二十一年一月、東は公共職業安定所いわゆる職安に職さがしの相談に行き、

「東さん、あなた職安はいかがですか」

とすすめられ、それではと職安の職員となった。

だが、東に、薙刀専門家としての決意があった。

「先人たちが築きあげた薙刀の道を絶やしてはいけない。未来につながるよう、この鍛錬された心身で努力しよう」

同志や教え子たちを訪ねてまわり、薙刀界の再建を呼びかけ、機会をみつけては進駐軍に薙刀の演武をしてまわった。

「薙刀は、決して人殺しの手段ではなく、心身を鍛錬する立派な教材である」

とうったえるのである。

しかし、先はみえない。


三菱地所の土田才喜を、早稲田大学剣道部学生の葦原秀和が訪ねてきた。

「土田先輩、大学の道場がなくなるようです。武道場をつぶすそうです」

「えっ、早稲田の道場が……」

おどろいている土田に、葦原が経過を説明した。

GHQの命令で、武道が学校から追い出された。もうやらないのであれば、武道館も必要ないし、剣道部の部室も不要となる。大学としては、それなら、武道館を別の施設に転用してしまおうということになり、大学によってはすでに改装したところもある。

早稲田でもそういう方針が出て、建物そっくりを理工学部の実験施設にしてしまえということになったようだ。

学内で禁止されたとしても、やがて禁止がとけてふたたび剣道ができる日がくる可能性もある。しかし、施設がなくなっていれば、再開が遅れてしまう。そうそう簡単にあたらしい施設を建てられる時代ではない。

それにこの時期は、戦地、外地から、早稲田でも剣道部ＯＢたちの帰国がつづいていた。彼らの中には、上陸するとまっすぐに大学の部室にやってきて、ＯＢの消息をたずねる者もいる。部室は貴重な情報交換の基地となっている。

「とんでもないよ、葦原。葦原くん、あれはなあ、武道場はなあ、先輩たちの努力の結晶だぜ」

早稲田の武道場は、柔道場、剣道場、弓道場が集められた最新型の鉄筋コンクリート造りで、昭和八（一九三三）年四月に落成式がおこなわれた。そのとき、早稲田の師範である高野佐三郎と弘前からやってきた順造とが、小野派一刀流の形を演武したものであった。

土田は、宮田と同じように後輩を指導した。

「嘆願書だ。葦原くん、署名をいっぱい集めろ。それを持って体育会関係者にお願いに行こう」

土田の指示で剣道部の学生もＯＢも、動きまわれる者たち全員が、署名にかけずりまわった。

大正十一（一九二二）年に卒業した土田は、一期後輩であるＯＢの深沢文夫とともに、葦原をともない、大濱信泉をたずねた。大濱は、法学部のリーダー格の教授であるとともに、体育会にも関わっており、ＯＢや学生たちからも信望が厚い人物であった。

体育会というのは、早稲田大学における各運動部を統括している機関で、のちに授業の体育も合同して管轄する体育局となり、さらに競技スポーツセンターとなる。

早稲田体育会は、大東亜戦争の激化にともない、いったんは解散となっていたが、終戦とともにふたたび活動がはじまっていた。しかし、正式に復活するのは二十一年の四月一日である。

「大濱先生、なんとかお願いしたいと思いまして」

三人はとにかく頭をさげ、道場のある武道場はそのまま残してくださいとうったえた。武道場でなく、体育館としてほかの部が使用してもかまわないが、理工学部の実験棟のようなものはやめていただきたい。

そのうえで、

「道場のあるあの武道場は、ＯＢが集めた資金をもとに建てられたものですから、大学の方針だというだけで転換することはできないはずです」

と、意見を述べた。

土田らの嘆願書をうけとった大濱信泉は、明治二十四（一八九一）年、沖縄県の石垣島に旧士族の子として生まれた。土地の風習から、長男である大濱は土地にいて家をまもる立場だが、生まれつき勉強というものが好きでひたむきな息子の勉学態度に親も感動し、十分に学べと上京させた。

早稲田の法学部を出た大濱は、三井物産で勤務し、のちに弁護士を開業した。しかし大濱を高く評価する大学関係者たちに招かれ、早稲田で指導することになる。そしてさらにイギリス、フランス、ドイツに留学する。

昭和二年、大濱は帰国とともに法学部教授となり、その一方で空手の普及も指導し支援する。昭和六年に早稲田大学第一高等学院空手研究会の会長となり、沖縄出身の第一人者である船越義珍を師範に迎え、空手部を設立する。さらに昭和八年には早稲田大学でも空手部が発足し、大濱は部長となり、部は早稲田体育会に入会する。

「ぼくが沖縄出身だからという理由だけで空手部なんだという者がいるが、実際にぼくは師範学校時代に空手をやっていたんだ。だから、適任であることはまちがいない。ぼく自身が空手をやってきたんですよ」

ぼやきとも自慢とも冗談ともつかぬことをときどき口にしながら、学生たちを指導してきた大濱である。

——空手をやったという大濱の主張はほんとうであった。

沖縄県では、沖縄伝統の武術を「唐手」という名称で、体育の教材として整理し、すでに明治時代の後半から、中学や師範学校などで採用していた。

大濱は、やってきた土田たちに、

「わかりました。伊地知先生やほかの先生ともよく相談しましょう」

と、善処を約束した。

伊地知というのは伊地知純正で、早稲田大学の渉外部長として、ＧＨＱとの窓口となって、早稲田スポーツの復興に尽力していた。伊地知はまた馬術部長であり、復活した体育会長になる人物である。

大濱は昭和二十九年、早稲田大学第七代総長に就任する。

さらにのち大濱は、アメリカから日本への沖縄返還にあたって、日米と沖縄との橋渡しとして、決定的な役割を果たす。

土田らの武道場存続要請のあと、大濱からは、土田や学生に対してこうしたああしたという返事はこなかった。しかし、実験施設にするという話も、うやむやに終わった。あるいは、実験棟にする計画自体が、まだ正式のものでなかったのかもしれない。こうして、剣道をすることはできなくても、ともかく早稲田大学に剣道場が残った。「体育館」という名称になったが。

まだまだ紆余曲折があるのだが、やがてこの残された剣道場が戦後の学生剣道界にとって記念すべきスタートの場所となり、さらに剣道界の諸行事にとって貴重な施設となるのである。

一方、慶應義塾剣道部のOB組織である三田剣友会は、会の名前の「剣」というのが不都合であろうと、「三田龍光会」と名称をかえていた。宮田正男が、塾創設者であり居合の達人であった福澤諭吉作のある漢詩にちなみ命名し、提案したという。

この三田龍光会に「木曜会」という稽古会があった。昭和十二年ころからはじまったもので、毎週木曜日に三田の慶應大学道場に、OB有志がやってきて稽古をする。剣道研鑽の場であり、同時にOBたちにとって、貴重な親睦の機会であった。

ところが学校施設での剣道が禁止されてしまったため、木曜会の稽古もできなくなった。いくら塾OBだとはいっても、大学側としては、学内での剣道はやめてくれといわざるをえない。

そこで剣道部のOBである小西康裕が、それならうちをお使いなさいと、おのれの経営する「良武館」という道場を、木曜会のために提供した。良武館は金杉にあり、三田からも近くて便利であった。

小西康裕は、もともとは小西良助といい、明治二十六（一八九三）年、四国の高松で生まれた。順造がさまざまな武道を鍛錬したと同じように、小西もまたいくつもの武道とかかわってきた。

幼いころから柔術、剣術、柔道を学んだ小西は、まだ大正という時代にはめずらしかった唐手（のち空手）にもとり組み、さらに合気道や忍術も研究していた。とくに空手については、東京に普及させた功労者の一人といえるだろう。

忍術については、興味本位でみられているところがあり、一般に武道とはみなされていないが、順造もこのころは忍術をくわしく研究していて、忍術についての理解では第一人者の一人であった。語らせたら、何時間でも、忍術を語りつづけたものだ。

順造に忍術を教えたのは、藤田西湖という忍者であった。藤田は、忍術の研究者という立場ではなく、忍者そのものといってよかった。自らその修行をしてきた。

そういう藤田の話は、順造だけでなく子どもにとって実に楽しい。藤田が順造の家にやってくると、子どもたちもまわりにやってきて、息を殺してきいていた。

3　衆議院選出馬

昭和二十一年になった。

元日に、天皇の詔書が発せられた。

明治憲法下において詔書というのは、皇室の「大事」や「大権」の施行についての天皇の意思を国民に知らしめる文書のことをいう。

この元日の詔書は「天皇の人間宣言」といわれ、昭和天皇が自ら神格化を否定し、人間であると宣言したものである。

そして四日、ＧＨＱから戦争を推進したとみなされた者の公職追放（パージ）と、超国家主義団体の解散が日本政府に命令された。

この追放は、日本中に大きな衝撃と影響を与えることになるのだが、発表された当座は、いったいどういうことなのか、その意味がよくわからずとまどう者が多かった。

どんな者が追放の対象とされるのか。

対象者は七項に分類されていた。

Ａ項　戦争犯罪人
Ｂ項　陸海軍職業軍人
Ｃ項　極端なる国家主義的団体、暴力主義的団体または秘密愛国団体の有力分子
Ｄ項　大政翼賛会、翼賛政治会および大日本政治会の活動における有力分子
Ｅ項　日本の膨張に関係した金融機関・開発機関の役員

F項　占領地の行政長官

G項　その他の軍国主義者および極端なる国家主義者

これが、公務従事に適さざる人物とされた。

日本政府は、その実施に向けた法制化をスタートし、追放が具体化されていく。二月末には、内閣に、公職資格審査委員会が設けられる。

やがてこれにより、剣道界もさらに大きな混乱が生じることになる。

弘前の街角に、りんごの歌が流れてきた。戦後日本のはやり歌は、並木路子がうたう「リンゴの唄」からはじまった。

昭和二十年三月十日の東京大空襲で、東京の浜町に住んでいた並木は、母とともに炎に追われた。並木も母も隅田川に飛び込み、母は死んだ。かけがえのないものをなくした並木であった。そして父も兄も生死不明であったが、あかるく歌う並木の声は、日本中にひびいて人々を元気づけた。

作詞はサトウ・ハチロー、作曲は万城目正。二人とも戦後日本で大活躍をする。

サトウ・ハチローは、なぜか暗い感じのものがいっぱいの日本の軍歌を、もっと明るくしたらいいのにと、軍歌として「リンゴの唄」を書いた。ところが、陽気なムードの軍歌はいかがでしょうかといっても、すんなりいくものでない。軍の検閲ではねられてしまい、軍歌となることはできなかった。

お蔵入りになっていたこの歌詞が、戦争が終わるとたちまち生きたのであった。

サトウ・ハチローという男は東京生まれだが、津軽の血である。父の佐藤紅緑は弘前の出身で、明治期の東奥義塾を出ていた。本名は洽六。紅緑というのは、友人である正岡子規がつけてくれた名である。こうろくと呼ぶ。

子規は脊椎カリエスで動くことができず、叔父で外交官である加藤拓川の親友、陸羯南《くがかつなん》に世話になっていた。この陸のところで佐藤紅緑ははたらいていた。陸は日本新聞社を主宰し、新聞『日本』に拠って、新聞人として独自の論陣を張っていた。

陸羯南も弘前の出身で、彼もまた少年のころ東奥義塾で学んでいた。

佐藤紅緑は「ああ玉杯に花うけて」を『少年倶楽部』に連載して、児童文学の代表的作家として知られるようになった。息子のハチロー（本名八郎）は、暴れん坊だった少年時代、しばしば父に勘当された。

勘当という概念は、戦後の日本からしだいに消えていくのであるが、親が子の悪さをとがめ、親子の関係を切ってしまうことだ。紅緑は、ハチローを十七回勘当したという。

ハチローは、家を出て、父の弟子である福士幸次郎と暮らし、福士から詩の指導を受ける。

この福士もまた陸のもとにいたことがあったものだ。

福士は、大正時代に再興した弘前の東奥義塾に、塾長である順造の招聘で教師として赴任した。

ややこしい人間関係に立ち入ってしまったが、いずれにしても弘前人ゆかり「りんごの唄」は日本中にひろまっていく。

——現実はまだまだ混乱していた。弘前も混乱し、順造の命であった東奥義塾も。

まず盗難が次々に発生した。内部か外部のしわざかはともかく、文具やはき物など個人のものだけでなく、学校設備や学校建物が被害にあうのだ。窓のガラスなどが次々となくなっていく様子は不気味であった。

それから、生徒の遅刻や早退やサボリが増えるとともに、教師に対する生徒の態度が、極端に反抗的になっていく。服装も乱れてきた。

塾長の浅田良逸にとって、生徒に言動をいましめ、健全な校風を維持することが大きな仕事となった。

社会の混乱をしずめる根本は政治の問題である。おのずと政治への期待がふくらんでいく。

すでに衆議院は解散になっている。

間もなく実施される戦後最初の衆議院選挙であるが、これまでになかったことがおこなわれる。女性が参政権を持つことになったのだ。そして、女性の候補者もたくさん出るだろうと予想された。国民の関心もかつてなく高くなることだろう。

われこそはわが日本の政治家になってあたらしい国づくりを担当しようと、闘志満々の者たちが日本にあふれ出していた。政治に関心のある人たちでも予測できないほど多くの者が立候補するのだろうという見方になっている。選挙は混戦となるだろう。

熱心に順造に政治の道をうながす者がいた。

山鹿元次郎である。

「こういうときこそ、笹森先生です。これからは民主主義の時代だといっても、これまでの政治家では、実行できるものではない。しかし笹森先生は、東奥義塾長のときにすでに民主主義のしくみを説明され、実践されてきた」

山鹿は別の見方も持っていた。

「一方で、アメリカのいうがままというのもどうも。日本には日本の文化というものがあり、日本人には日本人の生き方がある。笹森先生は、長年のアメリカ暮らしで、アメリカ人の考え方もわかる。そういう経験が生きて、日本とアメリカとの調和ということを指導できる」

さいわいといったらいいか、今の順造は特別にいそがしいという身ではない。出馬するにあたっては、調整しなければならない仕事や懸案事項はない。

あえて困ることといえば、金のことだ。順造には金がないし、今のところ順造に資金を提供してくれる団体もない。

「なあに笹森先生、心配ない。みんなない」

山鹿からすすめをうけたあと、順造が相談をかけた人たちは口をそろえてそういう。

家族や親戚との相談を重ねた。

「適任でしょう。できるだけの応援はしましょう。私も、お金はムリだが」

というのが、おおかたの意見であった。

支援メンバーも固まってきた。

山鹿をはじめ、弘前教会をあげて順造を推す態勢になった。

とくに、桜庭駒五郎が全面支援を約束した。桜庭は東奥義塾が再興するときと同様、熱心に動きまわることになる。

桜庭は、弘前で円満商会という工務店を経営している。県内だけでなく関東や中国方面にも実績を残し、腕のいい棟梁として知られている。

東奥義塾が再興し、順造が塾長となって以来、物心ともに支援しつづけてきた。

何か学校で行事があれば、桜庭は東奥義塾にやってきて、生徒たちの様子を見守っていた。

桜庭がくるときは、パンやまんじゅうやうどんなど、かならず生徒へのみやげがあった。

「きょうは桜庭のおどさいるか、はげさがせ」

生徒たちは、行事のたびに頭と長いあごひげを目印に桜庭をさがしたものだ。きていれば、ほどなく差し入れが配給された。

さらに、弘前教会や桜庭を中心とする東奥義塾を支援してきた者のグループに、地元の経済人も加わることになった。

八木橋文平、吉井勇、古井喜美らが代表格である。

中心となる八木橋文平は、順造よりも六つ若い。明治二十五（一八九二）年の生まれで、大正三（一九一四）年、東京外国語学校を卒業した。ロシア語が専門であった。日本を代表する世界的企業である日本郵船や三井物産に勤務した。

昭和四（一九二九）年に八木橋はふるさと弘前にもどり、家業であったあけび細工製造販売の仕事を継ぎ、家業をふるさとの産業として改革する。

あけびは岩木山でよくとれた。江戸時代から、ふもとの嶽《だけ》という村あたりでつるが細工されて、カゴなどがつくられていた。それが次第に工芸品として緻密になり、実用だけでなく鑑賞にもたえうるようになってきていた。

八木橋は、県内各地であけび細工の技術向上をめざした講習会を開催し、自ら率先してその講師をつとめた。一方で、国内の販路を拡大するだけでなく、つくられた工芸品の輸出にも力を注ぎ、産業として定着させてきたのであった。

八木橋は、あけび工芸を本格的に産業化するにあたって、順造の支援も得て青森県産業研究会をつくりあげていた。また、東奥義塾で地元産業の講習をするときには、その講師をつとめ、東奥義塾名誉講師となっていた。

順造とは互いによく知った間柄である。

こうして笹森候補陣営がととのってくる一方、すでに、現職である竹内俊吉、長内健栄、楠美省吾のほか、津島文治、斎藤俊治、菊池仁康などが立候補の意思表示をしていた。中には、当選を確実視される者もいた。そのほかにも十名ほどが噂にのぼっていた。

順造も立候補することを決めたといった瞬間から、順造がその決意を発表しなくても、

「笹森順造、衆議院出馬」

は津軽の街角を走り、野や山を駆けめぐって行く。

新聞でも笹森順造出馬が伝えられるようになる。

津軽の冬、銀世界の中で、順造にあたらしい闘志がたぎってくる。

東奥義塾長、青山学院長という指導者の実績はあっても、選挙についてはまったくの初心者、しろうとである。

油断なく準備し、勝利したいものである。順造にも支援者たちにも、緊張感がただよってく

る。熱気が高まってくる。

二月末日で、順造は外務省を辞した。

いよいよ選挙一本だ。


戦後最初となる総選挙の期日が、四月十日と決定された。

「民主主義というのは、政治家となってもらいたい人を自分たちが選んで、自分たちが活動して国会に送るのだそうだ」

「それじゃ、笹森先生をみんなで国会に送ろう」

こういう声が広がっていく。

山鹿元次郎や桜庭駒五郎といった、東奥義塾再興時代からの支援者と、地元の気鋭の経済人たちによる笹森順造擁立の動きと合わせ、再興東奥義塾の卒業生たちも、たちまち支援に加わってきた。

そして経済界の代表者の一人である吉井勇が、吉野町にある酒造工場の事務室を、笹森順造選挙事務所として提供した。

一方、東奥義塾卒業生という立場で、

「笹森先生の選挙には、私が死にものぐるいで奉仕します。このときこそ義塾時代のご恩返しをいたします」

　そういって、先頭に立った男がいる。

　再興第三回の卒業生、福島正一である。

　福島は、東奥義塾時代、塾長である笹森順造や、東北屈指の剣豪である市川宇門の剣道にあこがれた。そうして剣道家を夢見て、福島は国士舘に進んだ。国士舘では、宇門の親友である斎村五郎が剣道を教えていた。

　しかし事情があり国士舘を中退した福島は、すぐに剣道家とはならずに青森県庁の役人となった。そして県外にある青森県出先機関に勤務したのち、弘前にもどってきていて、東奥義塾の事務長をつとめていた。

　さらにのち、福島は、弘前市内で旅館業を営みながら剣道場をつくり、専門の剣士として、また、指導者として、剣道に生涯関わっていく。

　出馬が決まったちょうどこのころ、選挙で事務を担当するにうってつけの男が、やはり弘前にもどってきていた。第十四回卒業の工藤弘二である。昭和十四（一九三九）年、順造が青山学院長に就任するために上京するとき、弘前駅で順造を見送った最年長学年の生徒であった。

　工藤は、闘志満々ではあるものの、おだやかな雰囲気で、何ごとにもよく気がつき記憶力もいい。とくに重宝されるのは、くせのないしっかりした字を書くことであった。この時代はまだ、文書というものは、私的な記録であれ公のものであれ、ほとんどがペンか毛筆で書かれるものであった。

戦争末期、工藤は電信連隊の将校としてフィリピンに向かうことになり、乗船の機会をうかがっていた。乗れる船が少なくなっていて、いったいいつになるかわからないという、はなはだ頼りない船待ちであった。そして幸か不幸か、工藤が乗る前に戦争が終わった。

工藤には、父が買い求めてりんご畑にしていた土地が一町歩ほどあった。そのうち一反をつぶし工藤は野菜をつくっていた。この工藤もまた、東奥義塾の事務職員として勤務することになる。

東奥義塾関係者への連絡の中心人物が決まった形になり、自分たちで笹森順造を国会に送ろうという声が、ネズミ算式に広がって行く。有志たちの呼びかけに応えて、全力で応援するよという声が次々ともどってくる。

ただし、笹森順造の全支援者が一糸乱れずという活動にはならなかった。東奥義塾ＯＢの元締めである福島が、順造をあたかも神様のようにあつかう傾向があり、支援者全員に対して一糸乱れぬ行動を要求するところがあった。

東奥義塾の卒業生にとっては、そういうこともさほど違和感がないかもしれないが、卒業生でない者をふくめた支持者全員を、そんな雰囲気でまとめることはできなかった。順造は好きだが、キリスト教はいやだという者もいるし、順造を支持する教育関係者たちには、東奥義塾よりも県立中学の出身者が多い。のちには、剣道の専門家としての道を進む福島であるのだが、順造支持者の中には剣道嫌いもいる。

しかし福島は妥協しない。あくまで自分の方針、自分のやり方にしたがうように要求する。そのためまあそれでもいいだろうとする東奥義塾出身者たちと、それはいやだという者たちの溝は大きくなった。応援する者同士が対立するようでは、選挙運動などできるものではない。

そこで、活動拠点をわけることとなった。

順造の選挙事務所は、吉井勇の工場すなわち「吉野桜」の酒工場内に設けられていたが、それとは別に東奥義塾グループ事務所がつくられた。

事務所の場所を提供したのは再興第四回卒業の佐野保太郎である。弘前駅から弘前城方面に向かう中央通りの左手に、彼の経営するサイダー工場があった。ここはのちに弘前郵便局が建てられる場所で、吉井勇の工場から歩いても近い。こうしてサイダー工場の事務室が選挙事務所となった。

この事務所に、福島正一と工藤弘二が毎日詰める。もちろん、サイダー工場のオーナーである佐野もOBとして毎日顔を出す。

連日義塾関係事務所にやってきて選挙のために動きまわるのは、福島や工藤のほかに、戸沢武（三回生）、三浦四郎（四回生）、大道寺良市（六回生）、太田暁（同）、木村博是（十四回）といったメンバーである。

さらに、小野一雄、三上福彦、早野弘太郎たち第一回卒業生を中心に、十四回までの卒業生が次々とやってきて、選挙活動をしている仲間を激励する。

三月十一日、総選挙が告示された。

さっそく全候補が届け出を済ませていっせいに第一声を……という時代でない。

立候補を受け付ける窓口である青森県庁地方課に、まず阪本三次郎という男が立候補を届け出て、つづいて外崎千代吉、さらに山崎岩男と西村菊次郎が昼までにやってきた。候補者はパラパラと届け出にやってきて、そのあと演説をはじめる。

順造は、告示から二日あとになる十三日に届け出た。

青森県は全県一区であるが、順造の演説は、弘前からはじまった。

このころの弘前で、もっともにぎわう通りは百石町であった。百石町の通りと土手町の通りとの角に、カクハ宮川デパートがあり、ここから東北へ五百メートルほどの距離に映画館やさまざまな店がたち並び、人出の多い休日は思うように歩けないこともある。

この百石町の通りに、松竹大和館という映画館があった。大正十年ころにできた木造二階建ての映画館である。

映画というのは、近代日本の代表的娯楽であり、映画館には多くの人々が集まってきた。松竹大和館も完成とともに大盛況となって、界隈を代表する建物になった。大和館人気にあやかって、通りの向かい側に大和家という食堂ができた。また並びに大和をつけた電器店ができ、さらに服屋もできた。

不運なことに、順造が第一声をあげた松竹大和館は、四半世紀ほどのちに火災に遭い建物がなくなる。あとにガソリンスタンドが建ち、それもやがてアパートにかわる。

この松竹大和館を、東奥義塾第三期生の戸沢武が経営していた。

「笹森先生、ここでどんぞ」

戸沢が会場として提供したこの松竹大和館が、順造の政治演説のスタートとなった。

東奥義塾卒業生をはじめとする支持者たちが連絡しあって、笹森候補第一声に集まろうという呼びかけで、松竹大和館は人であふれた。

「ああ、また笹森節がはじまった」

笹森順造出馬をききつけて集まってきた多数の卒業生たちは、なつかしさでいっぱいだ。演説の中身などどうでもいい。演説がおわれば、その内容などもうおぼえていない。

微妙な津軽調標準語の名調子がきければいいのだ。

遠き明治の時代、政治をこころざしていた順造の、いったんは中断していた夢への挑戦がいよいよはじまった。

「笹森先生、青年時代の夢に挑戦できてよかったな」

そんなことばを交わす者たちもいた。

あたらしい日本を、あたらしい者たちでになっていこう、そう順造はうったえる。

スクリーン前のステージから手を振る順造の顔が、少年のようにかがやいている。

松竹大和館近くには、東奥義塾第七期の榊修吾が住んでいた。

榊は東奥義塾在学中に、剣道の全国中等学校大会を制覇した。東奥義塾に剣道ありと、全国に名をひろめたものであった。優勝を祝い、弘前の町を提灯行列でねり歩き、町の人々もいっしょに喜んだ。そして榊もまた順造のように早稲田に進み、卒業後は弘前にもどり、電気関係の事業を営んでいた。

さらに榊につづき順造にあこがれて早稲田に進み、順造にあこがれて剣道に熱中した、平泉秀一や石戸谷佑一といった者たちも弘前にいて、うれしそうにやってくる。

「いよいよはじまった、さあやるぞ」

いずれもそういう心意気で第一声を待っていたものだ。

東奥義塾第一回生である小野一雄、早野弘太郎らが中心となって、弘前にいるＯＢにポスターづくりしようと提案した。

小野は、順造と寿子の結婚のとき、弘前教会でいきなり生徒たちを指揮し万歳の音頭をとった級長である。ふだんから何かと面倒見の良い人間で、卒業後もみんなから信頼されている。彼に出てきてくれと頼まれると、いうことをきかざるをえない。もっとも、小野から召集がかけられようとかけられまいと、ＯＢたちは力を出すつもりでいる。

「まず、一人が一枚、笹森先生のポスターをつくろう」

このころは、大量にポスターを印刷できる時代でない。精いっぱいの願いをこめて、ポスターを自分たちでつくるのだ。

「民主主義というのは、ぜひとも政治家になってもらいたいという人を、自分たちが政治家にするのだ」

「だから、おれたちは民主主義だ」

そんなことをいいながらポスターをつくる。

こうして笹森陣営の選挙活動は、地元にいる東奥義塾卒業生総動員というかっこうになっていく。

順造の演説会は、順造と工藤弘二とが一組になって行動することになった。それに何名かが同行する。

　まず工藤が予定会場に演説の二時間前に到着する。

　工藤は、その地の責任者と演説会のスケジュールを確認する。地区責任者というのはほとんど東奥義塾関係者で、よく知った者同士である。みんな骨惜しみせずよく働くのだが、その会場での筋書きをよくよく承知していないと、限られた時間が有効に使えないので、念入りな打ち合わせが必要となる。

　演説が終わると、その地の有志と順造との懇談会を設ける。

　これがまことにきまじめな会合で、もちろん酒などはとんでもない。地元のさまざまな声に順造が耳をかたむけるのである。時代がまだまだ混乱していて、いろいろな声が出てくる。それらを逐一順造は書きとめる。

　懇談会が終わって宿舎にもどると、順造は、懇談会でノートしてきた声を丹念に整理する。さっそく自分の政策課題の中にとり入れたり、また、明日からの演説に地元の重要な問題として反映させるためだ。

　その整理が済むと、あたらしく次の会場用となる演説文を作成する。それが深夜の一時、二時ときに三時に及ぶ。

　一日目二日目と、工藤も当然のことのように、順造の全スケジュールにつき合った。疲れるがとりあえずがまんだ。

一日二日で順造も感じがつかめて、あとはもっと早く床につくだろう、慣れればさらに……という工藤の見込みは完全に外れた。順造のペースは変化しない。疲れた様子などまったく見えない。

いったいこうも体力に違いがあるものなのか。

しだいに、工藤はいらいらしてくるのだが、順造は工藤に何もいわない。

「工藤くん、毎日遅くまでつき合わせて悪いな、きみ、もう寝てくれ」

と、いってくれないか。いや、逆に、

「当分寝る時間もないからね」

でもいい。しんどいがそれなりの覚悟ができる。

だいたい順造は、他人といっしょのときは、自分からああだこうだと話しかけることはない。だから、これからも順造からまずいうことはないだろうという不安も、工藤は持った。

四日目、五日目と、工藤は、深夜まで順造につき合うのが苦痛になってきた。きょうは早く寝ようか、先生に頼もうか、そんなことが昼から気にかかる。

でも、やはり先生が起きていれば、つき合うしかないだろう……

しかし、七日目。もう我慢できない。恩師だろうと、選挙の主役だろうと、こっちの限界をこえてしまえば関係ない。

ついに工藤は、やぶれかぶれ、

「笹森先生っ、すみませんっ、お先にっ、失礼しまあすっ」

ドーンと音がしたかというような勢いで横になりながら、工藤はさけんだ。

どういう顔つきに順造がなったか、そんなことはもうわからない。

ぼくは笹森先生ほどには鍛えていないから、無理などしない方がいいのだ、そういう勝手な理屈を工藤はこねていた。

それにしても一度やってしまえば、あとはもう楽なものだ。それからは、順造とは関係なく早々に寝る工藤であった。

しかし、工藤が目をさますと、順造はもう起きている。期間中ずっとそうだった。


順造の政見は、広範囲にわたるものであったが、順造は独特のまとめ方をしていた。長々とした文章でなく、項目ごとに短くする工夫をしていた。そのため、多項目にふれた中身の割に読みやすいものとなった。

順造が、言及していたのは、外政・立法・行政・司法・財政・経済・産業・社会・労働・教育・宗教・婦人の十二分野で、各分野とも五つに整理していた。

たとえば「教育」の分野では、次のように主張した。

一　教育による日本再建恒久策を樹て、新民族育成案のため国費を十分支出し、諸教育機関を増設完備し、入学希望者を悉く入学せしむる。
二　大学院を強化し、最高学究の府たらしめ、専門学校、高等学校を四年制の大学とし、中等学校を五年制とし、国民学校を八年制とする。
三　官立私立による差別待遇を廃し、卒業生の特典を止め、肩書きが光らず実力がものをいうようにする。
四　教育最高指揮権を教育院に移し、その長を公選にし、学校に対する文部行政の干渉を排除し、之をして連絡便宜供与の機能をとらしめる。
五　師範教育を徹底的に改善し、教育者の物心の待遇を高め生活の安定を得さしめつつ天職をまっとうせしむる。

（現代仮名づかいに改め、句読点を加えた）

この文章だけ読めば、のちの時代の感覚として、なんだか読みづらい印象がある。しかしこの時代というのは、一般的に改行もすくなく、ベタに活字が並ぶ書き方が多い。ほとんどの候補者がそういう書き方をする中で、順造の書き方はわかりやすいものであった。ふだん順造が書く文章とも大いに違っていた。

また、「婦人」の分野では、男と女の政治上法律上の区別をなくし、男女同資格・同職業における地位待遇を均等にし、女子の就学、研学、就業の機会を男子と均等にするといったことを掲げていた。

そして十二分野の説明のあと、政党については、自分自身は当面政党に属さずとしながらも、「二大政党ができることが最も望ましい」

こととしていた。

二十二日、「青森県青年同志会」という団体が、笹森順造と仁尾勝男の二名の候補者を応援すると発表した。これにより、順造を支援する若い層の活動が、いちだんと充実することになった。

青森県青年同志会は、かつて特攻隊員として祖国のために散華するはずであった者たちの集まりである。拓殖大学の出身者を中心に、この日本の役に立とうと呼びかけて、一千名をこえる集団となっていた。

もともと順造とこの同志会との縁は、順造が青山学院長のときのことだった。

「学生青森県人会」というものがつくられ、その会長に笹森順造が推戴された。仁尾は拓殖大学の学生で、動きまわる者の多くも拓大生だった。副会長には、青森県黒石市出身の仁尾勝男が就任した。

そして戦後、この県人会関係者が、

「祖国日本の再建は青森県から」

を合いことばに、政治団体として、あらためて旗揚げしたものであった。

なお、青森県青年同志会が、同じ選挙区で二名の候補者を支援するというのは、のちの時代からはやや不思議な感じがするが、これには理由がある。戦後第一回目となるこの選挙では、全県を一区として、有権者は二名を連記して投票するという方法が採られたからである。

順造のところに、同志会メンバーの一人が熱狂的な笹森順造サポーターとしてやってきた。福山正晴という青森の男だ。

——あるとき、同志会の面々が、笹森順造の話をきく機会を設けた。

順造の講演に耳を傾けているうちに、福山は、突然ひらめきのようなものを感じた。

「笹森というこの男は、損得抜きで他人のために働く人間だ」

よしそれでは自分も、損得抜きでこの笹森順造という男のために活動しようと、福山は弘前にやってきた。

福山は、一運動員という立場で、順造に同行し、応援活動を開始した。

「おれはこの男を代議士にする。銭も何もいらん。新しい時代には、新しい時代にふさわしい人間を青森代表にしよう。民主主義というのは、自分の責任で出したい人を出すのだ。おれは笹森順造という人物を国会に送る」

福山は、順造といっしょに動きまわる東奥義塾卒業生に混じって一日中かけずりまわった。なんでもやる。

この福山に、会心のできごとがあった。

順造たちが二庄内や切明という山奥の温泉地をまわったときのことだ。

いつものように順造が、笹森節でしゃべり始めた。選挙向けの笹森節も慣れとともに、さらによどみなく聞きやすくなっている。

それなのにどういうわけか、一人も道には出てこない。この時代、どんなところでも、候補者の演説があればそばにきて聞いたものである。

様子を見ていた福山は、早々にひきあげた方がいいと判断した。

「人間がいないんじゃいくら演説してもどうにもならないな……笹森先生、帰りましょうか」

「うん、そうするか。だけど、福山さん……民家にも人がいるし、温泉宿にも湯治客がいる気配なんだよねえ」

各地をまわっているうちに、そういうカンが冴えてきたのか。

「えーっ、笹森先生、そうですか。それじゃあちょっと津軽弁で試してみますか」

と、福山は、津軽弁でしゃべり始めた。

山あいがなんだかにぎやかになってきた。

「じんぶ、とぐいどこまで笹森先生ば、つれてきしだじゃ。ほかの候補者だば、だんもこないだろうが、先生は別だ。湯見舞ば兼ねで行ってくるべし、といってきたんだはで、なんとか、顔こ出してけらいねべが」

こだまがやんで、やがてしずかになった。

順造は、じっと福山の顔をみている。

しばしののち、年寄りが一人、二人、三人、四人……と温泉宿から出てきた。まだ出てくる。こんなにいたのかと思うほどになった。

おどろきながらも、順造は演説をはじめたものだった。

――こんな活躍をした福山正晴だが、のちに順造のもとを去り、青森市に帰る。

それからは、異色の社会党議員で、歌手の淡谷のり子の叔父である淡谷悠蔵のために動きまわり、自分もまた、社会党の市会議員を長くつとめることになる。

選挙戦も二週間となり、二十六日になると、選挙に思わぬ強敵が出ることになった。

青森市で銭湯をいとなむ四十二歳の女性で、他県の女性候補に刺激されたのか、この日に出馬表明をおこなった。

大幅に出遅れた選挙戦となるが、彼女は大いに善戦し、日に日に人気が出てきた。選挙ニュースの目玉になってきたようだ。ただ、テレビがまだない時代であるので、評判はいっぺんには広がらない。

断定はできないにしても、もっとはやくから出馬態勢をととのえておけば、おそらく当選して、この選挙で当選する全国三十九名の女性らとともに、日本における第一号女性議員として歴史に残ったであろう。

いくらマイペースの選挙戦だといっても、二週間遅れのスタートであっては、どうしようもない。

四月三日、この日で戦後第一回の衆議院選挙立候補が締め切られた。

定数四百六十六名に対して立候補者二千七百八十一名。実に六倍の競争である。内務省に届け出のあった政党数は三百六十三におよんだ。

この選挙の特徴は、何といっても、日本に選挙というものが実施されて以来、はじめて成人男女すべてに参政権が与えられたということだ。

それから投票方法も、そのあとからは見られない「制限連記制」というもので、投票用紙に候補者複数名の名前を記入する方法である。

青森県だと、青森全県を一つの選挙区とし、二名の名前を記入する。各県ともこの方法だが、東京や大阪など、人口の多い都道府県では、区を分割した上でさらに三名の連記となった。この三名の選挙区が十四あった。

青森県は、定数七名、立候補者三十八名で、かつてないであろうそしてこれからもないであろうにぎやかさである。

東奥義塾第二回卒業生である里見真平のところに、福島正一がやってきた。

「里見先生、笹森先生の弁士になって下さい」

「わ、弁士？」

里見真平は教師、弘前市立商工学校の教頭である。

里見は記憶力すぐれ、論理明快、弁が立つ。色白、鼻高く、歌舞伎役者を思わせるようなところがある里見は、背筋ものびていて、たしかに弁士としてはよく目立つ。指名は正解であろう。

要は順造のいない演説会場で応援者の演説会が開かれる。弘前近在の藤代と小沢というところだという。里見にそこにきて、順造支援の演説をしてくれというのである。

「そりゃあまあ、応援しなきゃあいかんと思うが」

「里見先生は上手にしゃべることできるだろう」

「わかった」

すぐ結論を出した。

会場となった小沢の小学校で、里見は笹森順造への支援をうったえた。

笹森順造がいかに立派な人物であり、いかに代議士にふさわしいかということを、里見はとうとうと説いた。

十分応援したという手応えがあった。

里見の次の弁士は、弘前教会の牧師である藤田恒男だった。

藤田は一心に笹森順造の人間性をたたえ、ぜひ笹森順造を国会に送るためにみなさん力を貸していただきたいと、熱心に呼びかけた。

――うーん、この熱意は……感動ものだ……

会場の雰囲気がすっかり笹森色に染まったようだ。

最後となった三人目の弁士は、篤農家として弘前あたりでは名前を知られた男であった。

いかにも政治好きな雰囲気をただよわせているこの人物は、多少オーバーな調子ではあったが、なめらかに笹森順造を紹介し、大いに支持をうったえた。

「さて、ところでみなさん、」

いよいよ演説の締めとなった。口調がかわった。

会場は水を打ったようになり、次のことばを待っている。

「みなさん、工藤日東もえらい男ですよ」

里見は、椅子からころげ落ちたような気分になった。

「うわあ、な、な、な、なんだ、これは」

工藤日東というのは、やはりこの選挙の青森県候補者の一人であった。

工藤は、新聞界から政治に出た、当時大物の部類として扱われていた男である。順造と同じく弘前の生まれで、彼の父もまた順造の父と同じく弘前藩士であった。順造よりも十歳ほど年上の工藤は、新聞記者を経てイギリスに留学ののち、衆議院議員となる。舌鋒鋭いが、親しみある人物で、熱心な支持者も多い候補者であった。のちに工藤は国務大臣となる。

応援演説の終わりの、このひとことは、いったいなんだ。

これは、笹森の名をかりた工藤日東の応援ではないか。してやられた。

——なあるほど、これが政治の世界というものか。

衝撃の体験をした里見であった。

「しかし、わが笹森陣営では、そういうことをさせてはならぬ」

こうして、順造の選挙に関わった里見真平であるが、次の選挙では、この里見が笹森陣営の中心人物になる。

南部が選挙区というのは、津軽を基盤とする候補者泣かせであった。もちろん同時に、南部の者にとっては、津軽がいっしょというのはつらいことだった。伝統的に、それぞれ違和感があったものだ。

さいわい、東奥義塾の卒業生は南部方面にもいて、選挙演説の手配は円滑にすることができた。ところが、交通手段がまだととのっていない時代である。

かつて東奥義塾長時代に、フォードを運転していた順造であったが、戦争直後の今は、車などとても調達できない。公共の交通機関を利用して移動することになる。

しかし、汽車やバスは、どの町や村をも網羅するというものでない。

不便な場所について、どうするかと笹森陣営で知恵を出し合っていると、馬がいいじゃないかという声が出た。

「まっこ！　笹森先生、馬、大丈夫ですか」

「う、まぁ……」

まあというのは、どういうことか、まわりの者たちは不思議だったが、ほかにいい手段がないのだから、へたでもしょうがない乗ってもらえとなった。

馬がきた。

「先生、まっこ」

「ちょっとこの服装では、ぎこちないことに……」

あらかじめいいわけのようなことをひとことつぶやき、順造は馬上の候補者となった。デンバーで馬に乗り慣れていたといううわさもあったが、それにしてはどうも危なっかしい。まあいい、出発だ。

乗り物といえば、このあといくつかの選挙戦を戦う順造が乗ることになるめずらしいものがもう一つあった。雪の中で使うソリである。橇という字を書くのだがいまどきこんな字を書かれても読めまい。

青森県は雪が降る。雪は柔らかそうであるが、積もってしまうと厚さはわずかでも、車のついた乗り物は走行不能となる。そこで、スキーのようなものをはいた、雪の上を滑らせる運搬具が使われ、雪が少ないときは馬などがひき、積もって馬がぬかるようになると人がひく。のちの選挙戦で順造はこのソリに乗った。雪の中であるので当然寒い。そこでソリにアンカという携帯版コタツのようなものを載せ、それにふとんをかぶせる。吹雪の中、アンカで手足をあたためて移動するのである。

素人の奮闘が支える順造の選挙活動が、それなりに軌道にのってきたとき、進駐軍から順造陣営に呼び出しがかかった。あわてて運動員の一人が出向いて行った。

この選挙は、あたらしい日本の一つのシンボルとなる重要なできごとで、円滑に実施されるかどうかは、進駐軍にとっても大事な関心事であった。

呼び出しの内容というのは、選挙演説で街頭を巡回し、支援者を動員することは大いにけっこうなことではある。

「しかし、選挙に、進駐軍を利用してはならん」

と、きつく注意されたというのである。

福島も工藤も早野もあわてた。泣く子とマッカーサーには勝てない。とにかく進駐軍の命令は絶対なのだ。

「演説すっとき、進駐軍の奥さん、街頭さ出さねよに、と」

笹森順造候補の演説のときに、進駐軍の夫人が立っているが、そういうことをすると、あたかも進駐軍全体が笹森順造という候補を支持しているかのような印象を与えるので、ただちに進駐軍関係者の選挙への動員はやめるようにと厳命された。

しかし、工藤弘二には、思いつくことがない。何でもよく知っている里見にたずねてもわからないという。誰にきいても、そんな応援は頼んでいない。

「あっ、……」

もしかしたらと、声をあげた者がいた。

「太田くんの奥さんかも」

そうだった。

第六回の卒業生に、太田暁がいた。太田は満州にわたり、大東亜戦争がはじまるころに、その地で知り合った白系露人の女性と結婚した。

そして戦後、太田は妻のタマラとともに故郷に帰ってきていた。そこではじまった順造の選挙に、連日のように顔を出して応援していた。タマラもまた、暁とともに順造の街頭演説に出席していて、それを目撃した者が、進駐軍関係者の夫人とまちがえたのであろう。

たちまち決着した。

――二十年あまりののち、昭和四十四（一九六九）年、暁とタマラ二人の息子の幸司が、三沢高校投手として甲子園に出場する。松山商業との決勝戦で大接戦を演じ歴史的な再試合となり、太田幸司の名は日本中をわかす。

順造が行く先々で、なつかしい顔が集まってくる。

「エラ様、おれのこと覚えてるかな」

「卒業してから、ずっと会ってなかったから……」

そんな心配は無用だった。

塾長といっても、順造は入学試験の面接のときから一人ひとりの受験生に立ち会う。さらに、塾長の一方で、教師としても修身や剣道や聖書を直接教えた。一学期で、完全に、名前と顔とが一致し、個人ごとの特長をつかんでいた。さらに、卒業した者たちの名前を唱えるのが日課となっていた。

だから卒業生に会ったとたん、

「おお、元気か、きみよろしく頼むよ」

という調子で声をかける。

東奥義塾生徒であった自分について、自分が忘れていたようなことも順造はよく覚えていた。ふたことみことのやりとりのあと、たちまち当時の感覚がよみがえってくる。生徒にもどったような気分で、順造を応援する。

「あっ」

誰かがむこうを指さした。

「なんだあれは」

「えっ。おっ、あれは、松山くんでないか」

リヤカーを引いてきた者がいる。

「おーい、松山」

リヤカー？　昭和の末期にたちまち姿を消してしまった。もともと、自転車のうしろにくくりつけて、荷物を運ぶタイヤのついた二輪車である。タイヤのついた荷車と思えばよい。

順造のところにそのリヤカーを引っぱってきたのは、第二回卒業生の松山栄久である。千葉の園芸専門学校（のちの千葉大学園芸学部）を出ていた。

松山が引いてきたリヤカーには、笹がいっぱい積まれていた。松山は、山から笹を刈ってきて、リヤカーに山のように積み上げていたのである。いったいどれくらいの労力がかかったものか。

「やあ、松山くん、これはなんだ。こんなに笹、どうするの」

問われた松山は得意満面であった。

「笹森先生、笹森ですよ。これ。リヤカーにいっぱいの笹の森。えー、これは皆さん、笹森。笹森です」

「ははあ、なるほど笹森か」

「笹森です」

「ハハハ、」

「笹森です。アッハッハッ」

順造のまわりにいた連中も大きな拍手をした。

「じゃあ、きょうはこれを先頭に。笹森号の出発だ」

卒業生たちは、リヤカーを引き、ある者は押した。

さらさらさらと笹が風に鳴って町を行く。

「有権者の皆様、笹森順造です」

「笹森です。よろしくお願いします」

笹の脇で順造が手をふって歩いて行く。無表情のようだが、たまににっこりしているようである。やや遅れて教え子たちも手をふって歩いている。

「笹森先生、当選したらお祝いしましょ」

「もうこれからは、当選したから宴会をするという時代ではないよ」

「いや、宴会はいいですから、お願いがあります」

「なんだね」

「ライスカレー。お祝い、ライスカレー」

「ほう、ライスカレー」

順造が東奥義塾長時代、生徒たちが順造の家にいくとたらふく食わされたライスカレーだ。

こうして、

「当選祝いはライスカレー」

となった。

このころ、ライスカレーはとんでもないごちそうであった。だいたい米の確保もままならぬのだ。

弘前の打ち合わせの場所は、吉井の工場の選挙事務所のこともあれば、佐野の東奥義塾ＯＢ事務所のこともあり、順造の自宅となっている宣教師館のこともある。

宣教師館で打ち合わせをしていたときのことだ。工藤弘二はたまたま、台所で米びつをのぞいてみた。みてしまった、そんな感じだ。

「え、」

まさか……米がない。

別の場所の米びつに移したのだろうか。そう思ってさがしても、ほかに米びつらしきものはどこにもない。

「米がない。笹森先生、あしたからいったいどうするつもりだったのか」

しかし、このままにしていても、米が自動的に増えていくことはない。

あわてて工藤は、電話がある先輩の何名かに電話をした。この時代、ほとんどの一般家庭には、電話機がない。

「笹森先生とこ米もないが。ひとつもない」

「えーっ」

あきれたり驚いたりだ。

「いいか、工藤、お前の見方が悪い。ちゃんと見てみろ。どこかにあるはずだ」

と、電話の向こうでどなる。

が、しばらくすると、

「笹森先生こんにちは」

と一人の先輩が訪ねてきた。手に布袋をぶら下げている。

「これわずかですが。まあ、二、三日分だけですが」

ぽかんとする順造を残して帰っていった。

ほどなく、

「笹森先生、これ、米。少ないですが」

さらに米を持ってくる男がいる。

何名かが帰ったあと、

「きみ、うちには、米がなかったのかねえ」

無表情で順造がいう。

まだぞろぞろやってくる。

米びつがいっぱいになり、あふれ出した。およそ二時間ほどで二俵（一俵は六十キロ）の米が集まった。

「しかし、笹森先生、米なくてどうするつもりだったのか……奥さんも、たいしたもんだ」

生徒をよく指導し歌を詠む寿子はたしかにこういうことは苦手だ。

それからも選挙のたびに話題となり笑いとなる米さわぎである。

こうして選挙戦をたたかい、四月十日、順造は戦後はじめてとなる衆議院選挙の投票日を迎えたのである。

第二章

1　政治家

青森県の結果が出た。候補者三十八名中七名の当選が決まった。

当選　笹森順造（無所属・新）　五八九一三
当選　小笠原八十美（自由・再）　四八八六〇
当選　夏堀源三郎（自由・新）　四〇三六五
当選　山崎岩男（進歩・新）　三五九五三
当選　大澤喜代一（社会・新）　三四六九〇
当選　津島文治（進歩・新）　三二八四九
当選　苫米地《とまべち》義三（進歩・新）　三二四九五

次点　工藤鉄男（進歩・新）　二八五〇三

順造がトップ当選であった。

当選者は、いずれも強い個性を持ったつわものであった。

小笠原八十美は明治二十一（一八八八）年生まれ、順造の二歳下である。何千頭もの馬を持つ家で育ち、十和田あたりでは「馬代議士」「馬親分」と呼ばれていた。いくつもの畜産団体に関係し、そのまとめ役としても活躍し、また、業界指導の先頭に立っていた。すでに昭和十一年に衆議院初当選を果たした人気者である。

夏堀源三郎は順造より一年下。苫米地村生まれで八戸育ちであった。父とともに北海道にわたったが、二十歳のときに青森県にもどってきた。のちに八戸魚市場の社長になり、漁業の振興に尽力した。昭和十八年からは八戸商工会議所の会頭となっていた。

またこの選挙の年に生まれる甥の大島理森《ただもり》も政治家となり、いくつもの大臣を歴任し、衆議院議長となって青森県を代表する政治家の一人となる。

山崎岩男は、明治三十四年の生まれ。父は八戸出身だが、山崎は北海道で生まれた。中央大学時代、陸上競技の選手として活躍した山崎は、箱根駅伝にも出場した。

大湊町助役、同町長などを経て、県議をつとめていて、さらにのちには青森県知事としても活躍する。

大澤喜代一は、山崎と同じ年明治三十四年、青森市に生まれた。商業学校を出て、東京の市ヶ谷刑務所に事務員として勤務していた。刑務所にはそのとき、大逆事件で知られる幸徳秋水が収容されていて、大澤は社会主義というものに強い関心を持った。

やがて大澤は共産党員となり、生活の本拠を弘前に移す。そして昭和二十年に日本社会党が結成されるとこれに加わり青森県支部委員長となる。この当選のあと何年かすると、大澤はふたたび日本共産党に入党する。

津島文治は、明治二十一年に金木町で生まれた。大地主の三男で、早稲田大学を出て間もない二十七歳のときに金木町長となる。県議を経て衆議院に当選したが、選挙違反問題で当選を辞退するという経験があった。

こののち昭和二十二年、初の民選知事選に津島は立候補し、当選する。さらにそののち、津島はまた衆議院議員となる。

津島は、ほどなく戦後時代の寵児《ちょうじ》となる作家、太宰治の実兄である。

苫米地義三は、若くはない順造よりさらに六年の先輩であった。藤坂村の出身で、札幌農学校を経て蔵前高等工業（のちの東京工業大学）を出た。多くの肥料会社の経営に関係し、また、八戸銀行の頭取をつとめた。

苫米地も順造と同様に、日本をあたらしく回復させなければならないという使命に燃えて出馬した。いつも闘志あふれる男である。

のちに苫米地は、歴史的な舞台に立ち会うことになる。サンフランシスコにおける、いわゆる平和条約の締結に際し、日本全権団の一人として参加するのである。

四月十日の選挙の結果を、全国の政党別でみると、

自由党	百三十九名
進歩党	九十三名
社会党	九十二名
協同党	十四名
共産党	五名
諸派	三十五名
無所属	八十三名

となった。

この選挙に山梨から、順造と因縁のある男が立候補していた。

昭和十四年に米山梅吉に請われて青山学院長に就任した順造に、退職を命じられた男である。大木金次郎といい、彼が、今回の選挙に衆議院議員候補者として、出身地の山梨県から打って出たのである。

山梨全県区では、社会党の平野力三が十万票あまりをとり、トップで当選し、ほかに四人が当選した。一方、大木は、一万五千票で十三位にとどまった。

これで政治にはこりたのか、彼はふたたび青山学院に就職したあと、ひたすら青山学院内での勢力拡大に精を出す。

やがて大木は、学院長と理事長を兼ねる絶対的な実力者となり、戦後日本の高度成長の波に乗り、青山学院の総合大学化をなし遂げた。もっとも、自分の意に沿わぬ神学部はつぶしてしまうのであるが。

全国の最年少当選者は、和歌山の早川崇という男であった。

和歌山県では、青森よりも競争倍率がはげしい選挙戦がおこなわれていた。六人選出の全県一区で、四十八名が立候補していた。青森は七つの椅子を三十八名があらそった。

早川崇は田辺市出身。日本復興のため「国民自治」ということをかかげ、

「あたらしい力ですばらしい日本を築こう」

と呼びかけ、はじめての選挙戦を戦ってきた。

大正五（一九一六）年生まれの早川は、このとき二十九歳で、早川の父親が順造よりも二歳あまり若い。最年少者といっても早川のひたいははげあがり、そこだけ見れば、順造よりは先

輩のようであった。

早川には、これまで政治実績も地盤もない。それに資金もない。あるのは情熱だ。

早川は、第三高等学校、東京帝大法学部を出て内務省にはいった。

ところがすぐに兵役となり、早川は海軍経理学校を出て軍艦に乗り組むなど、海軍で戦中を過ごした。

終戦とともに官吏として復職したが、早川は、二週間そこそこで退職、田辺に帰郷して、自ら紀州民報社という新聞社を設立した。

新聞社は、まだ軌道に乗ったとはいいがたいのだが、まあそれはそれとして今回の選挙を好機と見て、早川は立候補した。

選挙活動中、応援者が困っていた。

「早川くん、自分に投票してくれと頼むんだから、すこしは頭さげてくれよ」

「いや、ぼくはさげないよ」

この若い候補は、頭をさげないのだ。

演説の内容よりも、あいつは頭が高いとか、あいさつの仕方が悪いとか、そういうところを気にする選挙民も多い。応援隊が気をもむのも当然だ。

「おれは、この地域の人々のためにはたらくのだ」

だからさげる必要がないというのが早川の理屈である。そして早川は、それをつらぬいている。

ただ、早川本人も事務方も応援者も、いずれも選挙の素人であったから、あきれるようなこともあった。

三月十一日、選挙戦の初日は、どんよりとした空であった。この季節としてはいささか寒かったが、早川は、はりきって二会場での演説を終わらせた。そこで立候補の届け出をまだしてなかったと気がついたものだった。

はじめての選挙を支えたのは、早川の友人たちで、小学校や大学、それに海軍時代の仲間が手弁当でかけずりまわった。

応援活動をするために、わざわざ香川県からやってきた中曽根康弘という親友が、長文の推薦状を書いてくばってまわり、さらに熱のこもった応援運説をおこなっている。中曽根は内務省にいるのだが、このころは、官吏もこうした活動をすることができた。

中曽根もまた政治家をこころざし、次の衆議院選挙に初当選する。のちに第七十一代内閣総理大臣となる。

この中曽根だけでなく、次々と説得力ある応援者が集まった。選挙事務所も演説会場も、熱気でムンムンしている。

しかし、早川には金がない。

いくら足を運んでも、銀行は、早川とそのとりまきを相手にしない。

やむなく有権者にはさげない頭をさげて、高利の貸し金業者のところに行くのだが、

「早川さん、あんたのお父上ならいくらでもオーケーや。すぐ用意します。けどあんたさんはおことわり。あかん」

といわれる。

早川の父與一郎は、田辺市の開業医で、和歌山県下医学博士第一号の徳望家であった。この父が、息子の選挙に銭は出さないと宣言していた。

「はやかわ、たかし、はやかわ、たかし、」

のぼりを立てて自転車が行く。すきっ腹をかかえて候補が行く。

「うーん、やっとるな、早川青年は」

地元のみんなは早川をよく知っている。

「早川くんは、おさないときから剣道は強かったが、はて、いったい選挙は強いのか弱いのか」

早川の心身づくりの土台は剣道であったようだ。彼もまた順造と同じように、剣道は、一生をつらぬくたて糸と思っている。

順造も早川も、ともにそう思っていることは、おたがいにまだ知らないが、やがて二人は、政治における同志となり、長い政治家人生を歩むことになる。

笹森順造の当選祝いは、東奥義塾運動員への公約通り、ライスカレーであった。

順造が、東奥義塾長であったころ、生徒たちが順造の家に行くと、もっと食えとたらふく食わされたあのライスカレーであった。

順造が宿舎としていた弘前女学校の宣教師館に、選挙活動を支えてきた東奥義塾卒業生たちが三十人ほどあつまった。

順造もさすがにうれしそうである。

あいさつがはじまった。

「きみたちや多くの方々のご支援をいただいて、私は、いよいよ日本という国の進路を直接決定する立場となった。したがって、この町のあの橋をどうしろとか、この道がどうだとかという話は私に持ち込まないでもらいたい……」

あいやー、笹森先生いきなり固いなあと内心思いながらも、卒業生たち順造には耳をかたむけた。

「あたらしい時代は、あたらしい政治家が中心となって、あたらしい政治を進めなければならない。……」

順造が再三うったえてきたことである。

「乾杯！」

藤田のブドー液で乾杯だ。ブドー液はこのあたりの名産である。大きな行事があるときしか飲めない貴重なご当地ドリンクである。

もっとも、ライスカレー会にやってきた者たちの中には、ブドー液ではなく、東奥義塾選挙事務所となった、佐野の工場でできたサイダーが好きでそれを飲んでいる者もいた。

ブドー液をつくっている藤田葡萄店というのは、笹森家とは親戚筋にあたる。のちに選挙で車が使われる時代になると、藤田葡萄店がスピーカーつきの車を手配してくれるようになる。

カレーの香りが漂う。

やがて東奥義塾の今後に話題がうつった。

出席者たちも思うところを述べあって、熱気をおびた討議となった。これからのあたらしい時代に、東奥義塾はどうあるべきか、具体的現実的な改革案が論議された。

そしてここで、優秀な教職員体制に改める必要があるという、目の前の現実対策などのほかに、幼稚園から大学院まで充実させるという、画期的な「東奥義塾学園」構想が展開され、まず農林専門学校設立にとり組もうと申し合わせた。

こうしてライスカレーによる祝勝会が大いにもりあがってきたとき、運動員の一人が、大声でいった。

「笹森先生、また東奥義塾、塾長やってください」

　いった者も満面のうれしさであった。

　きっと自分の声に、次からつぎと同調者がつづくと思っている。

　うっ
　どうも様子がおかしいぞ。

　順造がうれしそうにうなづくという予想は完全にはずれている。ジロリと順造の目が白っぽく光ったようだ。

「私は、これから、日本という、国全体の政治に関わることになった身だ。さっきそういったでないか」

　気まずい雰囲気だ。いっぺんに空気が変わった。

「国の進路にとって大変な今のような時代には、政治家というのは国全体のことを考えなくてはならないのだ。それなのにきみは、どうして私にまた東奥義塾にというのかね。どうして塾にこだわれというのかね」

　もう本格的だ。完全に怒っている。

「きみたちはいくつになった。私が東奥義塾の塾長になったのは三十なかばのときだ。いいかね、もうきみたちの中から、塾長が出るべきでないのか。きみたちももっと塾のことを考えてくれないか」

するどい視線だ。

「だ、だって先生、おら、デンバーに行ったことない……」

「そんなこと関係ない。今のようなこんな甘えた考え方ではだめだよ」

多少おさまってきたか。

この時期、東奥義塾が重大な局面にあるということは、順造も十分承知していた。戦後の、多難が予想される時代がはじまろうとしていた。

もちろん順造も、いきなり若い卒業生が、すぐに東奥義塾のかじとりができるなどと思わないが、あたらしい時代にはあたらしい自分たちがという気概をもってとり組むべきだと思っている。

――現実は、順造をふたたび東奥義塾長に就任させる。

昭和十四（一九三九）年十一月に順造は塾長を辞して上京、青山学院の院長となった。

順造のあと、藤井徳三郎が東奥義塾の塾長を継いだ。

しかしその藤井も、病のせいか心身が安定せず、二年間塾長として在任しただけで、昭和十六年十一月に辞任した。大東亜戦争がはじまる直前である。

そのあと、順造の兄である浅田良逸が塾長となった。兄は、浅田家を継いでいた。男爵、陸軍中将である。順造に請われ単身で弘前にきていた。

塾長として戦争の時代を必死で乗りこえてきた浅田は、彼なりに時代の流れというものをとらえていた。

あの時代であったがゆえに、自分は東奥義塾長に選任された。だが今はもう、自分のような軍人の出る幕でない……

問題は後任である。

当選祝いの席で、笹森先生また塾長をという声が出たとき、順造はけわしい表情でたしなめたものだ。もう、きみたちがやるべきときではないかと、卒業生をしかった。

しかし、すぐだれにと思いうかばない。義塾教師の中にも、ただ今すぐに塾長がつとまる人物となるといない。

かつて東奥義塾に、順造の長兄卯一郎の息子である笹森四郎が、教師として勤務したことがあった。この四郎に、将来東奥義塾の塾長になってくれないかと、順造が打診したことがあった。

そのとき順造は、
「学校は私物ではありませんよ」
と、四郎にたしなめられたものだが、そんなことは順造も承知している。東奥義塾長といっても、田舎の中等学校の校長である。そうそうすぐれた人物が、おいそれと東京あたりからやってきて就任してくれるはずがない。キリスト教による学校ゆえのむずかしさもある。

身内であると承知していても、塾長候補者に声をかけておかなければならないのだ。
「まあたいへんだが、当面順造がやるしかないだろう」
「はい……」

こういうやりとりがあったのち、五月十一日、浅田は順造とともに東奥義塾を訪れた。集まった職員を前に、浅田は自らの辞意を伝え、後任には、元塾長である笹森順造に就任してもらいたいのでどうかよろしくとあいさつをした。

そしてそのあと東奥義塾理事会において浅田の辞任と順造の就任が承認された。順造の塾長就任は、再興で第四代、通算十一代となる。

同じ理事会において、戦後の東奥義塾の方針と、具体的な施策が論議される。

① キリスト教による教育を復活する

②　教職員の若返りをはかる

③　「幼稚園から大学院」構想を実現する

戦後のあたらしい流れに乗るため、東奥義塾はまた動きはじめることになった。

建物のあちこちが壊されたまま放置されたり、建物材料や器具備品なども盗難に遭っていて、不自由なことも多いが。

もっとも、ことはすんなりとは運ばなかった。

文部省に対して、しかるべきてつづきがいるというのだ。はやる浅田良逸であるが、こればかりはどうしようもない。

順造が就任し、生徒に挨拶をするのは、九月になってからである。

政治家としての活動をはじめた笹森順造の動きを知り、遠く日本を離れて、闘志をあらたにしていた者がいた。

東奥義塾第三回卒業の蔦《つた》正邦である。

在学中に順造からきみの趣味は何かとたずねられ、昼寝と答えてしまったことがいつまでも心にひっかかっていた蔦であったが、努力のかいあり、医者となることができた。

終戦時、蔦は陸軍軍医として、南方の要地パレンバンにあった。終戦となっても、諸般の事情から、蔦らの武装は解除されることなく、もちろん、戦闘をするという態勢ではないが、部隊はそのままの状態であった。

将来をうれい、鬱《うつ》としていた蔦ではあるが、ここの無線設備により、日本の動向を聴くことができた。

あるとき、無線設備のラジオに耳を傾けていた蔦は、思わず叫んでしまった。

「笹森順造、当選」

というニュースをきいたのである。

「うわあっ」

笹森順造が衆議院議員として国政の場に登場したというではないか。

「笹森先生が……」

還暦であたらしい挑戦をはじめている。

「政治家希望を還暦で実現したではないか！」

よし、おれも生き方を変えてみよう。明るく生きよう。

闘志満々で朝を迎えよう。人々のため、日本のため、全力で尽くそう。

蔦は一人であたらしい人生をスタートさせた。

やがて帰国した蔦は、弘前で内科医を開業し、病の人々のために駆けまわる。

四月二十二日、幣原内閣が総辞職した。

このとき、第一党は日本自由党であった。総裁は鳩山一郎で、当然鳩山一郎が内閣総理大臣となるところであったが、就任を目前にして公職追放となってしまった。

このため、吉田茂が自由党総裁となり、五月二十二日に吉田内閣がスタートした。

吉田内閣では、東京帝大剣道部ＯＢである木村篤太郎が法務大臣となった。

また、総理大臣をやめた幣原喜重郎が国務大臣となった。

めまぐるしいできごとは政治だけではない。順造と縁の深い人間が世を去った。四月二十八日、静岡県長泉町で、米山梅吉が死んだのである。

米山梅吉は笹森順造の人生をかえた男であった。

米山は、三井グループの経営者を代表する一人で、三井銀行代表取締役常務を長らくつとめたあと、三井信託会社を設立して社長となった。企業経営の第一線を退いてからは財団法人三井報恩会という社会福祉事業団体の理事長として活動してきた。

貴族院議員でもあった米山はまた、日本におけるロータリークラブ活動のリーダーとしても知られていた。

こうした活躍をする一方で、米山は青山学院の経営に深く関わっていて、彼が順造を津軽から東京にひっぱり出したのであった。

昭和十四年の秋口に、米山は青森に順造をたずねてやってきた。浅虫温泉の駅前に偉容を誇る東奥館が米山の定宿であった。特別室で向かい合うと、おしゃべり好きな米山はいつもと違い、ストレートに切り出した。

「笹森先生、あなたに青山学院の院長に就任していただきたい」

このころ青山学院にさまざまな事情があった。改革によって乗り切るしかないのだが、断行できる院長がいないのだ。

陰では、

「青山学院でなく米山学院だ」

と、呼ばれるほどに心も財産も青山学院に入れこんできた米山は、悩みぬいたあと、順造に白羽の矢を立てたのであった。

青山学院はこのとき、阿部義宗が院長であった。阿部は弘前出身、順造とは幼なじみである。学院の内情が自分の手に負える状況ではないのだということを、この阿部から順造はときどききいていた。弘前出身の阿部義宗は順造と幼なじみで、順造のことを「心友」といって他人に紹介する。

だが、阿部の後任に自分がなるというところまでは予想していない。米山の要請におどろきながらも迷いながらも、米山の意図を知ったなら何とか応えなくてはならぬ。米山梅吉という男は信頼できる男である。

かつて順造が東奥義塾に対する寄附を頼みにいったとき、米山は関東大震災後のあわただしい中でも会ってくれた。三井信託設立が震災で延期になり、一日もはやく軌道に乗せなければならない時期だった。

初対面の順造に、目標にあといくら不足しているのかと米山はきき、その場で、その額を全部を自分が出そうと応じたものだ。

そののちも、順造はいろいろなことで米山の支援を受けてきた。

順造は青山学院に行くと決め、順造一家はあたふたと上京した。またもや予定になかった次の人生ステージがはじまった。

昭和十四（一九三九）年十二月九日、青山学院長就任式がおこなわれた。

式では、青山学院理事長の万代順四郎が、「任職の辞」として、阿部義宗のあと青山学院長に笹森順造が就任した経過を紹介し、

「笹森院長が、青山学院立学の精神をますます確守し、国家社会の要請に配意し学院運営されるように」

と結んだ。

万代順四郎は、三井銀行重役である。もっとも米山梅吉の影響を受けてきた人物といってよい。戦後ソニーという会社を育てる万代は、おのれの欲というものをすっかりそぎ落としたような男だ。

万代のあと、六名が祝辞を述べ、その先頭が青山学院校友会会長の米山梅吉であった。「歓迎の辞」として、米山は、いかにもうれしそうな様子で思いを述べた。順造の就任挨拶よりも長いくらいであった。

「就任の辞」とする順造の就任演説は、

「ひでえど田舎から院長が出てきたもんだ」

と、心の中で思ってきいていた者たちにとっても、なかなかのものとうなる内容だった。青山学院の使命と歴史からはじまり、歴代院長の方針と業績を述べ、日本の現状と教師学徒の役割を確認し、校友をふくめた学校の結束を説いたものであった。

そして、いたるところで名調子が出た。

本学園には五、六歳より二十四、五歳までの男女学童学生を擁するが故に教育方法手段は千遍一律ではあり得ません。幼弱は愛撫し、年少は撫育し、長ずるに従って育成し、次第に修養を加え、遂に盛なる鍛錬を与え、身体の強健、思索の精錬、識見の長養、学識の豊富、才幹の錬達、胆力の豪邁、振興の不抜、人格の高潔を期せしめ、以て忠良なる臣民、善良なる孝子、堅実なる学生たらしめたいと存じます。

（青山学院資料センター資料）

こうして青山学院長としてのあたらしい役目がはじまったのである。

だが、米山梅吉が順造にくれぐれもよろしくといった役目は、実に骨の折れる仕事であった。前任が実行しあぐねた仕事なんだから当然であるが。

就任ほどなくして順造は、中学部の教師一人を解雇した。不当な金を懐にしていると、すでに学内で知られている男であった。

「してはならぬことは、してはならぬのだ」

教師を退職させることはただごとではない。教師の生活もあれば、生徒の不安もある。姿勢正しく構内を歩く順造であっても、特別の度胸があるというわけでない。しかし、しなければならぬことはしなければならぬのだ。

そしてまた別の教師も順造に退職をいいわたされた。

さらに、若いながらも学院内で一派をなす大木金次郎が順造によって追放され、ほかに何名かが退職することとなった。

青山学院は混乱した。人事問題では教員だけでなく学生も加わった騒ぎとなった。騒動に軍隊まで出動した。

責任をとって、任期を待たずに順造は辞任した。みじかい間ではあったが、激動の青山学院時代であった。

こういう激しい思い出を順造にもたらした米山梅吉だった。

戦争がはげしくなって空襲の危険がせまってきたため、病を得ていた米山は静岡にうつり、下土狩という駅近くにある自分の別荘で療養していた。

米山はセレモニーを演出することを好み、はなばなしい葬儀が似合うはずの人物だが、この時代それはかなわなかった。順造も行くことができなかった。

新米議員となった順造はいそがしい。まわりにいる多くの、やはり新米の議員たちをまとめていく立場にいたからだ。

初当選のいわゆる新人が三百七十五名で、八割をこえた。また、無所属の多さが、戦後の混乱をあらわしている。

わが国初の女性議員も、三十九名誕生していた。

しかし新人も女性も、彼らのほとんどは当選しただけであって、あたらしい時代の政治というものについて、専門的に研究をしたわけでない。アメリカや他国の現実を学んできたわけでもない。議員になっても、素人政治家集団のような状態にあるのだ。

「あたらしい時代は、あたらしい政治家だ。日本と日本国民のために、あたらしい政党が必要である」

というのが、順造の一貫した主張である。その一方で、

「口では民主主義というが、一朝一夕では無理だ。政治家も国民も勉強し努力しなければ、本当の定着は難しい」

と順造はうったえていた。

「精力的に研究し、これまでの枠にとらわれない、真に国民のための議会政治を担当するあたらしい政党をつくろう」

こう、順造は呼びかけていた。

この呼びかけにこたえる者もしだいに増えてくる。

四月二十一日午後、衆議院内に百数十名が集まり、順造が座長になって話し合った結果、政党ではなくひとまず院内交渉団体として「大同クラブ」を結成することになった。

そんな順造を、やはり一年生議員である岡田勢一が訪ねてきた。順造より六歳若い男だ。

徳島県生まれで徳島県選挙区の岡田は、店員見習い、造船所見習いからたたきあげ、大阪を本拠にサルベージ会社岡田組を経営していた。その一方で、昭和十六年には、のちに徳島県立城北高等学校となる学校を寄附し、また、阿波人間浄瑠璃の支援をするなど、文化活動にも熱

心であった、

この岡田勢一を順造に紹介したのは、たまたま同姓の岡田忠彦であった。岡田忠彦の甥の岡田次郎に、岡田勢一の娘の俊子が嫁いでいた。日立製作所の技師であった次郎は、岡田勢一が社長をしていた岡田のあるグループ会社で常務として勤務していた。しかし陸軍に招集され、戦病死していた。

岡山県出身の岡田忠彦は、政治という世界の大先輩であった。岡田は、大東亜戦争がはじまってから衆議院議長をつとめ、終戦時の鈴木内閣では厚生大臣であった。犬養毅の直系といわれていた岡田であるが、五・一五事件で犬養が暗殺されたあとは、久原房之助と行動をともにしていた。

一方、東京で順造を支援する人物もいた。中でも東京鐵鋼を創業した吉原敏は、笹森順造という人間を気に入ったのか、かわいがってくれていた。年齢が順造より一つだけ上の吉原だが、明治大学の学生時代から政治に興味を持ち、大学を出てすぐに政治家秘書となった経験があった。この吉原がしたしくしていた政財界の大物が久原房之助であった。岡田忠彦もこの二人とは格別の仲であった。

こういう縁があり、岡田忠彦は岡田勢一に、笹森順造と手を組めとアドバイスをし、岡田勢一は、自分に総選挙に打って出よとすすめた岡田忠彦の意見にしたがい、順造のところにやってきたのであった。

頑丈そうな者同士である。武道で鍛えてきた順造と、海にもぐり事業でもまれてきた岡田の二人は、これから相協力する同志となる。岡田は前年には、乗った船が機雷に触れて沈没し、危機一髪脱出したというきわどい体験もあった。

五月十四日には、四十四名が集まり日本民主党準備会が結成され、これに順造も岡田勢一も加わった。三木武夫、秋田大助、田中伊三次といった人物たちが集まり、七名が女性であった。ここで、準備会会長に順造が選任され、岡田勢一が副会長となった。

同じ日にはまた、二階堂進、船田享二ら三十一名による協同民主倶楽部が、井出一太郎、小坂善太郎ら二十七名による新光倶楽部が、津島文治、原健三郎ら九十四名による日本進歩党が、大野伴睦、三木武吉、石井光次郎らによる日本自由党がそれぞれ結成された。

五月十六日、まだまだ会派が流動的な中で、第九十回臨時帝国議会が招集された。組閣などの事情で一ヶ月以上のびて、六月二十日、開院式がおこなわれた。

開院式後、明治憲法に定める憲法改正手順にのっとって、帝国憲法改正案が提出された。改正とはいうけれども一般国民にとっては、事実上の新憲法制定のようなものであった。

草案は、ＧＨＱの方針に沿ってできあがっていて、修正しようとしてもおそらく受けつけられない原型がすでに提示されていたと、のちに当時の当事者たちから語られる。

二十四日午後の衆議院本会議で、吉田茂首相の施政方針演説に対し、新光クラブの松原一彦、無所属の中野四郎につづき日本民主党準備会の順造が質問に立った。そして最初の質問、

「日本の民主主義の性格やいかん?」

やった!

そういう思いの順造であった。

翌日の各紙一面トップに吉田首相の答弁が紹介されたものである。

二十五日午後、衆議院本会議がはじまると、いきなり議長の樋貝詮三は、緊急動議の採決をおこなった。共産党の志賀義雄議員が、帝国憲法改正案の議事は延期すべきだという、動議を提出したのである。

政府においては憲法草案に日本人の意向を入れる準備が不十分であったし、また、草案発表後の国民各層への紹介も徹底されておらず、国民もまだ憲法どころか食糧確保におおわらわではないか、だから議論はしばし延期すべし……志賀はこう主張した。

——志賀くん、あんたのいうとおりだ、たしかにそうだ。そんなことはみんな承知している。だが、君臨するマッカーサーがはやくせよといっていることなのだ。

ただちに樋貝議長は採決にはいり、志賀の動議は賛成少数で否決された。

内閣総理大臣吉田茂が登壇、

「ただいま議題となりました帝国憲法改正案……」

いよいよ憲法改正に向かって国会が動き出した。

そして二十八日になると改正委員会が発足して、具体的な論議はここでおこなわれることとなった。いそげというマッカーサーの意向で、会は急ピッチで開催された。

芦田均を委員長とするこの委員会が第十二回を迎えた七月十三日、委員の一人である秋田大助が辞任し、議長により後任に笹森順造が指名され、委員会に加わった。

七月十五日、第十三回の委員会で順造が質問に立った。

審議は前回の委員会から九条に移っていたところだ。

順造がとりあげたのは、戦争の拋棄（のちに放棄と改められる）をうたう第九条の「拋棄」という表現が不適切でないかということだった。

「国の交戦権はこれを認めない」

とあるが、これを交戦のところ（場所）と交戦の当事国という視点で見て、

①　世界中のどこであっても、すべての国の交戦権を認めない

②　世界中のどこであっても、日本のみの交戦権を認めない（他国は認める）

③　日本領内で、すべての国の交戦権を認めない

④　日本領内で、日本のみの交戦権を認めない（他国は認める）

というケースが考えられるが、憲法の効力といった場合は、③④となるであろう。そのときに、日本が拋棄するでは弱く、「拒否する」とか「排除する」といった表現が妥当である。

順造はこういう主張をした。

これに対して国務大臣金森徳次郎は、もっと時間をもらい考えてみると答弁した。

さらに順造はきいた。

「不幸にして、国内の一地方に反乱が起こって一地方を占領し独立を宣言したという場合に、日本は戦争を拋棄したわけだから、反乱者に対して武力による鎮定ができないことなり、そうすると国の安全は保てず破滅に瀕してしまうではないか。かつて西南戦争があったが。警察力との区部も明確にすべきだ。」

これに対して、金森大臣は、国内の治安維持は禁止していないが、軍と警察の区分ではあいまいなところもあるものの、誰がみても警察権の範囲にすべきだとこたえた。

つづいて順造は、武力と戦力という用語が使われているが、戦力という用語に関連し、あいまいな部分はどう考えるかきいた。

たとえば経済力、工業力はいざというときには戦力になる。飛行機、自動車、汽船や交通諸設備も、転用できる。また、これらはどんどん発展させていかなければならぬのだが、こうしたものは戦力ではないのか。

　金森大臣は、

「総合的な判断によって決めるほかに名案はない」

　そして最後に、質問を司法大臣である木村篤太郎に向けた。

　木村は、順造とは同時代の東京帝大剣道部ＯＢである。

　戦を起こしたという嫌疑をかけられた国から交戦権をとりあげるのは、素人の例かもしれぬが、それは、

「お前は他人を右手でなぐったから右手をもぐといっているようなものだろう」

　そう順造は表現して質問をはじめた。

　順造は、国家には一定の量と質を有する軍隊がなければならぬという立場である。

　ＧＨＱの方針として、日本から武力をなくせというのであれば、それもやむをえまい。日本は被占領国である。しかし、条件がある。

　憲法によって国民に迷惑がかかってはいけないのだ。

　国民の迷惑というのは、武力を持たない日本が、武力によって攻められることである。

　日本という国から武力をなくするのであれば、世界各国すべてから武力を消し去ることでなければ、国民は安心できない。

そこで、たとえば、とぼけた国がどこかの国を攻めたら、全世界の国が共同でつくる連邦軍が攻められた国を守って戦う、こういうしくみをつくろう。つくるべく活動すべきでないか。このころ、こういうしくみをつくろうという世界的な運動がおこりつつあった。「世界連邦」というシステムをつくる活動である。

のちに順造もこの運動に参画し、やがて国会議員で組織する部会の委員長をつとめるようにもなる。政治家だけでなく、多くの経済人や文化人たちが持っていた考え方である。

「マッカーサーが出してきた指示にしたがって憲法はつくらざるをえない。だから軍隊は持たないとしなければならない」

それならば、世界連邦という連合体のみが武力を有する世界的な枠組みをつくろう、こういうものである。

だが、あまりにもスケールのでかい構想であるためか、時の流れとともにその活動はしぼんだようにみえる。

――それにしても、日本人というのはまことに不思議な人間だ。

こののち、GHQがあてがった憲法をあたかも神様以上のものとして、日本人はかえてはならぬと思いこんだようだ。

世界も日本も刻一刻と変化し、法の主要部分も適合性を欠くところが出てくる。憲法も国の状況に応じてかえられなければならない。

そもそも自国の憲法を自らつくり、自らかえることとは、国民のもっとも基本となる権利の一つであろう。

順造が質問した九条にいたっては、やがて日本人の中には「国を守れ」「国民を守れ」といわず「九条を守れ」と叫ぶ者が出てくるようになる。たしかに世界に類はない九条だろうが。そしてどの国もさほど真似をしたいと思わぬ九条だろうが。

戦後、昭和二十（一九四五）年から二十世紀がおわるまでの間に、つまり西暦二千年までにいったい各国は憲法を何回改正したか。

占領軍として日本に憲法をあてがったアメリカ（アメリカ合衆国憲法）は七回。

敗戦国ドイツ（ドイツ連邦共和国基本法）は二十八回で、イタリア（イタリア共和国憲法）は十回。

近隣の韓国は憲法そのものの名称も第一共和国憲法から第六共和国憲法として六つが制定されており、中国では１９５４年憲法から１９８２年憲法まで計四つが制定され、１９８２年憲法も四回改正されている。

（山岡規雄・北村貴「諸外国における戦後の憲法改正第三版」国立国会図書館）

七月十九日、順造の日本民主党準備会の有志メンバーは、新光倶楽部と無所属倶楽部のメンバーらと合同で、「新政会」を結成した。四十名の同志である。

さらに調整を経たのち九月二十六日、順造が中心となり、国民党が結成された。メンバーは三十三名である。

六ヶ条からなる綱領がつくられた。

一　我党は唯物主義並に唯心主義を止揚し、人間愛の実践を基調とする人道主義的世界観を主張する。

二　我党は民族並に階級の至上主義を超越し、基本的人権の尊重と道義的世界平和の推進を目的とする新国民主義を展開する。

三　我党は暴力的独裁主義を排撃すると共に、政党政治の弊風を打破し、真に国民大衆の意欲と直結する理想的議会政治の確立を期する。

四　我党は世界経済の民主的共同化の動向に則り、日本経済を再編成すると共に、社会主義と自由主義の統合の上に、国民総体の最大福祉を目的とする搾取隷従なき新国民主義経済体制の確立を期する。

五　我党は政治革新の根本を教育に置くと共に、国民「皆学」「皆労」「皆楽」の理想の下、果敢に文化政策、厚生政策を行い、以て明朗闊達なる文化社会の実現を期する。

六　我党は国民的良心と政治的情熱を有する青壮年の蹶起を俟って、汎く国民大衆の結集を図り、新政日本の大道を啓く。

綱領は早川崇が起草した。

当選後も、政治という学問研究を欠かさぬ早川は、『英国保守党史』『新保守主義の政治哲学』などの本も残す。

早川は熱海の宿屋にこもってこの綱領を書いた。

早川の心は熱く燃えていたが、ふところは冷えきっていて、東京から熱海までの汽車賃も宿代もなかった。国会議員歳費を前借りして充てたものだった。

九月二十九日、東京神田の教育会館において、国民党結党大会が開催された。

ここで順造が座長となって綱領や党則案が承認され、党の役員体制が決められた。

まだまだ代議士としての経験は浅いのだが、順造は当選した直後から、なんとなく「長老」という視線で見られるようになっていた。

このあたらしい党には、党首や総裁という者を置かず、中央常任委員を選任し、当面は集団による指導体制をとることとなった。委員は、順造や早川のほか六名、計八名である。

こうして、順造と早川崇は、年齢に大きな差があるものの、日本の政治がまだ混沌とした時期に、同志として政治活動をすることとなった。二人には政治とは別に、今は追放状態にある剣道を復活させなければならないという共通の思いがあった。

また、井出一太郎という男が、国民党の青年部長となった。

井出は、明治四十五（一九一二）年、長野県臼田町というところで、元禄時代からつづくつくり酒屋の長男に生まれた。

旧制松本高校を出たのち、井出は、かたむきかけていた家業のたてなおしに何年かたずさわっていた。そうして晴れて借財を完済したあと、京都帝国大学農学部に入学した。

やはり井出という一太郎の親戚が、島崎藤村の娘と結婚した関係もあってか、井出は文学にしたしみ、また短歌を詠んでいた。

大東亜戦争の最中、井出が所用で南方に出かけたとき、乗った船が台湾沖で撃沈された。もう生きることは絶望かと死を待つ漂流をしていたところ、井出は救助された。

これからまだ生きつづけられると決まったとき、

「おれは死んだ。あとは世のため人のために生きよう」

と、井出はおのれの心に誓い、天地に誓った。

戦後、選挙に出ようとする井出に、義父が代議士であった関係で、既成政党入りをすすめる声があったが、これまでと次元が違うあたらしい時代は、これまでの政党や政治家が担当すべきでないと信じて自力で挑戦していた。

三十四歳の井出は無所属から立候補し、当選した。

生涯、少年のような熱気を漂わせた、不思議な硬骨漢であった。

井出の姉である丸岡秀子は評論家、弟の井出孫六は『アトラス伝説』で直木賞作家、同じく弟の源四郎は千葉大学学長である。それぞれ自分のすぐれた才能を生かす道を歩く。

これから四半世紀ののち、三木武夫が内閣総理大臣となり、井出は内閣官房長官として三木を支えることになるのである。

国民党には話題になる人物がいた。

石田一松は、バイオリンをひきながら「のんき節」を歌う演歌師として知られていた。昼は国会、夜は舞台で活動し、「芸能人代議士」と呼ばれたものである。

石田は、明治三十五年広島県に生まれた。演歌師をしながら、法政大学予科・本学を出た。戦後の一時期まで、宴会などでよく歌われていた「酋長の娘」の作詞作曲者としても知られていた。

石田は戦後初の衆議院選挙に、「日本正論党」所属として東京一区で出て当選し、そののち国民党に合流したのである。

吉田セイは、機関車を思わせた。エネルギッシュであった。

歯科医の吉田は、神奈川県から新日本婦人党という政党名で立候補した。元々は山口県の生まれで、広島女子歯科医学校卒業していた。陸上競技の選手で、砲丸投げの日本記録をつくったし、幻となった東京オリンピックにも出場するはずだった。

豊沢豊雄は、明治四十（一九〇七）年に香川県に生まれた。香川県立師範学校を出て、成城学園で教師生活を送ったのち、政治に関わるようになった。

この人物のユニークなのは、衆議院議員に二回当選ののち、発明家としての人生を歩むことである。アイデアや発明という特殊な領域の実用化に挑戦し、発明講習所をつくったり、発明学会を設立し、さらにまた、発明神社を創設する。

こうした人物に、政治というものを教える役割も果たす順造である。

2　剣道部学生奔走

学校から剣道が追放されたあと、早稲田大学剣道部では、剣道部ＯＢと現役学生たちが、部としての存続方法を模索していた。厳密にいうと、剣道が学校に存在することが禁止されたのであるから「剣道部」というものは存在しなくなったはずだが、早稲田では、ＯＢが支える形で秩序ある部として存在していた。

そして学生たちがさまざまな可能性を検討した結果、正式なクラブとしてフェンシング部を設立し、いわゆる西洋剣法をやりながら日本剣道も稽古する方法が、現実的な打開策ではないかという結論になった。

もっとも、フェンシング部をつくってそこで剣道もというのは、早稲田だけの発案ではない。都内のいくつかの大学で、情報を交換し合いながら同じように検討されていた。明治大学や中央大学などでも、フェンシングにとり組みはじめていた。慶應や法政などは、戦前からフェンシング部があって活動していたものだが。

早稲田の剣道部学生である中村栄太郎が、慶應ＯＢでフェンシング界の実力者である佐野雅之につてがあり、フェンシング部として佐野の指導を受けることになった。

創部の申請に対して、昭和二十一年の四月に早稲田大学体育会からの承認があり、かつて剣道の師範室であったところをフェンシング部室として活動がスタートした。

このことを、ＯＢたちにもよく説明しておかなければならない。剣道部ＯＢ組織である稲門剣友会の総会が開かれ、そこで、三菱地所の土田に相談に行った葦原秀和が、事後となりますが、フェンシング部設立を申請し許可がおりた、どうかこのことを理解してもらいたい、と報告した。

「フェンシング部は体育会の部として認められました」

「学校から補助される部費を剣道部として使います」

「道場では剣道をします」

こうすることで、剣道ならびに剣道部を存続させたいとうったえた。

「うーん、二重人格だな」

「表剣道と裏剣道のようなものか」

というつぶやきがあったものの、とにかく剣道と剣道場を守るために、ＯＢも学生も全力でがんばろうという意志確認がおこなわれたのであった。

あたらしくスタートしたフェンシング部だが、フェンシングの学び方が変わっていた。大学に指導者である佐野が定期的にやってきて教えるのではない。学生の方から須田町にある佐野が勤務する会社に出かけて行き、佐野の仕事が終わるや机や椅子をどかして練習場をつくり、マンツーマンの形で稽古をはじめるのであった。

一方、体育会に練習場として届け出てある道場では、剣道の稽古がおこなわれていた。

「森先生が、日本におられるんだよなあ……」

あるとき、ぽつりと佐野が学生にいった。

「森先生？」

「森寅雄。ぼくの師匠だ。フェンシングの。ほらきみらも知っているだろう、巣鴨中学を出た剣道の達人」

そういえば、きいたことも……

「講談社の野間家のご親戚で、そのころは野間寅雄といわれた。アメリカにわたって剣道を指導され、太平洋戦争前に帰国されたあのお方だ」

「強いんですか、やっぱり」

「……まあ、強いとか」

強い、弱いという表現とは別次元であると、佐野は中村に説明した。別格であると、そういうことをいった。

「それに、指導もお上手だ。まあ、理想的な方だろうなあ」

「教えていただけるんですか」

「だからそれは、先生にきかないと。しかし、その前に、今、どこにおられるか」

そこで中村は、剣道部の黒田治夫と相談し、森寅雄を訪ねることにした。

二人は、森が住んでいるという大森に行った。しかし、大森界隈は町そのものがまだ壊滅状態で、森の一家はそんなところにはいなかった。

困った二人は講談社に行き野間家を紹介してもらい、野間家に森寅雄の所在をたずねた。

「桐生！」

野間家の話では、群馬県の桐生で暮らしているという。

桐生は、それではそちらへと、すぐに行ける場所ではない。

しかし、佐野雅之が師匠として尊敬するその道の大家であれば、ぜひとも指導をお願いしたい。二人は日をあらためて桐生に行き、森寅雄に会った。

「うーん、きみたち、残念なんだが、指導者としての就任はむずかしい。できないね」

「は……」

「ぼくも熱心な諸君にはできるだけ教えたいんだが、時間的にねえ」

すでに同じような要請がいくつかきていたのだ。そしてこれが森という人物の特徴の一つでもあるのだが、他人への支援や指導に際しては、曖昧な表現をしない。しないとかできないということは、はっきり宣言した。

森のところには、明治大学が指導を要請するとともに、中央大学剣道師範の北島辰二が、学生代表の須郷智をともなってやってきていた。

北島は、剣道家である北島辰一郎の子として佐賀市に生まれた。大正十五（一九二六）年に中央大学を卒業し、中等学校教師や南満州鉄道勤務ののち、剣道専門家の道を歩み出した。昭和十二年に中央大学剣道部師範に就任し、以来学生の育成に全力をそそいできた。

戦後、剣道が禁止されたのちは、中央大学職員として採用されていた。

一方、昭和十八年に中大専門部に入学した須郷は、二十二年に卒業し、こんどは法学部に入学し、長らく剣道部に貢献し、さらに日本剣道の海外普及にも尽力することになる。

戦後、学校剣道が禁止された。中央大学でも、地下にある剣道場は使われなくなり、やがて別の施設として転用されるだろう。

だが、ＯＢや剣道をつづけたい学生たちは、フェンシングでしのぎ剣道と道場を守り抜こうという結論を出した。そして、

「フェンシング部を創設しこの道場をフェンシング場にし、ふたたび剣道ができるようにせよ」

という役目が、須郷に与えられたのであった。問答無用である。

だが、須郷はフェンシングなどわからない。

「うーん、どうすりゃいいんだ……」

もんもんとする須郷に、北島が旧知の森寅雄を紹介したのであった。

こうして森寅雄のフェンシングが中央大学に伝えられていく。

結局、早稲田では、佐野一人による指導が継続されることになった。

それでも森は、時間がとれるときは早稲田に指導に行くといい、そのとおり、昭和二十四年にアメリカにわたるまで、時間が許せば早稲田の稽古にやってきた。合宿にも都合がつく限り参加していたし、桐生近郊の藪塚という湯治場で合宿をするときには早稲田にも声をかけてく

れた。

選挙が終わると、剣道関係者や早稲田のＯＢらとの会合がまた多くなる順造である。

新潟に住む齋藤庫四郎から、順造のところに手紙がとどいた。

「八月に予定されている、早稲田大学剣道部の合宿を歓迎するのでどうぞ。地元の剣道関係者に声をかけておきます。ぞんぶんにお使い下さい」

というものだ。

齋藤は、明治十六年生まれで、明治四十三年に早稲田の政経学部を出ていた。剣道部で順造と仲が良かった男である。新潟の齋藤一族というのは、「新潟の三財閥」といわれる一つで、金融業、酒類販売業、化学工業などをいとなんでいた。

齋藤庫四郎と順造とはしたしく、それぞれいそがしくてなかなか会う機会はないが、手紙のやりとりは欠かすことがなかった。

ＧＨＱによって学校剣道が禁止されたというものの、早稲田大学の剣道部学生もＯＢも、その多くは剣道をやめようという気はなかった。

「いかに占領軍といえども、一国の伝統文化を消し去ることなどできることでない」

順造はそう主張していたし、早稲田の剣道部関係者もそう思っていた。禁止は、いつかはかならず解除されなければならない。だから、早稲田の合宿もつづけよう。

学校でできないなら、当面は、学校でないところでやればいいではないか……

齋藤は、道場を持っていた。新潟市の中心地にあって、地元に解放していた。都合のよいことに、この道場というのが、広い斎藤邸の庭にある。道路からは距離もあって、稽古をしても通行人からはわかりにくい。話題にならずこの時代にはちょうどいい。

さらに、齋藤の邸宅も、少しくらいの団体なら楽に収容できる。

「お使い下さい」

というのはそういうことだ。

もっともこのときの計画は、剣道部学生の原猛という者が新潟出身であり、また土地柄から、ほかよりは米などは調達しやすかろうということでねられたものであるが。このあと何年も、米を持参しなければ合宿ができないという時代がつづく。

原猛は、中村栄太郎と同じようにフェンシング部員として活動している。もともと原の実家は、新潟県横越という穀倉地帯の大地主で、まとまった学生がやってきても合宿の米は平気でまかなうことができた。

このように大学や職域の剣道部や地域では、不自由ではあったが、それでも同好の士たちは、それなりに剣道をつづけていた。

一方で、都道府県を管轄する進駐軍司令官の意向や、それを受ける日本側行政の方針もあって、禁止を徹底するところでは、積極的に防具を集めて焼却させるようなところもあった。焼却を経験し、それを体験談として書いた剣道関係者は数多くいた。

また、自分が通学している学校のグランドで、うずたかく積まれた剣道具に火がつけられるところを目撃した生徒も多かった。

消却された内容が記録として残されることは少なかったが、たとえば、大分県剣道連盟では、『大分県剣道連盟五十年史』に、経過を細かく書き記した。

大分県警察部が、大分軍政部ブラウン少佐から指令されたことをうけ、昭和二十一年六月十日に、大分武徳殿弓道場で焼却した経緯を載せ、

面	一〇一一
胴	八二九
小手	一〇〇四
垂	五二一

を処分したと記録している。

（同書二十五ページ）

八月二十五日には、文部省体育局長通牒「社会体育の実施に関する件」が出された。これにより、個人が自由意志でおこなう剣道が禁止されるものではなかったが、公的であれ私的であれ、組織的（団体として）におこなう剣道が禁止された。

そして武道という名称の使用が禁止された。

さらに、剣道関係者、武道関係者がびっくり仰天することが起きた。

これまで、各武道の統括的な役割を果たしてきた財団法人大日本武徳会が、解散を発表したのである。

剣道においても、全国と地方の剣道団体の統一、指導者の育成、段位の発行、試合の指導などはこの大日本武徳会がおこなってきた。それが解散するとなると、いわば骨格や神経網がなくなることになり、剣道が存続することが危うくなってくる。

九月十三日、文部省記者室において、大日本武徳会主事の渡辺敏雄により、「武徳会解散の声明文」が読みあげられた。

そしてただちに、全国の武徳会支部長あてに、解散通達が発送されたのであった。

こうして、明治中期以降、日本武道の振興を支えてきた大日本武徳会は終焉を迎え、いよいよ武道、とりわけ剣道が、さらに危機的な時代に突入するのであった。

解散声明を読みあげた渡辺敏雄は、東京高校（旧制）の助教授から大日本武徳会に移ってきた。剣道も強かったが、頭脳も明晰で、東京や京都だけでなく、各道府県の剣道界における実力者たちの力関係を頭にたたきこんでいた。

武徳会が解散となれば、この渡辺という主事も失職することになるのだが、しかし渡辺は闘志満々で、解散にともなう残務処理が済んだら、剣道を復活させることと、あらためて剣道界の全国組織をつくるということに命をかけるつもりでいる。

これまでは、武徳会が全国に支部を置いていたので、剣道でも柔道でも弓道でも、その支部単位でさまざまな活動ができた。また、本部としても支部を通じて規則の統一や運営の徹底がはかられてきた。

武徳会がなくなってしまうと、それにかわる本部と支部組織をつくらなければ、とうてい振興は望めなくなる。教材として剣道を学校で活用することも、全国的な大会を開くこともできない。

渡辺は、失職のあと、いったんは官吏となるものの、間もなくそれも辞め、日輪というスポーツ用品の販売会社に勤務し、そののち自ら久松屋というやはりスポーツ用品を扱う会社をおこす。渡辺は東京高等師範学校出身であったため、各地の教育界には購入決定権を持つ同窓の有力者が多く、そうした縁もあって、会社は順調にすべり出した。

やがてこの会社からの利益を渡辺は、剣道の復活と剣道連盟創設の活動につぎこんでいく。そのため、順調な売上にもかかわらず渡辺の会社はつぶれてしまう。だが、渡辺はひたすら剣道連盟という組織づくりに奔走し、やがて彼の描いた全日本剣道連盟ができると、事務局長という要におさまり、遺憾なく力を発揮していくことになる。

——渡辺敏雄が解散声明を読みあげた二日後、またもや武道関係者がびっくりした。内務大臣大村清一が、財団法人大日本武徳会に解散を命じたのである。これは、内務省としては、自主的な解散を認めるわけにはいかないということである。ＧＨＱの圧力によるものであった。

解散命令による場合は、財団の財産は没収される。

しかしさらにすさまじいことになる。翌年には、大日本武徳会関係者五千名が追放となるのである。

剣道をとりまく環境は最悪といってよい。

「原子爆弾を持っている国が、なんで剣道ごときをおそれるのか。原爆からみれば刀なんておもちゃだろう。竹刀なんて問題でない」

という者が多かったのだが。

もちろん、アメリカは武器としての刀をおそれたのではない。それよりは心、すなわち剣道は、戦争に向かう悪しき精神をつくる柱であったと解釈していたのだ。刀や剣ではなく剣道というものを許さないというのである。

こうした状況のもと、組織的に力を合わせなんとか打開しようではないかという声が、剣道関係者のあいだからおこってきた。

主として大学OB関係者で、まず順造を中心とする早稲田大学のOBと、現役の学生たちである。この早稲田のグループは、稽古場所の確保という問題と戦いながらも、ついに剣道をとだえさせることはなかった。

それから早稲田と連携した慶應義塾大学のグループがある。大学ではできなくなった剣道だが、OBである小西康裕は、自分が経営していた良武館という道場を開放し、OBたちはそこにつどうことができた。

さらに、剣道指導者として専門家が多い東京高等師範のグループがあった。専門家となっている者が多く、おたがいに強い結びつきがあるだけでなく、石田一郎のように高師関係者のほかにも学生連盟幹部だったOBたちに強いパイプを持った者がいた。また中野八十二のように、慶應義塾で剣道を教えていた関係から、高師だけでなく慶應のOBたちとも連携をとり復活のために動きまわる者もいる。

そして、木村篤太郎、庄子宗光、大島功らを中心とする東京大学のグループである。立派な道場を有し、稽古場所の提供に大きな貢献をする関東配電の新田宗雄も東京大学である。政官界、実業界に多くの有力者がいた。

さらにやや遅れるが中央や明治や國學院などが加わる。また、国士舘のように、警察に勤務して稽古をつづけたり、自ら稽古を主催するＯＢたちがいた。


「どうも最悪状態ですなあ」

「まったく。なんたって、剣道の全国統括組織がなくなったわけだから。武徳会がつぶされたのは痛いわ」

丸ビル八階の三菱地所で、宮田正男と土田才喜が話している。

「完全禁止ではないとしても、組織がなければマッカーサーが剣道やっていいといっても、大きな試合もできんし、段の認定もできん」

「まあそのマッカーサーに、どうやって剣道全面オーケーを出させるかも問題ですねえ」

「うーん……」

同じような会話がいく日かくり返される。

「伊東さんや武藤さんにも相談してみましょう」

「そうですね」

「はい。それから関配。新田さんにも」

武藤というのは武藤秀三で、三菱グループにおける武道連盟の中心的人物である。東大ＯＢである。

伊東はやはり三菱グループで剣道と居合で知られた伊東祐蔵のことで、早稲田大学剣道部時代に、学生連盟のリーダーとして活躍した。また、新田というのは、関東配電の新田宗雄のことである。

ところが数日後、土田のところに、新田もまた宮田や土田と相談したがっているという連絡がきた。関東配電にいる早稲田のＯＢが連絡役だった。

「みんな、なんとかしようと考えてる……」

新田宗雄は、明治二十一（一八八八）年、熊本県に生まれた。剣道がさかんな済々黌では、同期の大野熊雄、一期上の大麻勇次らとともに活躍した。東京帝大を出て、久原製鉄はじめいくつかの会社で勤務したのち、大正十三（一九二四）年に東京電灯（のちの関東配電、東京電力）に入社した。

東京電灯では、大正時代から東電体育会が組織され、体育のクラブ活動を充実させてきていた。柔道、剣道、野球をはじめ、陸上競技やラグビーなど十をこえる競技が活動していた。

そして昭和十（一九三五）年の暮れには、芝区田村町の本社最上階に、剣道関係者にとっては理想的ともいえる道場が完成していた。

関東配電の新田も、宮田と同じような考え方であった。

「すぐにＧＨＱの禁止をとくことは不可能だ。しかし、手をこまねいているわけにはいかん。まずしっかり状況把握をしておき、再開のための活動ができるよう準備しておくことが必要だ」

もともと新田と宮田と土田は仲がよい。いずれも実業界に身を置きながら、熱心に稽古をつんでいた。「剣道教士」という称号も、三人そろって昭和十一年に取得していた。

さらに、三菱グループに早稲田のＯＢである伊東祐蔵がいて、伊東も宮田や土田とときどき顔を合わせていた。この伊東と東京高等師範ＯＢである石田一郎が仲がよかった。そして、宮田もまた、石田としたしかった。

石田は、東京高等師範を出て東京で中学の教師をしていたが、厚生省体育官に異動命令が出て、大日本武徳会に関わることとなった。そして石田は、学校の剣道指導者だけでなく、三菱の武道関係者たちとも交流ができ、宮田とは戦中も定期的に情報交換をつづけてきた。石田もまた、なんとか行動しなければという思いを表明していた。

この宮田、土田、新田、石田らが中心となり、東京とその周辺にいる剣道界のリーダーに、とにかく集まって相談しようという呼びかけをしようということになった。

――集まりたいとは、何名もが思っていたのだが、集まる場所がない時代だった。

東京は焼けていたのだ。東京の集まりやすいところは、のきなみ空襲でやられている。人がまとまって会合できるところなどない。

「部屋はぼくとこが提供しましょう」

えーっ、とだれもがいうだろう。自分も出席するとはいえ、超一等地の超一級ビルを当面ただで貸そうというのである。

しかし、剣道家の集まりである。好意はよくよくわかっても、その価値をはかれる者はそういない。

呼びかけの対象となった三十名ほどのメンバーには、高野佐三郎、中山博道、斎村五郎、持田盛二、柴田万策らのいわゆる大家も名をつらねていたが、これから閉塞打開のアクションをおこすのは、やはり具体策においても折衝においても、自ら立案もし推進できる者たちである。

そこでおのずと木村篤太郎や笹森順造といった政治家や、武藤秀三や宮田や土田や新田のように大企業の経営者としてやってきた者が中心となった。警察関係では、斎村や持田の意を受けた警視庁師範の柴田万策が代表格となった。

新田の主導ですすめられたこの集まりで、ＧＨＱの情報をよくよく確認しながら、また文部省ともよくよく連携しながら、剣道復活のための活動を開始しようということが決まった。会の名称を「二十日会」とし、毎月二十日の昼に丸ビルに集まり状況打開の検討会が設けられることになった。当面は、情報収集と共有といったところだ。つどう者がにぎりめしや弁当を持ってくることもあれば、丸ビルにある精養軒で会食のこともある。

そして戦前から東京の剣道界において思斉会会長や武徳会剣道支部長として知られていた木村篤太郎が代表となり、幹事長には新田宗雄が就任し、幹事に石田一郎のほか持田盛二（警視庁師範）、武藤秀三（三菱）、佐藤貞雄（皇宮警察）、栗原友三郎（台東区）が選任された。

こうして東京で有志が組織的に動きはじめた。

十一月三日、日本国憲法が公布された。

十二月二十七日、第九十二通常帝国議会が招集され、そして昭和二十二年を迎えた。まだ激動がつづいていく。

一月一日、ラジオで首相の吉田茂が年頭の辞を述べた。その中で、吉田は「不逞の輩」という表現をした。

吉田がそう呼んだのは、このころ勢いを増してきた労働組合である。

昭和二十一年の末から、国鉄労働組合総連合、全日本教員組合協議会などが、全官公庁共同闘争委員会をつくり、そこでゼネラルストライキが計画された。これを念頭においた発言だった。

この「不逞の輩」発言に、労働組合側が猛反撥した。民間の労働組合も加わる形で、一月十五日、全国労働組合闘争委員会が結成され、一月十八日には、二月一日にゼネラルストライキすなわちゼネストをおこなうと発表した。

労働組合がこれほどの勢力となったのは、経済が惨憺《さんたん》たる状況にあったのに加え、マッカーサーの五大指令の中に労働組合結成の奨励があったからである。官民問わず多くの組合がつくられてきた。社会党左派と共産党がリードしてストがおこなわれ、赤旗が立つようになっていた。

たしかに国民生活は苦しかった。とにかく物がないのだ。とりわけ食べ物が。

終戦とともに、朝鮮や台湾からの米の輸入がなくなった。そこに外地からの引き揚げや復員で六百万人が増加した。その一方で、食品の加工設備も輸送機関も爆撃で大きなダメージをこうむり、機能を失っていた。

そのためひどいインフレで、とくに給与生活者にとっては、きびしい生活が余儀なくされた。そこで多くの組合が、大幅な賃金アップを要求していた。

本州最北青森県でもあちこちで労働組合が結成され、東奥義塾においても組合の活動がはじまっていた。

一月十五日、弘前市の時敏小学校で地区の教員組合の臨時総会が開催され、そこで中央の動きに参加することが決まった。

これをうけて、東奥義塾労働組合でもゼネストに加わることになった。

一月の二十八日には父兄会に、三十日には生徒たちにゼネストに参加するということが説明され、三十一日には闘争委員長以下の組織体制が決まった。

順造も東奥義塾父母たちも、いったいどんなことになるのかと心配しながら見守っていたものだが、GHQによりゼネスト中止の命令が出された。

まぼろしのゼネストとなった。

3　連立政権

昭和二十一年の年末から、各政党幹部による、党派合同の話し合いがつづけられていた。

選挙時には、各候補者は自分の信念をうったえ、当選したのであったが、いざ国会の場で具体的な政策として形にしていくには、どうしても一定数のまとまった人数という力につなげていかなければならない。

現実の政治をすすめるには。政党は必要であり、順造自身は、長期的には二大政党が理想であると考えていた。

このころ、民主党も自由党も、すでにそれぞれ百四十名の衆議院議員を擁し、社会党も百名近くをかかえ、さらに増加する様子である。

これに対し、順造がリーダーとなっている国民党は三十名そこその少数党で、党として存在しえても、具体的な力とはなかなかなりがたい。

一方、比較的順造と考え方が似ている三木武夫という男がひきいる協同民主党も、四十名ほどで、同じような事情であった。

三木武夫は、明治四十（一九〇七）年の生まれ、一方の順造は十九年であるから、親子ほどにも年齢が違うが、なんとなくウマが合う。そこで、同じような政策を掲げる国民党と協同民主党を合併させようではないかという話になった。

国民党では、順造のほか、早川崇も加わり三木たちと具体的な話をすすめ、両党からそれぞれ十名ずつで構成される結成準備委員が集まって共通の政策を詰めていった。

その一方で、自由党、社会党、進歩党の三党で連立をさぐろうとする動きもあり、この動きに国民党と協同民主党も加わることになった。

昭和二十二年二月十三日に三党幹事長会談が開かれ、それに国民党を代表して順造と岡田勢一が、また協同民主党からは三木武夫が参加した。

会談では、連立を組んだ場合に閣僚の割り振りをどうしたらいいか、目下の最大課題である経済政策をどうするかが論議された。その場で結論が出せるという内容ではないため、この日はいったん党に持ち帰り、翌日ふたたびメンバーが集まって話し合った。

もともと異質である自由党、進歩党と社会党との溝のへだたりは大きく、また、このときは国民党としても協同民主党としても、社会党側に同調したこともあり、連立は形にならなかった。

このような経過ののち、やはり国民党と協同民主党二党の合併は現実のものとなり、協同民主党四十二名、国民党三十二名、無所属クラブ四名、計七十八名による政党が誕生することになったのである。

三月になってすぐ、とりあえず国会議事堂内の食堂で、あいだについたてを立て、いったん仕切られたそれぞれのスペースで国民党と民主協同党が国会議員による総会を開き、両党は合同するという決議をした。そののちついたてをとりのぞき、順造と三木が手をにぎり合った。こうして合同のセレモニーが終わった。

三月八日、明治大学講堂において、国民協同党結党大会が開催され、衆議院第三の党が誕生した。

会場となった明治大学というのは、協同民主党委員長であった三木武夫の母校である。

役員体制も決まった。

委員長　空席のまま
書記長　三木武夫
副書記長　早川崇
中央常任委員会議長　岡田勢一
代議士会長　笹森順造
政務調査会長　船田享二
同　池上隆祐
筆頭院内総務　伊東岩男
中央常任委員　秋田大助ほか二十名

結党大会において、「国民協同党立党宣言」と「政策大綱」が採択された。十四項からなる政策大綱は、三木や順造をはじめ、地方出身が多いメンバーの理想が強く打ち出されたのであった。

党としての特性は、一～三項においてよく表れており、要約すると、

一　暴力革命を避け、国民的議会政治を確立する。

二　政治、経済、文化の諸機関を地方に分散し、官僚支配を排除し民主主義を浸透する。

三　マルクス的階級社会主義ではなく協同主義による経済革命の達成をはかる。

というものだった。

協同主義というのは、企業や産業は私有とし、国家政策による統制を強くして、国内の諸機関、諸団体の結びつきを強くして発展していこうという考え方である。

三月三十一日、独占禁止法、労働基準法、教育基本法、学校教育法といった国民生活に密着した法律を成立させて第九十二議会が閉会し、衆議院は解散された。

ところが、順造や三木武夫の国民協同党にとっては、手痛い思い出がのこる日となってしまった。

この日、日本民主党が結成された。進歩党に自由党の芦田均などのグループが合流して総数百四十五人となり、衆議院第一党となった。そこへ国民協同党からも、ごそっとなんと十五名もが移籍してしまったのである。

動きはじめたばかりの国民協同党にとっては、まさに大打撃であった。

もっとも国民協同党だけでなく、各党議員の離合集散は、これからもまだまだつづいていくのであるが。

順造とは政治における生涯の盟友となる三木武夫は、徳島県土成町《どなり》（のち阿波市）の生まれである。徳島商業学校に進んだが、校長排斥ストライキの首謀者であったとして退校処分を受けた。やむなく神戸の中外商業学校にはいり、それから明治大学商学部に進む。そしてさらに同大学の法学部に入学する。

昭和四（一九三九）年、法学部在学のとき、三木は欧米をめぐる旅に出る。途中、いくつかの国で、その国の代表的政治家たちの演説を直接きき、自分も政治への道を進もうと決意する。いったん帰国ののち、三木はふたたびアメリカにわたり、サウスウェスタン大学に学び、また明治の法学部にもどる。そして昭和十二年に法学部を卒業するのである。

卒業のこの年、三木は総選挙に中立の新人として立候補し、三十歳という若さで当選する。全国最年少の衆議院議員となったのである。

代議士となった三木の最大テーマは、日米関係の悪化という問題であった。順造もそうであるが、アメリカをよく知る者たちや、ゆかりある者たちにとって、アメリカとの関係が険悪になっていくことは、ほんとうに大きな悩みとなっていた。三木は、同志をつのるとともに、今はアメリカと仲良くしなければならないときだ、「日米戦うべからず」と、各地で演説をしてうったえた。

そうした三木の努力もむなしく、日米間で戦争がはじまってしまった。

三木は、開戦という一国の命運をかけた一大事が、衆議院議員である自分に何も知らされずに決定されたことに腹を立てた。国民の命がかかつたことが、国民をぬきにして決められる、これは絶対まちがいだ、自分は民主主義の政治を築こうと覚悟する。

さらに、三木は不本意であり不愉快である体験をする。

昭和十七年のいわゆる「翼賛選挙」であった。衆議院を東条英機オール与党とすることを目的に大政翼賛会が公認する候補者を、地方自治体をはじめ多くの団体が応援し、非推薦となった候補者に対しては極端な妨害がなされるというできごとがあった。三木は、非推薦となり、理不尽をたっぷり味わったものであった。

それでも、勝ち残ってきた三木である。


若干さかのぼるが、昭和二十二（一九四七）年二月二日。

「ほっ、ほう……きょうは、二、二、二、二の日か。にっ、にっ、にっ、にっ、ほっ、ほう」

いつものように早朝に新聞をひろげた里見真平は、弘前市新町の自宅で日付を見てつぶやいた。

この日は日曜日で、弘前商工学校の教頭である里見は学校へ行く必要はなかったのだが、早朝に新聞をじっくり読むのは長年の習慣である。よく読み、そして暗記するほどによく覚えている里見である。

「おっ、こ」

東奥日報に自分の名前を発見する。

「……」

これはといおうとした里見だが、声が出ない。

――これで教師生活は終わった。

里見は承知した。

新聞は、去る一月二十七、八両日におこなわれた青森県の第二次教員適格審査の結果を報道し、九名を不適格者として発表していた。その中に、「弘前市立商工学校・里見真平」という自分の名があった。

追放である。里見が追放の対象になったのである。

里見は、弘前で開業する医師の鳴海修としたしかった。里見とは東奥義塾の同窓である。鳴海修は、東亜連盟の有力会員であり、里見もまた鳴海との縁で東亜連盟の会員となっていた。

東亜連盟は、満州国設立に深くかかわった陸軍の石原莞爾の思想に共鳴した人々が集まったものだ。こうした者たちが追放となった。

里見は、自分では天職と信じていた教職を追われた。

一ヶ月ほどたち、ようやく気持が落ちついてきたころ、突然里見に、順造から呼び出しがかかった。

なんだろうと宣教師館に里見が行ってみると、順造と寿子がにこにこして待っていた。

衆議院解散後、順造はすぐに弘前にやってきていた。

「里見くん、学校を追われたきみにとって、まことに今は不幸な時期なんだが……」

里見の顔を見るなり順造がいった。

「実は選挙を、ぼくは選挙をきみにやってもらいたいんだよ。里見くん、選挙の総責任者を頼むよ」

先回の選挙で順造を支援し熱心に活動してきた里見だが、責任ある立場に関わるということは予想もつかず、びっくりした。

たしかに自分は今のところ時間がある。しかし、時間があるからといって、そのまま選挙戦が適任だということではない。年齢もまだ若いし、何よりも経験がない自分には、責任者などとてもつとまる自信はない。戦後一回目の指揮をとった福島正一のように、東奥義塾に勤務しているといった強みもない。

「……うーん」

迷ってしまった。

「里見くんだと心強いんだがねえ」

たたみかけてくる順造に、

「あいやー、笹森先生、三日ほど待って下さい。ちょっと、そのう、しばらく考えさせてください」

そういって里見は腰をあげた。

「里見さん、あなたどうしてすぐに、はいって返事しないの？」

と、不思議そうな寿子を無視してとっとと帰ってきた。

里見という人間は、ものごとをすぐ理解し、態度もいつも明快であることを寿子も知っているのだ。

まあ、先輩らの意見もきいてみるか。他人の考え方もよくきく里見である。

「わ、責任者やれと……」

笹森先生から要請されたが、引き受けていいものかどうか、里見は、順造の有力支援者のあいだを相談に歩いた。

たしかに自分は、昨年の五月に東奥義塾の同窓会長に選ばれた。しかし、同窓会長だからといって、かならずしも選挙責任者をつとめなければならないというものでもなかろう。

だがこの相談は、里見が有力な支援者たちから面接試験を受けているようなものだった。

「うん、やはりきみが最適任だよ」

「里見くん、大いにやってくれよ」

「みんなできみを応援するから、しっかり頼むよ」

ほとんどがこうした回答であった。

やってもよさそうだがと気持も固まり、里見は順造のところに、承諾の報告に行った。

ところがこのときにはもう、

「責任者　里見真平」

は、印刷物に刷られていた。順造や関係者たちが事前に相談した結果、里見に白羽の矢が立ったのだろう。

「ほ、ほう、おれがいちばんあとか、ほ、ほう」

四月二十五日が総選挙となった。

里見が指揮をとる選挙戦がはじまった。今日から中選挙区となり、弘前や津軽一帯が青森二区という選挙区となった。

里見をサポートする役目として、再興東奥義塾第一回卒業の早野弘太郎がついた。

選挙二回目となる順造の事務所は、弘前市繁華街の土手町に設けられた。蓬莱橋のたもとにある小間物屋の二階である。

今回は、最初に笹森陣営の中心となった福島正一が手を引いたため、選挙事務所が二つになることはなかった。

しかしこのときもまた、選挙活動といっても、順造には十分な金などない。すべて順造を支持する人間が、自分で相応の負担をする。もちろん里見も早野も、家からにぎりめしを持って事務所にやってくる。

「お湯でも沸かすか」

「もう、昼か」

選挙活動が始まって間もないひるどき、そんな会話のあと、二人でそれぞれのにぎりめしをほおばったときに、階段口から吉井勇がぬうっと顔を出した。吉野桜酒蔵のおやじだ。

じろっと、二人のにぎりめしを見て、吉井は、

「む……、ごくろう」

無表情に声を出し、階段を昇りきったところにしばし立っていたのち、何もいわずにそのまま帰っていった。

そのあと何回か同じことがあった。

吉井は、選挙責任者の激励にきたようなふりをして、里見の手弁当を確認にきていたのであろう。

「里見くんは、全面的に信頼できる男だ。彼の指示で動けばまちがいない。わしらも全力で応援する。くれぐれもみなよろしく頼む」

地元経済界代表格の吉井は、あらためて笹森支援の有力者たちに、里見支援の檄を飛ばした。

選挙活動は、先回と同じように東奥義塾卒業生が中心となった。

これから里見は、しだいに弘前における順造のふところ刀の役割を果たすようになっていく。晩年まで順造を弘前で支え、さらに順造だけでなく順造の家族の相談にも乗るようになった。また東奥義塾の理事となり、同窓会組織のまとめ役をつとめる里見である。

結果が出た。

当	笹森順造	三六七八四票
当	工藤鉄男	二九六六四票
当	外崎千代吉	一六九一八票
次	大沢喜代一	一六八二七票
	奈良治二	一五七一八票
	仁尾勝男	一四三五二票

以下、津川武一、永沢繁司、浅利嵩、上田タカ、館山忠雄、桜田楨之助、長内義郎という順であった。

青森県青年同志会代表として立候補していた仁尾勝男は、とうとうその情熱を国政に生かして活動することはなかった。

選挙結果を見て、日本国中があっと驚いた。
第一党が日本社会党だったのである。日本社会党の次に、日本自由党。その次が民主党。国民協同党は第四番目、三十一名の当選である。

社会党　一四三名
自由党　一三一名
民主党　一二四名
国民協同党　三一名
共産党　四名
諸派　二十名
無所属　十三名
計　四六六名

（各党の人数は当選確定時現在。こののち、頻繁に変動するため、政治史の文献も微妙に違いがある）

国民協同党は半減している。三木武夫や順造、それに早川崇や船田享二、岡田勢一といった党幹部は、急ぎ対応を検討しなければならなかった。

当選者数をみるとたしかに惨敗であったが、しかし、なんとか党勢を維持できる道があった。この選挙では、過半数を確保した政党はなく、しかも社会党、自由党、民主党の差が、いずれもわずかなのである。つまり、連立を組まない限り、内閣というものが動き出さない。そのため、何度も、社会党、自由党、民主党、国民協同党による四党の代表会談がつづけられた。国民協同党としては、とにかく混乱がつづく今の時期は、挙国政権で乗り切るべきだという方針で固まっており、書記長として代表する三木は、そういう方針をあちこちで表明していた。

歴史に残るエピソードが語られた。

社会党書記長である西尾末広が、彼の地盤である大阪から上京してきて、待ちかまえていた記者に社会党が第一党になったときかされたとき、

「そいつはえらいこっちゃあ」

といったという。

たしかにえらいことであった。第一党とはいえ、議席の三割しかない党が政権を担当することになるからだ。

社会党委員長の片山哲は、社会党が政権をとるべきであるといってはいたものの、その準備すなわち自分が内閣を組織することなど考えてもいなかった。

いずれにしても社会党としては、共産党をのぞき、自由党、民主党、国民協同党、それに社会党の四党で連立政権を組もうという考え方であった。党内の実力者である西尾末広が提案していたのは、吉田茂がそのまま首相をつづけることとし、閣僚の重要ポストを社会党が占める方法であった。

一方、第二党となった自由党にも、政権の道は残されていた。第三党の民主党と手を組めば、衆議院で過半数をとることができた。

しかし、自由党総裁である吉田茂は、

「第一党から首班を出すべきである」

という議会民主主義の基本を唱えていて、社会党に政権を譲るという発言をしていた。連立はうまく行くはずがないから、吉田はわざといったん手を引くのだと読んでいる者もある。また、社会党が憲法改正に賛成する条件として、社会党が第一党になったら、社会党に内閣をまかせるという密約が、吉田とのあいだでできていたという声もある。

四党の代表者が集まり、吉田首相をという社会党の提案を協議した。国民協同党からは書記長である三木武夫と、中央常任委員会議長である岡田勢一が出席した。

これに対して、自由党から条件が出された。

「左派と縁を切ること」

左派というのは、社会党左派のことだ。

戦後いちはやく結成された日本社会党には、共産主義を容認する左派グループと、共産党は認めない右派グループと間に、深刻な溝があった。

たしかに、そういう党内の事情はあるにしても、わかったと応じられるものではない。

「そんなことはできない」

そういわざるをえないだろう。

それなら、連立は組めない。

こうして自由党は野党となる道を選択し、社会党と民主党、それに国民協同党の三党による連立政権ができることとなった。

こんな政治の混乱がつづく中、五月三日、憲法が施行された。もっとも、日本と連合国との戦争状態が終結し、連合国により日本国民の主権が承認されるのはこれから五年後、サンフランシスコ平和条約が発効する日である。

五月十七日のお昼を過ぎたころ、順造におどろきの知らせがとどけられた。

大物閣僚三名の追放が決まったというもので、順造や各大臣だけでなく、政治家たちのあいだにたちまち動揺がひろまっていく。

この日政府から追放が発表された三名というのは、大蔵大臣の石橋湛山、商工大臣の石井光次郎、それに司法大臣の木村篤太郎の三名である。石橋と石井はG項（軍国主義者および極端なる国家主義者）、木村はD項（大政翼賛会、翼賛政治会、大日本政治会活動の有力者）に該当するというものだった。木村篤太郎は、大政翼賛会下にある大日本翼賛壮年団の役員をしていた。

東京帝大剣道部OBのまとめ役であるとともに、東京における剣道界組織の中心的存在であった木村は、大東亜戦争前に渡辺敏雄や中倉清や中野八十二といった気鋭の在京剣道家たちがつくった思斉会という若手の研鑽グループの会長としても知られていた。

そして戦後の剣道がこうむった災難を突破し、剣道の復活を推進していこうとするリーダーの一人であった。

木村篤太郎は、奈良県に生まれた。明治十九（一八八六）年、順造とは同じ年の生まれだ。東京帝国大学を卒業し、弁護士として活動していた。戦後は検事総長となり、昭和二十一年の第一次吉田内閣では司法大臣となっていた。

東京には、いわゆる専門家とか大家といわれる剣道家が何人もいるのであるが、組織をまとめたり、組織としてものごとを進めてある事業目的を遂げるには、組織運営という別の力が必要になってくる。

とくに今のように、進駐軍であるとか文部省であるとかといったところとの折衝は、剣道の実技や鍛錬とはまったく性質がちがう。

順造も学生剣道界においてリーダーの役割を果たしてきており、また古流の修行者として知られてはいても、東京を離れていた期間が長い。代表は木村がいいだろう
しかし、木村が追放となると、おのずと順造がリーダーたちの中心とならざるをえない。

こうした経過について、のちに、

「立場上やむなく、私がそのあとを……」

とか、

「行きがかり上、まとめやくとなって私が……」

という表現をする順造であるが、自分が責任をもって剣道の存続に向けた活動を進める決意を固めていた。

そして順造のもとで、活動や事務方のまとめ役をつとめることになったのが、東京高等師範OBである石田一郎であった。

石田一郎は、明治三十三（一九〇〇）年、秋田県に生まれた。秋田中学、秋田師範を出たの

ち東京高等師範にはいり、大正十五（一九二六）年に卒業する。在学中は、全日本学生剣道連盟設立に奔走したメンバーとして知られ、学生剣道連盟が設立されてからは福田雅太郎会長のもとで、事務局長として連盟運営をとり仕切ってきた。

そののち東京府立中学の教師を経て、厚生省体育官となっていた。学校関係者との太いパイプはもちろんだが、慶應ＯＢの宮田正男と特別したしく、実業界剣道関係者とも通じていた。

そしてこのころ、順造や石田や宮田らとともに復活をめざして活動する東京における各大学ＯＢの中心メンバーは、

早稲田大学　土田才喜　深沢文夫　松岡卓郎　鈴木温　太田文人
慶應大学　小西良裕　三沢正　木島栄一
東京高等師範　浅賀幾之助　赤尾英三　中野八十二　渡辺敏雄
東京大学　庄子宗光　大島功
明治大学　佐々木二朗
中央大学　北島辰二　岩崎丙午郎
国学院大学　小澤幸雄　佐藤貫一

といった者たちであった。

もっとも、剣道部がすっかり機能停止状態の大学が多いのであるが。

二十日会の会合だけでなく、順造は機会をみつけてはどこでも剣道の危機をうったえている。政治家仲間に対しても、なんとかしないと日本のすぐれた伝統文化が一つなくなるといって、理解と支援を要請していた。

順造の母校、早稲田の剣道部でも、存続をかけた部活動がつづけられている。看板はフェンシング部だ。ようやく要領がわかってきたというか、フェンシング部としての活動が軌道に乗ってきていた。一年間の試行錯誤を経て、この年からは小藤清巳が主将になり、部として組織的にもととのってきた。

もちろん、剣道部をかかえたふたまた部であるから、苦労も多い。大学から出るクラブ費も、フェンシングで固有にかかるものもあり、全額剣道で使うことはできない。特に、フェンシングの用具はどうしても購入しなければならない。

それに、体育館に学校関係者がやってくることは当然ある。

「あれれ……」

剣道の練習をみて足をとめる。剣道は学校ではしてはいけないのではないか……

「あ、もしもし、きみ……」

と、剣道の衣装を着けた学生に声をかける。

「ここは、フェンシングでしょ。きみ、それは剣道じゃないの。その、きみがやってんの」

「ぼくは、主将の小藤です。ふるさとでは、小藤、小林、阿部、椿というのが名門なんですよ、へへ」

ここでばれたかと頭をかいてはいけない。いけないことをしていましたとあやまってもいけないのだ。

「ええ、そうですよ。日本剣道も、フェンシングという西洋剣術も、剣の基本は同じです。土台づくりはいっしょなんですよ。そして両方をくらべてみると、土台づくりという点では、剣道がいいですねえ」

「……そう。なるほどねえ……フェンシングの土台づくりね」

「剣道の土台の上にフェンシングの技を重ねる方法が一番ですねえ」

主将になった小藤には、弁舌さわやかという特長があった。質問尋問にこたえることを楽しむようなところもある。

第三章

1　剣道大臣

昭和二十二（一九四七）年五月二十日、新憲法による第一回の国会が召集された。そして吉田内閣は総辞職した。

翌二十一日、衆議院議長に社会党の松岡駒吉が、副議長には民主党の田中万逸が、それぞれ選出された。

五月二十三日には、いよいよ首班選出となり、社会党の片山哲が首相に指名された。

ところが、えらいこっちゃという声が出たように、具体的な内閣構想というものは、まだ練りあげられていない。

このため、二十四日の親任式には、片山哲が一人で皇居におもむくという、変則的な発足となった。内閣総理大臣以下の全大臣を、内閣総理大臣である片山哲が兼務するのである。ようやく大臣の顔ぶれが決まるのは、六月の一日になってからだ。

片山内閣ができるにあたり、順造が大臣として入閣することになった。

国民協同党からは、三木武夫と笹森順造の二名が大臣にと指名されたのである。わずか三十名ほどの議員の党から、二名も入閣するというのは、まさしく連立のおかげであった。

順造が大臣の候補となってから、国務大臣復員省総裁に決定するまでは紆余曲折があった。

最初、順造に入閣の打診があったときは、文部大臣であろうということであった。

「まさにうってつけ。長年の、教育者としての体験が生かせる!」

順造本人も支持者たちも、文部大臣ならまさに適役と、大歓迎の姿勢で組閣陣営からの「笹森文部大臣」指名を待っていたのである。

ところがそれはとりやめになった。

「すまんが文部大臣は社会党にさせてくれ」

というのである。

発足する片山内閣で組閣をとりしきるのは、社会党書記長で内閣官房長官となる西尾末広だ。明治二十四(一八九一)年生まれ、五十六歳である。香川県の瀬戸内海にある島で生まれ、高等小学校を出たのち大阪に出た。

大阪を本拠地とする旋盤工出身の西尾には、名人芸ともいわれる人を見る目と組織間調整能力があり、連立を組む各党との関係を巧みに考慮し、組閣を進めていた。

西尾の社会党自身に、このときこまった事情があった。党内が右派と左派とにわかれており、組閣にあたって、社会党の左派からは入閣させないということが、連立の前提となっていた。そうなると、社会党であっても、大臣とすべき人物は限定されてくる。

こういう事情の社会党が、どうしても入閣させたいとする人物に、森戸辰男という男がいた。森戸は明治二十一年、広島県に生まれた。東大助教授時代に「クロポトキンの社会思想の研究」という論文を発表したところ、危険思想の持ち主だとして大学を追われ、大原社会問題研究所にはいって研究をつづけてきた。

戦後、社会党から出馬した森戸は、教育界を代表する人物として知られるようになり、社会党の有力議員の一人となっていた。

この森戸に、大蔵大臣の椅子が用意された。しかしこれを森戸はことわった。

次に、森戸に、経済安定本部長官という話があった。これも森戸はことわった。

その次には、それでは労働大臣ではどうかという話が持ちこまれた。これもまた、森戸はことわった。

うーんとうなった末に、西尾はこれではどうかと、森戸に文部大臣を提示した。まあそれならいいだろうと、森戸は承知したという。

のちの時代からみると、もともと教育や学問に強いのであれば、最初から文部大臣にすればいいじゃないかということになろう。しかしこの当時は、とにかく日本という国の体力がとことん弱っていて、きょうのめしあすのめしに困っていた。国にも国民にも金がない。となると、政治の中心は、大蔵省や経済安定本部となるのである。したがって、中心となるところにしかるべき大物とされる人物をというのが、配慮となる。

こうして森戸が大物向けの大臣を辞退して文部大臣となったため、「笹森順造まぼろしの文部大臣」となってしまった。国務大臣復員省総裁笹森順造が誕生した。

一説では、国民協同党としては、経済関係の大臣を要請されたら岡田勢一が、教育関係であったら順造が就任することになっていたという。

また一説では、国民協同党代議士の船田享二が岡田をおとずれ、

「岡田さん、今回はまず笹森先生で了解してください」

と説得したのだとも。

一方、順造とともに国民協同党から入閣することになった三木武夫は、逓信（のちに郵政）大臣となった。

六月一日十一時、皇居で認証式がおこなわれた。つづいて十二時半から首相官邸で初閣議が

開催され、片山内閣がスタートした。

内閣総理大臣　片山哲（日本社会党）
外務大臣　芦田均（民主党）
内務大臣　木村小左衛門（民主党）
大蔵大臣　矢野庄太郎（民主党）
司法大臣　鈴木義男（日本社会党）
文部大臣　森戸辰男（日本社会党）
農林大臣　平野力三（日本社会党）
運輸大臣　苫米地義三（民主党）
通信大臣　三木武夫（国民協同党）
商工大臣　水谷長三郎（日本社会党）
厚生大臣　一松定吉（民主党）
物価庁長官　和田博雄（緑風会。経済安定本部総務長官兼ねる）
行政調査部総裁　斎藤隆夫（民主党）
国務大臣　西尾末広（日本社会党）
国務大臣　林兵馬（民主党）

国務大臣　　　米窪満亮《みちすけ》（日本社会党）

内閣官房長官　西尾末広（日本社会党）

順造のほかはこういう顔ぶれであった。

連立をめぐって紆余曲折を経てできた内閣は、ようやく出発となったが、発足早々半月後に、大蔵大臣の矢野庄太郎が脳溢血でダウンした。栗栖赳夫が就任した。

日本初の連立内閣を構成する閣僚の顔ぶれはどうであったか。

内務大臣の木村小左衛門は五十九歳。島根県選出。もともとは地元実業界のリーダーであったが、大正十四（一九二五）年に衆議院議員に当選し、若槻礼次郎首相の有力な側近として知られていた。

木村は、第一次吉田内閣のときも内務大臣に就任しており、留任という形で就任した。この片山内閣のときに内務省が廃止されることになるので、木村は、最後の内務大臣となる。

外務大臣の芦田均は五十九歳。この片山内閣が崩壊のあと、内閣総理大臣となり、さらに昭和電工疑獄事件では逮捕され起訴されるなど、昭和政治史において名を残す人物となる。東京帝大を出て外務省にはいった芦田は、昭和七年に京都府から衆議院議員に出て、政界に転じることになった。芦田の父もまた衆議院議員であった。

しかし芦田は、いわゆる二世議員といったイメージはなく、強い信念で政治姿勢をつらぬいた。大政翼賛会運動の盛りあがりに反対し、昭和十七年の翼賛選挙では、非推薦ながら当選した。また芦田は、昭和十五年二月に斎藤隆夫がおこなった「反軍演説」に関連して、斎藤の除名決議に反対票を投じた。

さらに芦田は、新憲法についても、軍隊を持たなければ国家ではないと、明快な見解を示していた。

大蔵大臣の矢野庄太郎は六十一歳。香川県の選出で、内務官僚の経験があった。大正十一年にいったん実業界に転じ、そののち昭和五年衆議院に初当選を果たす。

昭和十五年に欧米視察をして彼我の経済の実態を知った矢野は、戦争をすべきでないとの主張をはじめた。矢野もまた、翼賛選挙では非推薦で当選した。脳溢血発病後は民主党顧問となるが、数年後死去する。

司法大臣の鈴木義男は五十三歳。福島県選出である。順造と同じく昭和二十一年の選挙で初当選した。彼も順造や首相の片山と同様クリスチャンで、これまでいくつかの大学で教えてきた弁護士である。政治家引退ののちはふたたび大学教育にかかわり、専修大学学長や東北学院院長などをつとめる。

文部大臣の森戸辰男は、政治家のあと広島大学の初代学長や中央教育審議会の会長、国語審議会の会長などをつとめ、日本の教育界のドンとして名を残すことになる。

農林大臣の平野力三は四十八歳。生まれは岐阜県であり、山梨県を選挙区とした。拓殖大学、早稲田大学を卒業して農民運動を指導し、社会民衆党設立に関わり、さらに日本農民党を結成する。また、在郷軍人らとともに皇道会を結成、昭和十一年の衆議院選挙に皇道会公認で当選する。

戦後は日本社会党結成に参画し、社会党右派の有力リーダーの一人として活動していた。

運輸大臣の苫米地義三は六十六歳。前年の衆議院選挙では、順造とともに青森全県区に立候補し、同じ選挙を戦った者同士である。今回の選挙では、苫米地が青森一区、順造が青森二区と、別になった。

苫米地は、もともと実業界で活躍していた人ものだが、戦後政治家として出発した。

商工大臣の水谷長三郎は四十九歳。京都で生まれ、京都で育ち、京都帝国大学を出て弁護士となり、昭和三年に京都選出の衆議院議員となる。斎藤隆夫の反軍演説をめぐる除名採決に反対した。

戦後は日本社会党の結成に尽力し、右派の中心人物の一人であった。片山内閣につづく芦田内閣においても商工大臣として留任する。

厚生大臣の一松定吉は七十二歳。生まれは大分県だが、大阪府から出馬していた。明治法律学校を出て、長らく検事として過ごしていたが、退官して弁護士となり、昭和三年に衆議院に初当選した。

吉田内閣では逓信大臣をつとめ、さらに片山内閣のあと芦田内閣でも、一松は建設大臣をつとめることになる。

経済安定本部総務長官を兼ねる物価庁長官の和田博雄は四十四歳。埼玉県生まれの岡山県育ちで、東京帝大を出て農林省にはいった。農政局長のとき、吉田茂首相から農林大臣就任をもちかけられたものだ。片山首相も、この和田をひきつづき起用したのである。

のちに和田は、日本に社会主義社会が到来することを信じて、社会党左派の代表人物の一人として活動する。

行政調査部総裁となった斎藤隆夫は七十六歳。兵庫県出石の出身で、東京専門学校を出て弁護士試験に合格したのちアメリカに留学する。帰国後、出身地から立候補して当選し、一貫して軍部を批判しつづけた。

昭和十五年二月におこなったいわゆる「反軍演説」は斎藤の代表的演説であり、歴史に残る演説である。演説のあと、いったんは衆議院議員を除名されるのであるが、昭和十七年の翼賛選挙において非推薦で出馬し、当選した。昭和二十一年の吉田内閣で国務大臣に就任し、行政調査部総裁となり、片山内閣でも継続することとなった。

国務大臣である林兵馬は福島県出身で、日本体育会体操学校（のちの日本体育大学）を出て小学校の教師になったのち、政治をこころざし日本大学に学ぶ。昭和初期から衆議院議員となった。

戦後、協同民主党ののち国民協同党にはいり一度は順造と同じ党になったあと、民主党に移っていた。

しかし大臣となったこの年の十一月に、林は公職追放の対象となったため、国務大臣を辞任することとなる。

国務大臣の米窪満亮は六十五歳。大きな県だが海というものがない長野県出身の海の男である。商船学校を出た米窪は、日本郵船などの船会社などに勤務し、船長の経験もあった。

米窪は、太刀雄という名前も持ち、夏目漱石が絶賛し序文を寄せた『海のロマンス』という航海記があり、名文家として知られていた。

昭和七年に兵庫県から出馬して衆議院議員となった。

この年、昭和二十二年九月一日に労働省が設置されることになるのだが、米窪は初代の労働大臣に任命される。

順造は、国務大臣復員庁総裁となった。陸軍と海軍のあとしまつを担当する大臣である。

昭和二十年十一月三十日をもって、陸軍省と海軍省がなくなった。翌日、十二月一日、第一復員省と第二復員省が設置され、それぞれ陸軍軍人や海軍軍人の復員などを担当することとなった。

半年あまりのち昭和二十一年六月十五日に、この第一復員省と第二復員省が統合されて復員庁となり、第一復員局と第二復員局が置かれて、第一復員局が陸軍、そして第二復員局が海軍をそれぞれ担当した。復員省の前任大臣は、幣原喜重郎であった。

順造に直属して事務をとり仕切る官房長は、森田俊介である。森田は、まだ五十歳前であるが、台湾総督府に勤務し、台中州知事や文教局長などをつとめ、終戦処理と台湾からの軍人や官吏や民間人の引き揚げを企画し、また直接実施の指揮をとった。

そして旧陸軍と旧海軍の復員をとり仕切る復員局には、陸軍、海軍の切れ者たちがそろっていた。陸軍を対象とする第一復員局長は上月良夫、また、海軍の第二復員局長は前田稔であった。

順造と同年である上月良夫は昭和十四年に陸軍中将となり、終戦時は、第十七方面軍司令兼朝鮮区司令官であった。

一方の前田は、昭和十八年に海軍中将となり、南京政府軍事顧問などを経て、終戦時は、第十航空艦隊司令長官となっていた。

また、第一復員局の総務部長である荒尾興功《おきかつ》は、陸軍大学校四十二期で、陸軍内の枢要なポジションを歩んできた。ソ連やポーランドに駐在し、参謀本部勤務や歩兵学校教官などを経て、大東亜戦争開戦時は、南方軍参謀の職にあった。

昭和十七年、大佐となり、終戦時には軍事課長であった荒尾は、阿南陸軍大臣がもっとも信頼する部下であった。

ポツダム宣言の受諾と終戦の玉音放送をめぐって、陸軍の将校がクーデターをくわだてようとしたことは、「日本のいちばん長い日」という映画になったりして、戦後よく知られるところとなった。

荒尾は、当初その将校グループのリーダー格であったが、阿南陸軍大臣に、

「一糸乱れず、ご聖断にしたがうのだぞ」

とさとされた。

さらに、阿南大臣が責任を負い切腹する前に、荒尾に、

「若い立派な軍人が生き残れるようにしろ」

といったことをうけて、必死で復員業務にかかわっていた。

第二復員局の総務部長である山本善雄は、ロンドン勤務の経験があり、ここで吉田茂と知り合いになっている。

昭和十二年に軍務局勤務となり、海軍大臣である米内光政、次官の山本五十六、軍務局長の

井上成美らに直接接するようになった。昭和二十年五月に、少将となった。

上級幹部は軍人という、異色の構成員を持つ復員庁であったが、ここでも、順造は堂々とした印象を与えていたものだ。また、実兄である浅田良逸が陸軍中将であったことも、旧軍人たちの集団では都合がよかったことだろう。

訓辞のときも、居並ぶ姿勢のよい幹部たちに圧倒されることなく、胸を張り、津軽風標準語で大きな声を出しつづける笹森大臣であった。

大臣となった順造の秘書官に就任したのは、今井富士夫である。再興東奥義塾の第一期生で、京都帝国大学を出た。

おたがいの気心がわかるという点では、問題はないだろう。もっとも今井は、詩をつくり、考古学を専門とする。大臣秘書、政治家秘書としてはとしてはどういうものかという懸念がないでもない。じっくり交渉したり、意見の異なる他人のことをおもんぱかるといったことには、さほど興味はない今井である。

順造が大臣となって、まず内閣に呼びかけ自ら担当した活動が、「新日本建設国民運動」である。

いちはやく文部大臣である森戸辰男が積極的に賛同した。まさにこの時期にぴったりの活動であると、六月二十日、内閣決定し森戸と順造を中心に進められることになった。

「勤労意欲の高揚」という第一から、「平和運動の推進」という第七までの目標がかかげられた。今井富士夫がかけずりまわり実行体制をととのえ、森戸大臣名で綱領がまとめられた。

二十七日には、公共団体、各種組合、業界団体、スポーツ団体など二百もの団体の代表者を首相官邸に集めて「新日本建設国民運動中央協議会」を開催し、片山首相の挨拶のあと、森戸や順造が意義と方策などを解説し、運動への協力をうったえた。

さらに順造は、

「今井くん、これからはなにごとにも女性の参加が欠かせない。いや、むしろ新日本建設の柱だ」

といって、婦人団体との懇談会も設営させた。

政治家となるにあたって、順造は、十二の分野について、自分の政策方針を明示していて、その中の一つに「婦人」の分野があり、

「政治上・法律上男女区別なし」

「男女同資格・同職業における地位待遇の同一化」

「就学・研学・就業の男女機会均等」

をかかげてきた。その実践である。

宗教団体にも呼びかけた。

キリスト教信者である順造が、

「僧侶の代表を集めて一席ぶったのだからおどろきだ」

と今井はのちに思い出を語っている。

文部大臣という立場もあって、森戸も熱心に活動した。活動を国中におし進めるために、国民向けにテキストがつくられ、翌年には『新日本建設の道』として出版された。順造も執筆した。

が、活動した割にはパッとしない結果となった。

「理想はたしかにそのとおりなんだが……」

というのが一般的な受け止め方であったようだ。

のちに日本経済新聞に森戸の「私の履歴書」が連載され、昭和五十九年七月に『私の履歴書文化人』として刊行される。その中で森戸は、いまひとつもりあがらなかったこの運動にふれた。

その成果やいかに。実は機熟さず、世論、ことにジャーナリズムの総攻撃にあい、清新なムードが全国的に盛り上がるにはいたらなかった。国民がその日その日を食うのに四苦八苦しているのに、精神運動をうんぬんするとはなにごとか、と手厳しい論難がやってきた。せいぜい受ける好意的批評は「時期尚早なり」。

（『私の履歴書　文化人』）

運動の評判も良くなかったが、笹森順造大臣も記者たちのうけはかんばしくなかった。記者たちにとって融通がきかないのだ。直球大臣である。

ただ今話すわけにいかないことでも、核心をぼかした輪郭説明という方法も、たとえ話という手もある。自分の口からはいえないが彼ならと、いえる口を示唆することもできる。

「ここまではっきりしていますが」

と、限定することもできる。

こういうことを全然しないのだ。

「それはまだ話せません」

それだけいってそれでおしまいなのだ。

堅物大臣だ。

しかし、記者のうけなど、もとより気にしない。

記者だけでない。政治家仲間からもやりづらいという声が出る。

家族が困ることさえある。

「笹森先生ご在宅でしたらおそれいりますが……電話口までお願いしたいのでありますが」

と、電話がかかってくる。

「いないといえっ」

おとうさま電話というとそういうのだ。自分はいつもうそをつくなといってるのに。

「……はい」

「その電話はどこからかけているかわかるかっ」

そんなのわかるはずがない。

「料亭からだ。根まわしと称して、料亭に集まっている。なんのための国会だ。国会で論議すればいい。そのための国会だ」

六月二十七日、閣議で内務省解体が決議された。

内務省は明治六（一八七三）年に設置されて以来、内務行政全般を管轄する中央官庁として、絶大な権力を行使してきた。地方行政、警察行政などを掌握しており、ＧＨＱとしては、日本を戦争にかりたてた機関として、内務省の廃止は当初から予定されていたことであった。

近代日本の象徴が消えていく。

こういう大変化がつづいていく中、大臣となった順造は多忙であり、東京での活動が圧倒的に多くなっていった。

順造は、東奥義塾長を辞任することにした。

そして七月一日、東奥義塾理事会で、順造の塾長辞任が承認された。さらに八月一日には、東奥義塾名誉塾長に就任することが決まった。

しかし、自分の道すじはできても、まだ後任が決まらない。再興東奥義塾の卒業生である川崎市郎が塾長に就任するのは十二月になってからのことだ。

七月十日、戦後の絶望感を味わっていた剣道関係者だけでなく、各界のリーダーたちがおどろく新聞報道があった。大日本武徳会の役員だった者が、大量に追放の対象となるだろうというのである。

大日本武徳会は財団法人による全国組織であり、本部および全国の各支部ともに、武道を愛好するもしくは支援するさまざまな団体で指導的立場にある者が、役員に就任していた。こうした役員が追放となってしまうと、その出身母体も大きな痛手をこうむることになってしまう。

大きなショックを与えた記事であったが、突然決まったことではなく、GHQにとって前年秋の大日本武徳会の解散とセットともいえる計画であった。日本政府は、それに抵抗していて、折衝がつづいていたものだ。

GHQが強硬な方針をくずさない状況下で、交渉をつづけてきた司法大臣の鈴木義男は、順造に、GHQ担当官を説得してくれと要請してきた。

順造がアメリカ事情もよく知り、通訳を介さず武道というものの実体と大日本武徳会を説明することができたので、鈴木は、笹森くん頼むとやってきたのである。

福島県出身の鈴木は社会党だが、順造とは昭和二十一年の初当選同士であり、またともにクリスチャンであることから懇意にしていたものだ。

「日本武道の名誉のため全力をつくす」

と順造はこたえてＧＨＱを訪れた。

この武徳会追放は、日本側の見解や反対があろうとも、すでにＧＨＱとしては実行することと決めているだろう。そうであっても、追放の規模は最小限にくい止めなければならない。そしてなによりも、武道が人殺しの道具であるとか、武道精神が戦争愛好精神であるといった誤解は、根本からといておかなければならない。

追放はＧＨＱの民政局が管掌し、実施の実務責任者は民政局次長のＣ・Ｌ・ケーディス大佐、追放担当課長はＪ・ネピア中佐である。

ケーディスは、コーネル大学からハーバード・ロースクールを出た人物で、政府の高官補佐官として内務省や財務省で勤務ののち陸軍にはいった。終戦の日の八月十五日にアメリカ本国で大佐に昇進した。日本統治のためマニラを経由してマッカーサーと同じ日に、ＧＨＱの行政課長として赴任し、のちに民政局次長となったものだ。

順造よりはちょうど二十若い四十一歳であるが、内務省や財務省の時代は、世界史に残るニューディール政策の遂行に関わっていた。ＧＨＱでも、憲法改正、内務省解体などを担当してきた。

一方のネピアは、オレゴン州立大学を出て陸軍にはいった。沿岸警備隊などで勤務し、日本には終戦の翌年昭和二十一年六月にやってきた。一時期朝鮮での勤務があったがこのころは東京にもどってきていた。まだ、三十三、四歳の男だ。

二人を前に順造はすわった。おだやかな口調だが、武道の神髄を語りきるぞという気が全身からあふれていた。

やりとりについて、のちに順造自身が早稲田の後輩に語った。昭和四十五（一九七〇）年九月三日におこなわれた座談会で、「笹森先生を囲んで」として『稲剣誌』三号（昭和四八年七月発刊）に載った。

正確な記録にもとづいて語ったものではないだろうが、ざっとした流れは次のようなものだ。

――まずキイワードの「武徳」をあなたがたはなんと訳したのか？

「戦争主義だ。だから禁止されて当然だ」

――違う。漢字を説明すると「武」は、戈（ほこ）を止めると書き、戦争をさせない、平和を守ることだ。「徳」はヴァーチュー。武道は鍛錬によって高潔な人間をつくること意味だ。

「しかし戦争を起こし人を殺したではないか」

——戦争は武徳会だけでなく国民全部が戦った。負けた国民すべてを地上から抹殺するというなら話は別だが。

「そういうわけじゃないが、とにかく刀がだめだ」

——なぜだ。

「あいつで首を切られると元にもどらない」

——心の問題だ。日本では刀は大切な宝物だ。にぎりこぶしでも人をなぐり殺すし助けもする。使い方でどのようにもなるということをあなたがたがわからないということは、武徳というものをわかっていないということだ。

「しかしとにかく刀で殺されてはかなわないから、刀をとりあげ剣道を禁止する」

——私は、子どものときから剣道をやってきているが、人を助けたことはあっても殺したことはない。どれだけ自分の修行になったことか。こんなにありがたいことを好きでやっているのに一方的に禁止するというのはアメリカのデモクラシーに反するし、そもそも武徳会は親善任意団体であるということをあなた方が誤解している。

「そうはいうが、戦争中に武徳会は戦争に参加することをやったではないか」

――よく調査してもらいたい。戦中の一九四二年に、武徳会は改組されている。なぜかというと、「武徳会は戦争の役にたたない」といって、ときの総理大臣が自分を会長にして主要役員を追放した。あなたがたは、戦争の役に立たないといってそのとき追放された人間をまた追放するのか。自家中毒症だ。

「うーん、なるほどそれはいい情報だ」

――そもそもどういう人を追放する予定だ。

「本部、支部の会長、副会長、理事長、理事、評議員、顧問」

――そうか。でも評議員は別だ。会長、副会長、理事長については、戦争遂行という関わりは免れず、そしていずれかの該当事項でだいたい追放になっている。しかし評議員は別で、就任を要請されて拒絶しなかっただけのもので、責任は追及できない。

「なるほどそうか」

――あなたがたは占領軍であり、したいことはなんでもできる。しかし、正しいことは正しいし、正しくないものは正しくない。日本人はよく見ているだろう。どうか剣道についての見方も考え直してもらいたい。

こんな様子であったようだ。

順造との面談によってＧＨＱの方針が変更されるということはなかったものの、ＧＨＱ側の剣道理解に影響を与えたと思われ、さらにこれからの剣道復活活動にむけて、ＧＨＱと順造とのパイプができたといってよい。

七月二十五日、大日本武徳会に関する追放基準が閣議で決まり、八月二日から審査が開始されることになった。追放対象となる有力役員の範囲や、対象指定となった者が反論するための手続方法などが発表された。

追放は、武徳会の役職についていたから一律に決められるというのではなく、一人ひとり審査にかけられ、異議申し立てによる検討を経て判定されていく。

その結果、一千名をこえる武徳会の役員が追放となるのである。

これにより、武道関係者、とくに剣道関係者は、公的な活動はできなくなり、社会の表舞台から何年か消えてしまう。

2　天皇巡幸

昭和二十二（一九四七）年八月、東北地方に天皇巡幸があった。巡幸というのは、天皇が、各地をまわられることである。

この巡幸に、一部の日程だが、順造も随行した。

昭和二十一年二月十九日の神奈川県からはじまり、二月末から三月にかけて東京都、そして群馬県、埼玉県とつづき、さらにこの年は、千葉県、静岡県、愛知県、岐阜県、茨城県が巡幸の対象となった。

昭和二十二年は六月に大阪府、和歌山県、兵庫県、京都府がおわり、次は、秋になってからだろうと関係者が予想していたところ、八月五日から十九日までという、暑いときの、しかも半月という長い日程となった。

五日午前七時半、片山首相らに見送られてお召し列車は東京駅を出発、第一目的地である福島県の常磐炭鉱に向かい、正午に湯本駅に着いた。

坑内では男たちが、われらは日本を代表する炭鉱の一員であるという心意気で石炭を掘っていた。その彼らの地下坑道に、背広にネクタイの天皇が立たれ、しっかりはげんでくれというおことばがあった。

涙を流しながら男たちは呆然と立ちつくしていた。

地上にもどられた天皇に、滝のような汗があふれ出し、遠慮なく流れていた。

休む間もなく移動、一行は、車で平駅に向かい、その日は仙台泊まりである。

翌日は仙台市内から石巻、塩釜、松島、そして午後からは女川、小牛田、古川へという、車での長いコースであった。小学校、国立病院、魚市場、水産実験所などを訪れたのち、宿舎の古川高等女学校にはいった。

一行は、たらいで体をふき、教室にゴザを敷いて横になる。校舎には強い太陽の光がガラスから遠慮なく差しこみ、早々に朝を迎えたのであった。

翌日は栗原郡築館町において多くの郡民県民が天皇を歓迎した。

戦争がおわった年の十二月、栗原郡の青年団が上京して、皇居の草刈りをはじめた。これがやがて、皇居の勤労奉仕として定着し全国に参加者が広がっていく。特別な思いを感じている県民だ。

次は岩手県。一関、花巻を経て盛岡到着。宿泊は小岩井農場で、一行は七日だけでなく八日、九日も滞在した。

岩手は広い。岩手一県は、四国の四県に相当するほどの広さである。それにリアス式の長い海岸線が特徴だ。

列車が止まる駅には、何時間も歩いて集まってきた老若男女があふれていた。万歳し、涙を流す彼らに対して、ていねいに帽子を振って応えられる天皇であった。

八日は早朝に盛岡を発ち、宮古、釜石方面であった。宮古で漁船に乗り込まれた天皇は、漁師たちに声をかけられた。そして釜石では、空襲で多くの犠牲者を出した製鉄所で、遺族を慰問された。

九日は、休養にあてられた。

順造は九日に盛岡にはいり十日から巡幸に随行した。

行程のはじめは司法大臣の鈴木義男が随行し、順造のあとは国務大臣の林平馬が随行する予定になっている。

国立盛岡病院などを訪問のあと、お昼に盛岡駅を列車で出発し、一行は青森に向かった。途中の青森県境手前の開拓農場近くの駅で停車し、天皇は徒歩で山中の農場に立ち寄られ、開拓者たちを激励された。

午後三時、青森県尻内駅に到着し、館村の中流農家を訪れたあと、一行は八戸市にはいった。八戸では日東化学を視察ののち、製紙会社を経営し競走馬オーナーとして知られた大川義雄の別邸に到着した。そこが宿舎であった。

十一日は、早朝の魚市場を視察し青森駅へ。そして青森駅からは車での移動となり、県庁やリンゴ試験場などを経て、特別暑い日差しの弘前にはいったのである。国立弘前病院慰問ののち、車は宿舎に向かった。

弘前での宿舎は、弘前市公会堂であった。この日の特別の暑さは夜もつづいたが、公会堂は、つくられたときは宿舎となることを想定しておらず、風呂やシャワーなどの設備はない。

十二日午前八時半、列車は弘前駅を出発、秋田県に向かった。秋田市で十二、十三、十四日と三泊ののち、終戦の日の十五日昼、一行は山形県にはいった。そして十六日、上ノ山温泉に至り、この旅程中はじめて旅館での宿泊があった。翌十七日はふたたび福島県である。十九日午後、お召し列車は福島県をあとにし、那須に向かった。長い、東北巡幸がおわったのである。

順造は、天皇の言動に静かな興奮を覚えていた。何よりもおどろくのは、質素な食事である。これでいったい連日の行動を支えられるのかと、疑問に思うほどの内容である。それから病院を見舞うときの配慮である。ベッドを降りて床にすわろうとする入院患者に、ベッドのままでと制し、病室の中で心のこもったまなざしで激励された。こんな強行軍で大丈夫かと思われるほどびっしり詰まった行程のどの場面でも、天皇は真剣に全身で対峙されていた。

――自分は、こんなに誠意があるだろうか。自分は、こんなに人をいつくしむことができるだろうか……

順造は生涯の課題のように受けとめていた。

一気にときが飛ぶ。

平成十一（一九九九）年八月二十一日、青森県としては、太田幸司力投の三沢高校以来、三十年ぶりに甲子園ベストエイト入りを果たした山田高校チームが青森に帰り、青森空港が熱烈な歓迎でわいたこの日の東奥日報夕刊一面に、笹森順造の特集が載った。

「青森二十世紀の群像」シリーズで政治・外交分野の人間として順造がとりあげられ、秋田幸男記者が丹念に取材してまとめた。

「全くふざけている」。対日理事会ソ連代表部から帰ってからも、笹森順造の怒りは鎮まらなかった。

ソ連に抑留されている日本人を冬になる前に送還してくれるよう要請したのに対し、ソ連代表部の係官が「あなたはソ連が寒いというが、暖かくてバナナが実るところもありますよ」などと茶化したからだ。

敗戦の混乱がまだまだ続く一九四七年（昭和二十二年）のことである。

笹森は、国務大臣として復員庁総裁に就任、引き揚げ者の内地受け入れなどの戦後処理に奔走していた。

悩みの種は、ソ連領内に強制移送された日本軍や一般邦人約五十七万五千人の引き揚げが思うように進まないことだった。

日本人抑留者たちはシベリアなど極寒の地で強制労働に服していた。過酷な生活を続けるうちに、栄養失調や伝染病などで死んでいく人も多かった。

笹森は連合国軍総司令部（ＧＨＱ）のホイットニー民政局長にも直談判し、ソ連への働きかけを要請するなど精力的に動く。その五年後にはジュネーブの国際赤十字社まで出かけ、ソ連からの日本人の早期送還実現を訴えている。

（『東奥日報』）

――東奥義塾出身者も抑留されていた。

再興第七回卒業生の村山芳郎は、ソ連の捕虜となって、日本からはるかかなた、タシケントというところにいた。

村山の出身地は岩崎村である。一帯はもともと笹森一族が力を持っていた土地で、海岸線を走る五能線わきの高台に、笹森家先祖の墓がある。

昭和十四（一九三九）年に岩手医学専門学校を卒業した村山は、軍医となっていた。

彼の所属する部隊は、コカンド捕虜収容所で、連日煉瓦づくりの作業に従事していた。軍医といえども兵と同様の扱いで、連日村山も汗を流していた。

つくってもつくっても、まだまだだとせかされる。賽《さい》の河原の日々であった。これが永遠につづくのだろうかと思うと、気が狂いそうになってくる。

生きていて日本に帰れるのか……

いったいなんのために医学を学んだのだろうか……

いつかまたどこかへ連れて行かれるのだろうか……

そういう迷いが次々とわいてくる毎日だ。

それでも、ときに楽しみもある。月遅れ、季節遅れの日本の新聞が配られることがあり、捕虜たちの疲れをいやしてくれた。なつかしい日本の文字だ。

ある日村山は、そまつな紙の新聞を手にしていた。久々に手にした日本の新聞だ。活字を追っていた村山の目が止まった。忘れられない名前が村山の目にとびこんできたのだ。村山の手が少しずつふるえだした。やがて涙があふれてきた。

「笹森先生……」

片山内閣が成立したことを、新聞は伝えていた。そして国務大臣、笹森順造のことも。写真も載っている。

順造が衆議院議員になったことを、村山は知らなかったのだ。

「笹森先生が、大臣……。塾長が大臣……」

東奥義塾で学んだころ、親元を離れて弘前で一人暮らしの自分に、いつもあたたかい目を向けてくれていた笹森先生だ。将来医者になりたいといったら、医は心だと教えてくれた。忘れられない笹森塾長だ。

「村山くん、医は心だ。忘れてはいけないよ。病んだ人をいつくしむ心を持て」

何度もきかされた。

もの静かな村山に、ふつふつと闘志がたぎってきた。

ようし、生きて帰ろう。生きて帰るぞ。日本に帰る。津軽に帰る。帰って、立派な医者になる。笹森先生から激励されたことを忘れずやさしい医者になる。絶対に帰って先生に会う。

おのれに誓い、気力を充実させる村山であった。そして幸運にも村山は、翌年、昭和二十三年に帰国することができた。

故郷岩崎村は寒村である。昭和二十五年、この寒村に岩崎は医院を開業した。そして歯科医と結婚し、故郷の医療を支える医者となった。そして、彼の息子もまた医者になった。家族で、過疎が進む五能線沿線の人々の病と戦う。

順造が遊説にくると、村山の家に泊まるようになる。

「さて、どっさり笹森先生の好物をつくるか」

いそいそと山のようにきんぴらゴボウを準備する村山である。

医者となった村山芳郎より三期上に、海軍にはいった佐藤精七がいた。昭和五年に東奥義塾を卒業した佐藤は海軍兵学校に進んだ。

「陸軍の軍人になりたい」

東奥義塾入学の口頭試問で、佐藤は笹森塾長にそうこたえたものだが、

「佐藤、おまえは数学が得意だから、海軍兵学校だ」

と、まわりに持ちあげられて海軍に方向転換した。東奥義塾から海軍兵学校への第一号となった。

昭和十九年には、勤務していた横須賀に近い逗子で結婚した。弘前の元寺町から妻を迎えたのであった。やがて佐藤は広島県の呉に異動する。

そのあと佐藤が外地にいたところで終戦となったのである。

戦後も、海軍少佐佐藤精七は、艦長を命じられた。終戦の年の十一月、佐藤は、熾烈な海戦を生き残った幸運艦として名高い駆逐艦「雪風」の第八代艦長に就任し、引き揚げの輸送艦として活動したのである。

それからほぼ一年後、佐藤は、復員庁の窓口の一つである函館援護局に復員課長として赴任した。

このとき函館には、佐藤と東奥義塾で同期の村田寛が住んでいた。佐藤は妻の喜美子もいっしょであったので、弘前出身の三人が津軽弁の会話をする機会が多くなっていた。

佐藤が函館にやってきて半年ほど経ったとき、順造が国務大臣復員省総裁となったので佐藤はびっくりしたものだった。

さらに九月八日、当の順造が函館にやってきた。国務大臣としての視察である。

「えーっ、笹森先生が！」

ものごとにさほどおどろくことのない佐藤が、大きな声をあげた。

この年は、秋田県に大きな水害があり、順造はそれを見舞ったあと、九月六日に五能線で青森県にはいった。

順造はまず岩崎村をおとずれ、港などの様子を見て、そのあと深浦、鰺ヶ沢を経て、夜に弘前にはいった。

翌日、弘前から青森にやってきた順造は、青森にある函館援護局の支所などをまわり、八日の早朝に青函連絡船で函館に着いた。

過酷な寒さのシベリアからの引き揚げを各方面にはたらきかけていた順造は、北からの帰還者を受け入れる函館の施設能力を、直接自分の目で確かめるために函館にやってきた。

引き揚げ船がはいる桟橋をそのまますすむと国鉄函館駅である。函館援護局は、この駅から四キロほど行った市内にあった。となりに国立函館病院がある。

援護局には、援護寮という施設が併設されている。この施設は、函館に上陸した引き揚げ者が一時的に宿泊するためのものである。二千四百名の収容能力があるこの施設は、終戦までは、兵舎として使用されていたものであった。函館には、このほかに援護寮が三施設あった。

上陸した順造は国立函館病院で患者たちを慰問し、それから函館市役所に行き、記者会見に臨んだ。

引き揚げについて、

「現在帰国を待っている人の多くは寒い地方なので、なんとか冬がくる前に全員帰ってもらいたい」

と述べた。

援護局にやってきた順造は、まず、援護寮をまわった。在寮の者と顔を合わせると、お疲れ様でした、たいへんご苦労様でしたと、一人ひとりに声をかけた。

そのあと講堂で、順造は集まった職員を前に訓示し、失望感、不安感をいだいて上陸してきた国民を支える仕事は実に貴重な役目であり、いろいろ困難はあろうが、これからもよろしくお願いしたいとうったえた。

一通り予定が終わると、順造のところに挨拶にやってきた佐藤が、直立不動の姿勢で、名を名乗った。

佐藤が海軍にはいって以来、最大の緊張場面のようだ。

「佐藤くん、元気でいた……ようだね」

「……」

佐藤はことばが出てこない。かわりに涙がにじんできた。

「軍艦に乗るのはあきらめても、きみ、ねえ、佐藤くん……佐藤くんの人生はあきらめるな」

「はい」

ふだんの表情で、順造は佐藤を見つめていた。

まさか笹森塾長が、おのれの最上官になろうとは……

姿勢よく気力充実のわれらが笹森塾長であったが、ひょっとすると、今の方がもっと気迫あふれているかもしれない、そんな思いで、佐藤は順造を見送ったのである。

——このあと、佐藤は海軍軍人であったがゆえに追放となった。

仕事につけない佐藤は、弘前市千年に住み、じっと耐えるしかなかった。それでも、どう見こまれたものか、さまざまな人間から、

「佐藤さん、これ売ってくれないだろうか」

と、いろんなものが持ちこまれるようになった。それらを佐藤は律儀に売りさばいた。誰がみても佐藤に商才があろうとは思えぬのだが。

仏像をたのまれたこともある。いったいどこにどうやってさばくのか、いつの間にか売れて

いた。

妻も、弘前市の繁華街に近い実家の軒先を借りて台を置き、それをささやかな売り場にして何か売れるものを売っていた。

こういう生活をしていた佐藤に、教育界に関係するある先輩が、

「佐藤くん、もう期限も切れただろうから。きみの得意な数学で社会に奉公しろ」

と、教員になることをすすめてくれた。

佐藤は高校の教員となった。数学の一教師として、佐藤は生きていく。

人からさばいてくれと頼まれたものを売りさばくつらい時代も、農業高校の教師となってからも、弘前市千年の家で佐藤を励まし、佐藤を見守りつづけていたものがあった。

順造が佐藤に贈った「望雲」という書であった。

「この書は、笹森先生から三人だけがもらった」

順造がいったいどれだけの人間に贈ったものなのかだれも知らない。三人というのはだれのことなのか、その説明を佐藤はしたこともない。しかし、佐藤の自慢であった。

遠くの雲を眺めるように、未来を見据えて悠々と生きていこうじゃないか、この書がそういう意味なのかどうかわからないが、そう思って佐藤は生きていく。

九月十八日、銀座の三菱化成に三菱グループの剣道関係者たちが数十名集まった。戦後、人数の多少はあっても、ときどき連絡会がもたれていた。

この日は、武藤秀三や宮田正男といった、ともすれば追放になる可能性があった者たちもいた。

三菱各社の剣道をリードする者たちが顔を合わせると、だいたい最後には

「なあに、ＧＨＱもそのうち方針を改めるさ」

「いやあ、それよりは一般社会人の任意の剣道は、そもそも禁止されていないんだから、われわれもできるんですよ」

と、もりあがって終わるのだが、この日は大日本武徳会関係者追放の影響が大きく、さすがにみんなで稽古会をやりましょうという声は出ず、

「しばらく静観ですねえ」

で終わった。

結局追放候補に名前はあがらなかったものの、順造自身も内心では自分は追放にならぬかと心配していたものだった。

一方で順造は、ＧＨＱとの関わりができたので、このあともＧＨＱにかようようになった。

こんどは、同じ民政局の国会課長であるJ・ウィリアムズが相手である。ウィリアムズは、国会や民主政治のあり方などについて指導する立場であり、政治の側面から順造は剣道禁止が不当であると問いた。

「剣道禁止は、貴国が掲げる自由の精神、民主主義の精神に反するでしょう」

私もそうだが剣道愛好者は、自ら好きで剣道をたしなみ心身を鍛えてきた。正義を尊び、礼儀を守り、平和をめざす剣道を、一方的に禁止するのは理不尽というほかはない。このうえ、一般人の剣道も禁止することなどあってはならない。

そう主張し、うったえつづけた。

十月八日、GHQから日本政府に、第二復員局は来年一月一日までに廃止し、また第一復員局は厚生省の管轄下に置くようにとの「指令」が出された。復員省解体だ。天の声である。したがうしかない。

十月十五日、復員省が廃止された。それにともない、順造は、無任所の国務大臣となった。

ところが片山内閣にとっては、それどころでないようなできごとが起きて、土台をゆるがす混乱がはじまっていた。

農林大臣の平野力三をめぐる動きである。

平野が遊説先の奈良で、政局が重要問題でにっちもさっちもいかなくなったら解散だという内容の発言をした。なんで平野が総理大臣でもないのにそんなことをいうのだ、という批判がいっせいに出る。

さらに平野に対し、さまざまな攻撃の声があがる。

根底には、社会党内に、議会制民主主義を尊重し共産主義を認めない右派と、共産主義を容認する左派との、深刻な対立があった。右派の有力者となってきている平野は、左派からの攻撃の的になっていた。

農林大臣就任後、十五人もの秘書をかかえ、陳情に耳をかたむけ、金をばらまく平野の存在は、社会党右派の幹部にとってもしだいにやっかいなものになっていく。

また、ＧＨＱ幹部の思惑もあり、平野を大臣からはずせと、首相側にも圧力があった。

十一月四日、平野農林大臣が片山首相によって罷免された。平野が、かつて在郷軍人会と農民団体がつくった皇道会という組織に関与していた、という理由であった。

しかし、罷免はトラブルの火種になった。

平野は、社会党や政府に強硬に反論した。えんえんと平野は反論をつづけていく。

平野の後任に、片山首相は衆議院農林委員であった野溝勝をあてることにした。野溝は社会党左派である。

この人事に対して、民主党が反対し、順造や三木の国民協同党もまた強く反対した。国民協同党は、共産主義を認めぬことを公にしていた。野溝は共産党を認める左派ではないか。そのため、野溝農林大臣というのは流れてしまい、大学教授から政治家となり、社会党右派の論客として知られている波多野鼎が起用された。

こうしたことも、社会党右派と左派の対立となっていく。十二月十三日には、左派が「党内野党」を宣言し、決定的な溝ができた。内閣も分解しそうになってきた。

十二月一日、川崎市郎が東奥義塾長となり、塾長就任式が挙行された。

川崎は、再興東奥義塾の出身である。昭和十一年、青山学院の神学部を出た。里見真平と同じ第二回の卒業だ。もっとも性格はずいぶん違う。ものごとを、パッと明快に論ずる里見だが、川崎はじーっと相手の様子をうかがうように慎重に話す。

国会議員初当選の祝いの席で、順造は、もうきみたちの中から塾長が出るべきでないか、と支援してくれた卒業生たちにいったものだったが、ようやくそういう時代がやってきたのである。

その一方、別れもあった。

十二月三十一日、山鹿元次郎が東京で死んだ。

順造は、弘前教会の幼年会や青年会にはいり、熱心に活動していたものだった。山鹿元次郎は、弘前教会の大先輩であった。

大正時代に東奥義塾の再興運動が起きたとき、理事長としてその中心となったのが、山鹿であり、「山鹿のおどさ」と町の人々にしたしまれた山鹿は、弘前のメソジストを代表する存在であった。

東奥義塾が再興すると、理事長の山鹿は、塾長になった順造をどんなときも支援したものであった。

剣道の縁もあった。山鹿家は、代々小野派一刀流の極意書を伝えてきた。そして山鹿元次郎は、小野派一刀流を極めていた順造に、小野派一刀流に関わるものをすべてさずけ、順造がその系統を継いだのである。

さらに戦後の混迷の中で、順造に今こそ政治に打って出よ強くとすすめたのが、この山鹿であった。そして熱心に応援してくれた。

齢九十ともなればこのままこの弘前の地で神のもとへ行きたいと思っていた山鹿であったが、子どもたちが弘前に集まり、父に東京で暮らすようにとすすめた。

山鹿には十三人の子たちがいた。悩んだすえに山鹿は子らのいうように弘前を出ることとし、世田谷に住む四男のもとに身を寄せた。十二月五日、山鹿が弘前を去る日は、かつて順造一家が弘前をあとにした日と同じように雪がはげしく舞っていた。

東京に落ちついた山鹿は元気であった。

クリスマスを祝ったあと、いつものように大晦日を迎えた。山鹿は、大晦日の年越しの祝いと、自分の誕生日である三十日の祝いをいっしょにしていた。

そして夕方近く、今年もテーブルにごちそうがそろったころ、山鹿は倒れた。そのまま臨終を迎えたのであった。

年が明けて一月八日、青山学院において告別式がおこなわれた。

順造が弔辞を読み、山鹿を送った。

さらに五月、弘前教会において本葬式がおこなわれ、順造と、東奥義塾生徒全員が出席するのである。

昭和二十三年一月四日の閣議において、外務大臣の芦田均から、「賠償庁」の設置が提案され、了承された。賠償庁は総理府の外局としておかれ、専任大臣がつくこととされた。

賠償業務はすでにスタートしている。それに、政府に大臣をあてる余裕はあるのか。

十五日の閣議で、順造は、こうした現状をふまえて、

「そんな屋上屋を重ねるようなことはやめるべきだ」

といって反対した。

このあと検討が重ねられ、

「まあ笹森先生のおっしゃるのはごもっともでありますが」

と、いういちおうの理解も示されたが、結局順造が賠償庁長官となって、二月一日にスタートした。

渋い顔で就任した順造であった。

大臣である順造のもとに、連絡調整中央事務局が置かれ、内閣官房、外務省、総理府などから幹部が集められた。

復員省といい賠償庁といい、あとしまつ大臣のようになった順造である。

発足したばかりの賠償庁長官だが、しかし、間もなく内閣が危機的状況になった。

二月五日、衆議院予算委員会が開催され、そこで、社会党左派が補正予算案を否決してしまったのである。

なんとも妙な予算委員会であった。

補正予算案というのは、国鉄運賃と郵便料金を値上げし、それを財源にして公務員に対して生活補給金を支給しようという内容であった。これに左派が反対していた。

右派と左派との調整がはかられたが決着せず、予算委員長である鈴木茂三郎が五日夜に委員会を開こうとしても、集まってきたのが左派二十三名のみで、委員会が成立する定数にあと一名足りなかった。

委員たちがこれではどうしようもないと思っているところに、どういうわけか右派議員である河合義一がふらりとはいってきた。兵庫県を拠点にして農民運動を指導してきた人物である。左派の議員がトイレで河合と偶然会い、委員会につれてきたともいわれる。

とにかく数がそろった。間髪を入れず開会し、議事にはいった。

鈴木委員長は採決し、予算案は否決された。

こうなれば内閣は続行できない。

昭和二十三年二月十日、片山内閣は総辞職となった。

一ヶ月後、連立を維持する形で、片山内閣で外務大臣であった芦田均が内閣総理大臣となり、芦田内閣が発足した。

順造より一歳年下の芦田は、京都府出身、外交官から政治家となった。戦後憲法改正にあたり、憲法改正小委員長としていわゆる「芦田修正」をしたことで、のちには日本という国を守ろうという人々に評価され、国よりも九条を守ろうという人々に無視されるようだ。

順造は、賠償庁長官を船田享二にバトンタッチした。船田は栃木県出身、作新学院という学校を運営していた。

また、政治仲間の岡田勢一が運輸大臣として入閣した。

芦田内閣発足後二ヶ月となった五月十五日、第三回国民協同党全国大会が、神田医師会館にて開催された。

井出一太郎と同じく長野県選出である吉川久衛が司会をした。吉川は三木武夫の先輩で、明治大学法学部を出て農林省にはいった。農業協同組合の指導者で「農協の吉川」と呼ばれたものだ。

大会議長に順造がついた。副議長は奥むめおだ。

奥は、明治二十八年福井県に生まれる。もともとは梅尾だが、父親がムメオと書いていたので自分もムメオと書いていて、そのままペンネームを「むめお」としていた。

戦後、奥はいちはやく協同組合活動を指導し、設立した生協の陣頭に立っていた。国民協同党が設立されると婦人部長に就任し、その年、昭和二十二年におこなわれた戦後初の参議院選挙に出て、初の女性参議院議員となっていた。

この年、昭和二十三年に奥が中心となって主婦連合会（主婦連）を結成し、自ら会長につく。これがこののちこの人物を有名にした。

3　剣道家たち

昭和二十三年五月二十三日、新橋にある関東配電道場で剣道の大会が開催された。順造からGHQにも届け出た行事で、「フェンシング並びに近県剣道懇親試合」という名称であった。もっとも、この行事名称には諸説があり、順造自身が「交歓稽古」と書いているものもある。

この行事の中身はわからない。しかし企画の中心が順造であったことはたしかなようである。順造がGHQに出向いて開催許可を求めたら「許可しない」といわれ、禁止するのかときいたら「禁止しない」といわれ、黙認するかと念を押したら「そんな質問には答えない」という返事がかえってきた……こういうことをいくつかの場で順造は語っている。

そしてそれがさまざまな戦後剣道史の解説書で紹介されている。

関東配電を使用するについては、剣道界におけるつながりや早稲田の後輩を通じた関係によるものであったが、それとは別に順造なりの関東配電とのつながりがあった。

「建三くん、なんといっても貴重な施設だ。よろしく頼むよ」

「はい、ぼくの方でも、いろいろ手を打っています。まったく、剣道にとっては災難の時代ですよねえ、おじさん」

順造の甥である笹森建三が関東配電にいて、会社の剣道部員であった。十冊以上の著作も残すことになる建三は多芸な男で、剣道も大好きであった。会社の剣道部で稽古をしていたが、名人、達人とか一流とかそういう世界ではなく、叔父の順造ともちがい、よくいえば個性的、まあクセのある剣道だったみたいで、もっぱら楽しむタイプであろう。

順造が塾長だったときの東奥義塾に笹森四郎という教師がいた。四郎は、この建三の弟であった。つまり順造の長兄で鎮西学院の院長だった笹森卯一郎の三男が建三であった。

このあと昭和三十二年に東京電力はじめ電力九社と電源開発により、原子力発電事業をおこなう日本原子力発電が設立されると、建三は東電の役員からこの新会社の副社長に就任し、電気のあたらしい分野に挑戦することになる。

東京で順造らが、剣道の稽古をしたり、フェンシングとの交流をはかったりしていたころ、全国各地でも、なんとかまた剣道をしようじゃないかという者たちが、ぽつりぽつりと連絡をとりあい、稽古をはじめていた。

順造の郷里弘前では、「護国館」「武徳館」「北辰堂」といった戦前からの道場で、ほそぼそと稽古がはじめられていた。そして昭和二十三年八月になると、稽古をつづける者たちは「弘前剣道倶楽部」を設立し、連携するようになった。

また、順造と政治の同志である早川崇の地元、和歌山県田辺市には「一心館」という道場があり、早川はここで剣道を学んだ。道場主中嶋英太郎は戦後間もなく亡くなったが、その息子明が道場を継ぎ、「建武館」という名称で稽古がつづけられていた。

のちに中嶋明は、和歌山県警師範を長らくつとめ、一方で県剣道連盟理事長として、地元剣道界運営にたずさわることになる。

「笹森先生、大丈夫です。田辺は熱心なところですよ」

そういう早川は、和歌山の愛好者たちにはたらきかけ、昭和二十二年に、紀南剣道協会を組織し、早川自らが会長に就任した。

ぽつりぽつりと愛好者たちが稽古をはじめたこうした各地の様子をいくつかみてみよう。

本州の北の町青森市では、空襲で稽古ができる施設がなくなっていた。

「これじゃあ剣道をする人たちが困ってしまう……」

そういって、昭和二十三年に三上勇蔵が市内の安方に、「尚道館」という道場を建て、愛好者に開放した。やってくる者はわずかだが、稽古はつづけられた。

かつて警察官時代に、順造の親友市川宇門に剣道を習った三上は、青森で映画館を経営していた。のちに自らが中心となって青森県剣道連盟を設立し、会長に就任する。

東北地方では、ほかに仙台や会津若松などでも、ぽつぽつと剣道の稽古をはじめる者が出てきていた。せいぜい三人とか五人のメンバーのようだが。

県庁所在地で空襲を受けなかった山形市では、戦後ほどなくから県会議員の山内博元ら数名が七浦の「出羽道場」にあつまって、こっそり稽古をしていた。やがて進駐軍の教育主任から、やってもよろしいという了解をもらうのであるが、あえて多くの仲間に呼びかけることもなくひっそり稽古のままだ。

栃木県では、進駐軍との交渉で許可を得た小笠原三郎が稽古を呼びかけた。昭和二十二年四月のことだ。やがて、一人また一人、同好の士が増え、宇都宮市の警察道場でもおこなわれるようになった。

埼玉県では、戦前までさかんに各地の神社などで剣道の奉納試合がおこなわれており、戦後中断していたが、混乱が落ち着いてくるとともにまた見かけるようになってきた。そしてところどころで、積極的に剣道をやろうじゃないかと呼びかける者が出てきた。

比企郡松山町（のちに東松山市）で、伊田組という土木工事請負業を興した伊田勘三郎は、昭和二十三年、「松山尚武館」という剣道場を建て、それを地元の剣道愛好者に開放した。

越ヶ谷でも、病院を経営する山口亮一は、だれになんといわれようと剣道はおのれの信念であるといって、自宅の道場「錬心館山口道場」で定期の稽古を開始していた。そこには順造の後輩である豊田正長も参加していた。

また、昭和初期に大宮町（昭和十五年に大宮市。のちさいたま市）で道場を開き、剣道だけでなく柔術や居合など武術全般を指導していた黒田泰治は、自らアメリカ軍に対して剣道を禁止すべきでないとはたらきかけるとともに、稽古をする承認もとりつけていたという。

さらに昭和二十四年になると、羽生町の小澤丘も稽古をはじめるようになった。

小澤は、東京高等師範出身の剣道家である。衆議院議員であった父の愛次郎は、「興武館」という道場を設立しており、とくに剣道と柔道を中等学校以上の正規科目とする運動をつづけたことで知られている。

このあと小澤丘は、埼玉県剣道連盟会長になり、さらに全日本剣道道場連盟会長となる。

東京はどうか。

空襲でこっぴどくやられてしまって、多くの道場や体育施設が焼け落ち、学校関係の残った施設も、剣道ができないという前提で別用途になっている。

そういう中で稽古をつづけているところがあった。警視庁の各警察署や、関東配電、講談社、三菱系の会社などである。また、戦前から活躍していた若手の剣道家たちも、なんとしてでも剣道を将来に伝え残そうと稽古をはじめていた。

組織に頼らず剣道をつづけようとしている者もいる。

「天はわしに剣道を残せというとるんじゃ」

大日本武徳会主事として文部省で解散声明を読み上げた渡辺敏雄は、武徳会にかわる全国を統一する連盟をつくると決めていた。

彼は旧制東京高校助教授のときに武徳会へと要請され移籍したものだが、そのとき広島高等師範へぜひという声もかけられていた。広島は出身県であり、剣道教育という職についた者からすれば高等師範は大きな魅力であったが、渡辺は固辞して武徳会での仕事をえらんだ。

「広島に行っとったら、いまあわしゃあ生きとらん……わしゃあ生きておるし、じぇんこくの剣道界のことも知っとる。わしゃあやる。やらにゃあいかんのんじゃ」

渡辺は、戦前に中野八十二、中倉清とともに「思斉会」というグループを立ち上げた。師の流派や出身学校にこだわらず、有志が研鑽をつもうという趣旨で活動したものだが、戦後の混乱の中で、また三人は動きはじめた。

そこに羽賀準一が加わった。中野と渡辺は高野佐三郎門下で、羽賀は、中倉と同じ中山博道門下であったが、渡辺と同郷、広島出身であった。思斉会が活動を開始したとき、羽賀は朝鮮にいて警察官として指導し、また学校や軍隊でも教えていた。昭和二十年三月、羽賀は東京にもどってきていた。

羽賀は仕事がない。渡辺敏雄は、木村篤太郎にかつて羽賀が勤務していた皇宮警察への就職あっせんや、ほかへの紹介を頼んだりしていた。しかし、とにかく剣道で生きていくという羽賀に、なかなか就職口はない。

この渡辺、中野、羽賀の三人が稽古をはじめた。稽古回数は戦前戦中からみれば激減しているが、生活と剣道環境を考えると、異常とおもえるほどだ。稽古の場所は、皇宮警察の済寧館、それに関東配電などである。かつての同志中倉は、やや気力がなえてきた様子であった。

一方、昭和二十一年の六月、代々木にある大日本武徳会に、GHQから立ち退き命令が出た。建物をGHQが使うから武徳会は出ていけというのだ。問答無用である。

あちこち心当たりをたずねたすえに、主事の渡辺は、高野佐三郎門下の先輩である白上留彦から、彼が経営している忠信館ならびに忠信幼稚園という道場兼幼稚園を貸してもらうことになった。このころは幼稚園が休業状態であった。

場所は池袋の二丁目である。池袋駅西口を出て歩いて十分ほどのところにある。

白土は、皇宮警察や陸軍で剣道を指導していた。昭和九年の天覧試合において、指定選士の部という専門家の部で準優勝という実績もあった。

忠信幼稚園では、園児に剣道を教えていた。近くにある立教大学の運動会には、園児が招待されて剣道の演武をしてみせていたものだった。

ここでの事務がはじまったが、渡辺は、空いている遊戯室すなわち道場「忠信館」に目をつけた。

「稽古に使えるやないけ」

渡辺は、母校東京高等師範の学生に声をかけた。さらに、師の高野佐三郎が師範をしていて、兄弟分と思っている早稲田にも呼びかけ、また、忠信館に近い立教と拓殖も呼んだ。

「雨宮、立教は焼けなんだが、道場売ったからなあ」

立教大学は、学校での剣道が禁止になったら、道場を地元の企業に売却してしまった。立教剣道部で主将をしていた雨宮浩は、大正十三（一九二四）年生まれ、在学中に学徒出陣していた。都内の実家には剣道場があったものだが、空襲で焼けていた。

幼稚園の稽古に中野も羽賀もやってくる。ほかにもぽつりぽつりと、思斉会のメンバーや専門家も顔を出す。

このころ、早稲田大学の剣道師範である柴田万策は、渡辺とも密接に連絡をとりあって、稽古をつづけ剣道の命脈をつなごうとしていた。柴田は五十三歳、渡辺は三十五歳である。

柴田は福岡県出身で、剣道家として福岡市に住み地元警察部、帝大、中学などの師範としてゆるぎない地位を築いていた。剣道家として理想の身分にあった柴田だが、郷里の先輩で早稲田大学や警視庁の師範である斎村五郎にすすめられ、昭和九年に財産を整理して上京、早稲田大学と警視庁の師範になった。

「梅はかおり、人はこころ」

心意気こそが人生だ、そんな生き方を愛した男だ。

「わが日本の先人が命をかけて残してくれた鍛錬の道を途絶えさせてはいけない、われらの代でおわりにさせてはならないのだ」

柴田はそう剣道家たちに呼びかけた。

剣道も美しいといわれた柴田だが、日常の立居振舞も美しい印象を与えていた。

あるとき渡辺敏雄が、妻の静子をともなって、高田馬場駅近くにある柴田の家を訪問したことがあった。

とんとんとんと道路からおりるかたちで柴田家に着き戸を開けると、広い玄関に柴田が正座をして二人を迎えた。

静子は息をのんだ。

「どんな名優もこんなに美しい正座はできないわ」

生まれながらに、人をひきつけるものを持っていたような柴田である。

不自由な環境下だが、この柴田が早稲田大学剣道部の合宿にいくことになった。学生たちが順造のところにやってきた。

「笹森先生、新潟で合宿したいのですが、斎藤先輩にどうか……」

「ああ、いいですよ」

斎藤庫四郎は早稲田剣道部ＯＢで、順造らと同じ最古参の一人だ。新潟に住み、化学会社や銀行などを経営し、地方財閥として知られていた。順造とは学生時代から仲がよかった。

順造は斎藤に、早稲田の剣道部が新潟に合宿に行きたいという手紙を書いた。

折り返し斎藤から、道場はどうぞ存分に使ってください、新潟の剣士諸君にも声をかけておく、という手紙が届いた。柴田師範も加わって合宿に向かった。

道場は本格的なつくりで、不自由はなかった。しかし、斎藤の呼びかけに応じて、地元関係者が大勢やってきて、学生側は四苦八苦の状態であった。

こうした合宿も指導しながら、やがて柴田は、新田や宮田や順造らの「二十日会」の活動を支援するとともに、東京で稽古をつづけようというグループのリーダー格となっていく。

このグループの名称は「同志会」といった。

ただし、思斉会が定めたような会則はなく、また事務局も置かないため、会員の情報や活動記録ははっきりしない。

柴田のもとで連絡役の中心となったのは渡辺敏雄である。

「木村先生、稽古をつづけています」

ときどき渡辺は、木村篤太郎を訪ねる。木村は思斉会の会長であった。

「不自由な中で大変だねえ、渡辺くん」

「ぼくは、やりますよ」

「日本国剣道は、今、危機に直面している。しかしなあ渡辺くん」

渡辺の力を木村はよく知っている。

「われわれは、なんとしてでも、この剣道を次の時代にも残さなければならない。日本の尊い遺産を継いで行かなければならない」

「やりましょう」

「最悪、地下にもぐっても、だ。我らは命をかけてでも、だ」

「柴田先生が、不退転の覚悟でとり組まれています。これからも思斉会の連中が中心になりますよ」

だが、昭和二十二年六月、思斉会設立のメンバーの一人であった中倉清が、故郷の鹿児島に帰ることになった。

「剣道が復活するまで、いっしょにやるといってたじゃないか。日本でまたみんなが剣道できるまでがんばろうっていってたじゃないか……」

渡辺も中野も中倉の帰郷をくやしがった。羽賀準一は中倉は逃げたといっていた。

その一方で、鈴木幾雄という仲間が戦地から帰ってきた。東京高等師範のＯＢで、思斉会の会員である。

下高井戸に、岡田守弘という剣道家がいて、「尚道館」という道場を持っていた。三十近くになってから警察署の剣道指導者をこころざし、農業をたたんで新潟から上京した。警視庁巡査を拝命して以来、寝食を忘れて剣道三昧の道を歩んできた男だ。

猛稽古のかいがあり、岡田の剣道が周囲から評価されるようになってきたころ、岡田は警視庁師範の斎村五郎の指導を受けた。口数の少ない斎村が、ふたことみこと岡田にアドバイスをした。

「そうだっ、まったく」

岡田は、おどろくほど素直であった。

「そのとおりだ。斎村先生のいわれるとおりだ。これから自分がやりたい剣道にこれまでのやり方は不合理であった。私はそれを全部改める」

自分が基本としてやってきた構え方や面の打ち方をあっさり否定し、斎村流でいくことを決め、実践してきた。

戦後の混乱のときでも、剣道家は剣道をするだけだ、という姿勢は変わらなかった。道場は自分のものであったので、転用の心配はなく、同志に開放した。もっとも戦後しばらくは、ほとんど人がやってこず、一人で居合の稽古をしていた。そのうち、尚道館で稽古ができるという話がひろがり、専門家たちがくるようになった。ほどなく順造も、子どもたちを連れて稽古にくる。

「岡田先生のお命がこもった道場を使わせてくださり感謝します」

「感謝なんてとんでもない。笹森先生がおいでになり、道場の空気がサッとこう澄みわたります。しかしさすがに笹森先生、たしかにここにはわたくしの命がこもっています」

三十歳という遅い出発だった。もっとはやく本格的にはじめていたらと思ったこともあったが、遅い出発だったので一心不乱に励めたのだろう。すばらしい先生方にめぐり会えたし。こういうわたくしの人生がこの道場なのです。

そういうことを岡田はいった。

「私も、岡田先生のような道場を持ちたいものです」

本心であった。まだまだのちのことだが、順造は、岡田の尚道館をモデルにして自らも道場を持つことになる。

剣道が禁止となっていない警察では、署長によって対応がわかれていた。署員に積極的に稽古をさせているところもあれば、できればしないようにという署長もいた。警視庁の各署でも同様であった。

しかし、「助教」と称される警視庁各署の剣道指導者たちは、署長の方針にかかわらず、熱心に稽古ができる環境をつくろうとしていた。地域の剣道関係者との連絡をとって稽古の機会をつくり、警察署での稽古では、準備や掃除などの世話をした。ときには、貴重な食い物飲み物などもそろえて、大いに感謝された。

少しもどるが昭和二十一年五月七日、警察練習所道場において、警視庁方面対抗剣道試合が開催され、五つの方面チームが対戦した。

試合は、各方面一チーム二十三名編成による対試合で、方面内の警察署からかならず一名は出場させることとし、また、警察署で剣道指導を担当する助教については一チーム五名以内という制限がつけられた。

五チームによるトーナメント戦は、まず第一方面を破りさらに第五方面を破った第三方面と、第四方面を破った第二方面による決戦となり、第三方面が優勝した。

大盛況となった試合を目にし、大いに士気がたかまったと判断した警視庁首脳部は、いったん中断していた対署試合を再開することとした。翌年、皇宮警察の「済寧館」を会場にして開催され、さらに昭和二十三年には皇宮警察チームも参加する大会となった。

剣道混乱期ではあるが、このころ警視庁にはいってのちに専門家となった剣道指導者は多い。松元貞清、長島末吉、森山衛、福永篤、斉藤泰二などである。

昭和二十二年に奉職した斉藤泰二は、専門家として剣道の道を歩むつもりでいる。新潟県の巻中学から国士舘専門部を出た斉藤は、松元貞清らとともにのちに順造のところに入門して、小野派一刀流に励む。

あるとき斉藤は、国士舘中学校剣道部を出た内田尚孝を知った。生涯の友となる男だ。

内田も警察で稽古をつづけ、また、自宅がある目黒区でも、子供時代からの仲間と剣道の復活を夢見て稽古をしていた。目黒区は、早々に剣道愛好家が集まり、稽古を継続していた。

内田の少年時代からの同志に玉野一郎がいた。玉野はのちに順造が撓《しない》競技の普及にとり組むと、いちはやく熱心に研究し東京を代表する選手の一人となる。

内田は一見柔らかい構えだが、ここぞというときは、躊躇せず身を捨てきる打ちを出す。それに、たまらなく剣道が好きな様子であるので、剣道家としての道を歩むかもしれないと思っている仲間たちもいた。

しかし内田は、すぐれた警察官となり、剣道は愛好者としての道を選んだ。

――やがて内田は指揮官として警視庁を代表する一人となり、昭和四十七年二月、警視庁から応援出動した軽井沢のあさま山荘事件で、人質救出の陣頭に立ち、凶弾に倒れる。

国士舘中学で内田といっしょに剣道にはげんだ中村太郎も、家族と剣道をはじめていた。

中村太郎は、中村藤吉という剣道家の長男で、中村藤吉は戦前にアメリカ各地を指導していた異色の人物であった。

戦後、疎開先の福島県から牛を牽《ひ》きながら東京にもどって、牧場をはじめた中村藤吉一家の生活は、しだいに軌道に乗ってきた。しかし中村藤吉の「大義塾」道場はＧＨＱに接収されてしまっていた。

そのうち中村一家は牛舎を改造して道場にし、ふたたび「大義塾」として知られるようになる。

太郎は、内田尚孝の二期先輩で、東千代之介という人気映画俳優を思わせる顔つきだ。ときどき役者への道をさそわれていたものだが、これが顔つきからは想像できぬ凄腕である。

弟は藤雄といい、兄と同じく国士舘に学び、のちには事業経営の道にたずさわるのであるが、これまた兄同様剣道について異才といってよく、剣道中村一家を厚いものにしていた。

さらに藤吉に圭江《たまえ》という娘がいて、圭江も、中村家の一員としてあたりまえのように稽古をつづけている。

地区の協会として剣道をはじめたところもある。台東区では、昭和二十一年の警視庁方面対抗戦で、第二方面選手として出場して活躍した山口勇一郎という上野警察署の剣道助教が世話係となり、地元の剣道関係者もいっしょに稽古がはじまっていた。

そして昭和二十二年に栗原友三郎を会長に剣道連盟を設立し、地域連盟としての活動を開始した。昭和二十四年に台東区体育協会がスタートするのであるが、このとき剣道連盟も、十ほどの競技団体の一つとして協会を支える加盟団体となった。

戦後の名古屋において、剣道関係者がつどい稽古ができる場となったのは、名古屋駅に近い笹島にある名古屋鉄道管理局の道場であった。いちはやく一般愛好家にも開放され、国鉄職員で三十をいくつか出たばかりの野々村策一が世話係をつとめていた。佐藤善記、名倉武雄、森武雄、近藤利雄といった者たちがあつまってきた。

近藤利雄は、東邦商業学校で剣道教師としてすぐれた実績を残したのち、慶應義塾大学などで銃剣道の指導をしていたが、戦後、在所の上野村（のち上野町、さらに東海市）に帰り農業にとり組んだ。

「利雄さん、茎や葉っぱはまあ立派に育ててみえるが、実はどこになってるんかね」

「……」

村人にひやかされる。

うーん、向いていない、合わん、わしは……作物よりは剣道で人を育てる方が性に合っている。どう考えても。

早々に見切りをつけ、近藤は名古屋に出てきて、味噌や醬油をつくっている親戚の製品を扱う販売所を開いた。

近藤は、愛知県警察部や多くの学校や団体で剣道の指導をしていた浅井季信の内弟子をしていたことがあり、剣道をやりつづけようという同志には、浅野門下生が多かった。

国士舘を出た森武雄も浅井の門下で、森は剣道教師をしていたのであるが、戦後は実業の世界に転じていた。

そして森は、昭和二十三年の春、名古屋市の今池にモリケンデパートを建てる。二階建てで数十のテナント店舗がはいった建物だが、森はその一角を剣道関係者に提供する。貴重な情報交換の場ができた。

そこに耳寄りな話がもたらされた。

名古屋城近くに、地元で赤十字病院と呼んでいるアメリカ軍の病院があり、ヘレン・ポーラという看護婦長が剣道に興味を持っているというのである。

剣道がすぐれているとアメリカさんにわかってもらう絶好の機会ではないか！

昭和二十三年秋に森や近藤らはポーラを訪ね、剣道を実演して見せた。果たして彼女は大きな関心を寄せた。

「剣道の解説も実技も、実に立派なものだ。日本人がやろうとするのはもっともなことだし、アメリカ関係者も日本を知る材料になる」

ポーラはそういって、米軍関係者に剣道を紹介するとともに、近藤らに、米軍の拠点を巡回し、剣道をやって見せるようにとすすめた。

「ジャパニーズ・フェンシング協会」

モリケンデパートにつどうメンバーは、こう名づけてさらに組織的に活動を進めた。

「まあみんな生活があり、かせがなあかんけど、われら同志は、剣道第一、生活その次で乗り切ろう」

家族がふるえあがるようなそんな申し合わせをしたものだった。


京都は、大日本武徳会発祥の地であり、武道専門学校もあり、自然に近代剣道のメッカのような雰囲気ができあがっていた。

ところが、大きな空襲もなく建築物はそのまま残っている京都であったのだが、剣道界のシンボルともいえる岡崎武徳殿が、ＧＨＱに接収されてしまった。進駐軍のダンスホールになっているといううわさが、剣道家たちを悲しくさせていた。

それでも、稽古をつづけているところがあった。

京都剣道界を代表する存在である小川金之助が指導する皇宮警察の「済寧館」は、社会とはかけ離れた存在で稽古は、少数であるがつづけられていた。

太秦警察署では、留置場勤務となっていた剣道師範の前崎末蔵と警察医の水田稔彦が、日曜日に稽古をはじめた。昭和二十三年には、宮崎茂三郎、近藤知善、四戸泰助、大森小四郎、田中知一、黒住竜四郎をはじめ、全国に名をとどろかせたそうそうたる京都の専門剣士が集まってくるようになっていた。

さらに、稽古できるということが知られるようになってくると、近県からも、稽古をしたくてたまらぬ剣道家たちがやってきた。

また警察本部では、進駐軍慰問として剣道の実演をしてまわり、好評を博す岳田《おかた》政雄らのグループもあった。切実な気持の岳田ではあるが、表情豊かに技をアピールする姿がうけたようだ。

大阪も火が消えたような状態であるが、戦前から口中清涼剤で知られる森下仁丹の若社長、森下泰が中心となって稽古をはじめた。

兵庫県姫路市は二度も空襲に遭い剣道場がなくなっていたが、終戦ほどなく稽古がはじめられていた。姫路には長野充孝という指導者がおり、長野と彼のもとに集まる者たちは、稽古の場所を求めて転々としながらも「姫路市剣道競技連盟」を組織し、昭和二十三年五月に姫路市体育協会に加入する。

神戸では、戦前からＹＭＣＡに集まって稽古をしていた者たちが、人数はへったものの戦後もそのままつづけていた。

島根県大社町（のちに出雲市）では、川上徳蔵が中心になって剣道存続のあり方を模索していた。武道専門学校を出た川上は、旧制大阪府立豊中中学を、全国的な剣道有名校に育て上げてきたという実績があった。

のちに、学校において剣道がまたできるようになると、川上は、大阪のＰＬ学園に招かれあまたの選手を育てる。

昭和二十三年には「島根県スポーツ剣道連盟」が設立され、さらに五月十五日には、第一回島根県剣道スポーツ剣道大会が開催された。

瀬戸内海をへだてた四国でも、剣道愛好者の組織づくりははやかった。

昭和二十一年十二月二十一日、紀伊半島沖を震源としてマグニチュード八あまりの地震が発生し、近畿や四国が大きな被害をこうむった。死者千三百名あまり、全半壊三万戸をこえた。南海道地震である。

地震から人々が立ちなおってくるころから、剣道を愛する者たちが活動をはじめていた。

香川県では、昭和二十三年四月に香川県剣道クラブができ、五月に県レベルの大会が開催されたといわれる。

香川には、大名人として県内外から尊敬される植田平太郎がいて、戦後も剣道界の中心にあり、植田はせめて四国四県大会を開こうじゃないかと呼びかけていた。息子の一も、リーダーの一人として復活をめざしていた。

香川県の動きに刺激を受けた徳島県では、鳴門市にある尾形郷一の「貫心館」を拠点に、稽古をはじめた。かつて尾形は、土曜日になると郵便局の仕事を終えて、隣県の植田のもとに稽古に通ったものだった。

稽古をはじめるだけでなく、尾形は、全県組織である剣道連盟を結成しようと、アメリカ軍徳島司令部に相談をかけていた。昭和二十四年に、アメリカ軍から連盟設立の許可をもらうと、尾形は貫心館を本部として、徳島県下十五支部からなる剣道連盟を結成する。

愛媛県新居浜市の藤田家は、家憲にしたがい三百年をこえて剣道をつづけてきていた。明治維新後の剣道の危機に際しても「藤田練武館」として剣道を継続し、そののち「岡城館」と道場名は変わったが、戦後もひっそりと「岡城館」での稽古は守られてきたようである。

また今治市でも、戦後の落ち着きとともに光藤時太郎らが呼びかけて、今治市役所を拠点に稽古をはじめていた。光藤は市の助役で、やってくるメンバーは、市役所剣道部が多かった。

松山市では、中原喜一らを中心に剣道の復活運動がはじまり、まずは進駐軍の了解をとりつけることからとりかかった。はたらきかけは功を奏し、昭和二十四年十一月に進駐軍高官と家族を招待して、愛媛県剣道会発会記念の大会を催すことになる。

南海道地震の被害が甚大であった高知県でも、一、二年過ぎると、ぽつりぽつりと愛好者たちが集まるようになった。

高知市では、愛宕神社が稽古の会場となった。王城鎮護という格式の高い愛宕神社は、高知市北部の高台にある。この近くに、いずれものちに剣道範士になる加賀野井卓や田岡伝などが住んでいて、彼らを中心に稽古がはじまった。

境内へは、高台からさらに高い石段をのぼらなければならず、防具をかついでやってくると、稽古前に息があがった。たどりつくにはいささか苦しいが、人目につかないという利点があった。のちに住宅地となりマンションなども建つようになり風景がかわる。

そのうち、GHQ司令官が剣道についてはさほどうるさくはないということもわかった。やがて「高知県剣道クラブ」の設立につながっていく。

「なんとしてもわが高知では、剣道と酒はやめるわけにはいかん」

美術家の父が高知市の市章をデザインした加賀野井卓の心意気である。

熊本県では、昭和二十二年に天草方面で剣道による日本再建をかかげて「天草郡剣友クラブ」が発足した。八代でも自力で剣道を再開しようという動きが起こり、「八代剣友クラブ」の設立につながっていく。

昭和二十三年には、荒尾市でも有志が「愛好会」をつくり、公会堂で稽古をはじめるようになった。これがのちに荒尾市剣道連盟になる。

数度の空襲でこっぴどくやられ武徳殿も消失してしまっていた熊本市では、竹刀の音はすっかりきかれなくなっていた。ときどき進駐軍の要請をうけて、警察指導者らが米軍関係者慰問のため演武をしてみせていた。

昭和二十三年になると、市内の会社施設を借りて稽古をはじめる者が出てきた。そして翌年には鶴田三雄宅を拠点に、「熊本県剣友クラブ」として組織される。会長に鶴田三雄、副会長に林田敏貞、理事長に緒方敬義がそれぞれ就任し、これが熊本市と熊本県の連盟の母体となる。

熊本同様剣道がさかんな福岡県でもぽつりぽつりと稽古がはじまった。福岡県は、福岡、筑豊、筑後、北九州という地区区分となるが、いずれの地区でも稽古とともに組織化が進められていた。

昭和二十二年、筑豊の古河下山田鉱業所が、会社の道場を社内と社外の愛好者に開放した。同じく筑豊の飯塚市ではそのころ、愛好者たちは神社や寺の境内を借りて転々としながらも、定期的な稽古をするようになった。

そしてこの地区の愛好者たちは、昭和二十三年十月になると「嘉穂飯塚剣道有段者会」を設立し、翌二十四年五月には剣道大会を開催する。会員は百名をこえ、会長には、炭鉱の坑内作業員からたたきあげた県会議員の井上薫が就任した。

また田川郡川崎町では、昭和二十三年十二月、地元の道場において有志による稽古会がはじまった。年が明けると稽古会は「田川剣道倶楽部」として組織化される。

筑後地区では、かつて久留米藩のころ浅山一伝流をもとに津田一伝流が創設され、その流れをくむ剣道家が多かった。大正から昭和の時代に指導者として活躍し、のちに八女市内に石碑や胸像が建てられる松石渉もその一人で、彼の弟子たちを中心に戦後早々から試合が計画された。

昭和二十一年四月、八女郡北川内村（のちに北川内町さらに八女市）の招魂祭にあわせて剣道大会が開催された。試合は、次の年からもつづき、さらにこの試合をきっかけにして稽古もはじまった。

昭和二十四年二月には、松石渉や小川光雄や木下九州男らが準備をして、久留米武徳殿において、筑後地区連盟の発会式をおこなうのである。

北九州地区の戸畑では、武道専門学校を出た佐伯太郎が、昭和二十一年に「戸畑剣道愛好者連盟」をつくった。戸畑中学で佐伯に剣道を習い武道専門学校を出た岩永卓也も、海軍から復員すると、師のもとで稽古にはげんだ。

佐伯太郎は昭和二十五年になると八幡製鉄に入社し、剣道師範となる。

八幡の三菱化学工業では、昭和二十二、三年ころから、社内の集会場を道場にして、同期に入社した東京帝大ＯＢの林規と東京高商ＯＢの星野一雄が、かつて工場従業員訓練で使用された防具を使い、地元出身で三菱の炭鉱から移ってきた長野弘道などとともに、本格的な稽古をはじめた。林規は、のちに全日本実業団剣道連盟の会長になる。

この三菱化学の稽古に、江頭佳造という東京帝大を出たサムライが加わっている。江頭は順造より一つ若いが、昭和六年五月、順造と同日に剣道教士となった男である。三菱鉱業の嘱託をしており、ヤマの現場をまわり経営指導をしつつ、おのれはひたすら剣に生きようとしていた。

昭和二十四年になると星野は異動で八幡を去るが、吉田次郎が入社してきて稽古に加わる。吉田は昭和十二年に国士舘を出て台湾にわたり、中等学校で剣道を教えていた。

福岡地区では、旧制福岡中学の教師であった三角卯三郎が昭和二十四年七月に、「国家に貢献する人間をつくるすばらしい鍛錬方法である剣道をたやしてはならぬ」という持論を実践することを決意し、自宅に剣道場「北辰館」を建てる。内々だけに案内をした道場開きにだが、八十名をこえる剣道人たちが祝いにやってきた。

さらに、ここを拠点に、「福岡市剣道クラブ」が組織されていく。

こうして福岡県下では、稽古がはじまり組織化がなされるようになって、昭和二十四年九月には、福岡市内のキャバレーで、「福岡県下四地区対抗剣道大会」が開催された。

また福岡の西鉄が西新にある会社の道場を開放し、一般愛好家らとともに、少年たちもやってくるようになった。ここで熱心にとりくんでいた小西雄一郎は、日本独立後にはじまる全日本剣道選手権大会の第二回優勝者となる。


昭和二十四年五月、のちに警視庁機動隊となる警視庁予備隊中央区隊が、隊内で予定していた柔剣道大会の招待状をＧＨＱに持って行ったところ、まだそんなものをやっているのかやめてしまえという、衝撃の返答があった。

それまで警察における剣道に禁止令は出ていなかったが、結局、びっくりした警視庁は剣道をしないことになった。さらに全国の警察がこれに歩調を合わせたのである。

思いがけないできごとに、剣道関係者はまた落胆することとなる。まさしく危機だ。

剣道ができないということだけでなく、剣道指導者の処遇問題も出てきて、やがて逮捕術なるものがあみ出され、指導者たちはその指導を担当することになる。

しかし、順造はあたらしい対応方法を模索していた。ＧＨＱとの剣道禁止をめぐる直接の交渉経験や、大臣や政治家としてＧＨＱとのやりとりの経験から、ＧＨＱの担当官は意外と好意的であるし、彼らの権限も大きいということを実感していた。

昭和二十二年春の『日本教育制度改革に関する極東委員会指令』で、

「剣道のような精神を助長する昔からの運動もすべて廃止せねばならぬ。体育はもはや「精神教育」に結びつけられてはならぬ。」

と名指しされているだけに、ＧＨＱとしてこの指令をくつがえしたり無視することはきわめて困難であろうが、交渉すればあたらしい道も見えてこよう。

「学校での剣道は禁止というが、そもそも彼らはいったいなぜ学校での剣道を禁止するのか」

「もしも学校での禁止をとく条件があるとすればそれはなんだろうか」

条件をあきらかにして、それを一つひとつクリアにしていけば、打開の道につながっていくのでないか……

昭和二十三年春に、ＣＩＥの体育課にウィリアム・ニューフェルドが赴任してきていた。陸上競技の選手でオリンピック出場経験もあった。

またニューフェルドは、六年間の日本滞在中に、レクリエーションという考え方を普及させたり、スクエアダンスを指導したり、さらに、「日本陸上の父」と呼ばれたアムステルダムオリンピック三段跳び金メダリストの織田幹雄を支援し、織田がアメリカ陸上団に随行して欧州に遠征するのを支援したりする人物である。

順造は、ニューフェルドを訪ねて、疑問をぶつけた。

まず、学校剣道禁止の理由をただした。

①剣道は威嚇《いかく》的かけ声であり、軍国的である。

②剣道で打突されると痛いし、組み討ちもありけがをしやすい。

③剣道用具は値段が高く経済的負担が大きい。

回答はおよそこういうことだ。それなりによく特性をつかんでいるようだ。

しかし、ああそうかとかなるほどで応じてはならない。反論すべきときには、明快に反論しなければならないのだ。順造のアメリカ暮らしの実感でもある。

順造は反論した。

①声を出して打突するのは正々堂々のあらわれである。面を狙うときは「メン」、胴なら「ドウ」というのは、正面から勝負する武士の心である。野球がコソコソとサインを出すのと全然違う。

②打たれるのは、慣れにもよるが、さほどのことでない。防具もそのためのもので、また、衝撃をやわらげるために竹刀を使っている。

③稽古着、袴を改めればよい。

順造は、このような反論をするとともにつけ加えた。

①もし、自然に出る声をのぞいて剣道でかけ声をかけないとしたら、威嚇的という懸念

はないということか、軍隊の吶喊《とっかん》のイメージはないということか。
②　もし、竹刀をもっとやわらかくするとともに、体当たりや足がらみなどをなくしたら、その懸念はないということか。
③　稽古着、袴をシャツ、ズボンとし、防具をもっとコンパクトにすれば、その懸念はないということか。
これに対してニューフェルドの見解は、いずれもそうだ、すなわち問題はなくなるというものだった。

順造は、石田一郎に、

「さっそくやってみましょう。突破の足がかりになる」

といい、具体的な構想を相談した。

「ＧＨＱの担当官には我々の想像以上に大きな権限が与えられています。石田さん、あのニューフェルド課長はスポーツマンで、剣道のことを親身になって思ってくれているし、自分がいったことには責任を持つ人物です」

石田がいそぎ招集をかけ、有志による対策がはじまった。

順造の説明により、ニューフェルドの見解はよくわかった。しかし、具体的といっても、対応策はイメージできないでいる。掛け声をかけない剣道はありえないし、防具はこれ以上簡素にはできない……

　順造の解決案が古流の中にあった。

　小野派一刀流では、声を出さずに形の稽古をする。無声で、竹刀よりも重く太い木刀で何十本もある形を連続しておこなう。無声だから気合がはいっていないか。そんなことはない。また、竹刀を通常のものよりもやわらかくして、防具をつけずに実際に相手を打つ稽古もある。

「百年以上も前に実際におこなわれているわけですから可能ですよ。できます。相談して知恵を出せば解決します。ただし、」

　絶対条件があると、順造は強調した。

「対日理事会決定を、ＧＨＱの担当官がかえることはできません」

　ここが大本である。

　剣道というものを日本においてさせないと決まっているのだ。それに沿ってＧＨＱは対応している。

「笹森先生、それじゃやっぱり剣道はできないということですか」

「剣道ではできません」

「じゃあ、どうしようもないじゃありませんか」

「スポーツです。日本の歴史と伝統に根ざしたあたらしいスポーツです、そういうことにしないとできません」

「ははあ、あたらしいスポーツができたということですね。なるほど、それじゃ、すぐにできますね」

「いや、そうするにはもう一つ大きな条件があります」

「条件……」

「ジャッジです。審判の明瞭性です。ルールが明快でその運営が明朗でなければなりません。むしろ、大前提というのが妥当かもしれません」

「……」

たしかにこれまでの審判については、剣道関係者はほとんど誰もが明朗とは思っていない。しかし誰もが、審判に立つのは大物剣道家であることが多く、批判そのものがおそれおおいことだとあきらめている様子である。

「ここがこれまで同様であれば、まず望みありません。とにかくとり組んでいきましょう」

そして全国に呼びかけ、あたらしいスポーツとして試合もやってみていいものに仕上げていこうということになり、そのための検討がはじまった。

昭和二十四年八月、井出一太郎夫妻の媒酌による結婚式が、東京の主婦の友会館であり、三木武夫らとともに順造も招待され出席した。

新郎の大槻道明は、井出一太郎の秘書であったが、順造との縁が深い男である。井出に大槻を紹介したのが順造であり、もともと順造が青山学院長のとき、大槻は給仕として順造のそばにいた生徒であった。

青山学院である礼拝のとき、順造の説教に対して生徒が質問した。

「キリストと天皇はどちらが偉いのですか?」

タブーといってよい。このころ、かならず騒ぎを起こす発言である。

ただちに配属将校がとんできて、生徒の腕をつかみ、連れ出そうとした。

そのとき順造が大声で将校を制した。

ことをおさめたあと、院長室に生徒を呼んで、順造が説いた。

「自分で一生懸命調べ、考え抜き、それでもわからなかったらききなさい」

そのあとで、生徒に対して、

「きみの家庭の事情は承知しているので、どうだ、よければ院長の給仕にならないか」

と、順造がいった。

この大槻道明という小岩からかよっている生徒は、おさないときに股関節結核をわずらい、左足に障害が残っていた。

身障者という理由で公立中学に入学できない時代である。彼の母親が、かよっていた教会の牧師である内海季秋に、なんとか勉強をさせたいものだと願いを語り、牧師が順造のところに入学の相談にきた。

内海牧師の人となりを知る順造は、障碍《がい》は関係ありません、試験の機会をあたえましょう、そうこたえた。まあ、順造もけっこういいかげんなところがあり、入学試験の前に、合格の通知が届いたという。

礼拝騒動の翌日から、大槻道明は授業が終わると院長室にやってきて、給仕としての仕事をした。

やがて大東亜戦争の激化にともない、大槻は家族とはなれて一人、母の実家のある長野県に疎開し、県内の会社に勤務した。

そして戦後、大槻は、長野県で生協運動にたずさわるようになっていた。

昭和二十一年に衆議院選挙があり、長野県で三十四歳の井出一太郎が当選した。井出に魅せられた大槻は、井出になんとか弟子入りしたいのだがと願い、井出とは政治の同志である順造のところに相談にきた。

「それなら大槻くん、井出くんのところに、これを持って行きなさい」

順造は、すぐに紹介状を書いた。

順造の紹介状を持って井出を訪ねた大槻は、会ってくれた初対面の井出に、夢中になって頼みこんだ。

「それではやってみるかねえ」

というようなことを、井出はいった。

こうして、その場で井出は大槻を採用し、二十二歳の秘書が誕生した。

信じ合った者同士のつながりで、大槻は願いをかなえることができた。そして結婚した。

しかし、秘書からやがて政治家にと希望を燃やしていた大槻だったが、股関節結核が再発してしまい、断念せざるをえなくなった。

このあと、いくつもの山をこえだれにも優しく、しかしたくましく。大槻は生きていく。

やがて千葉県の八千代市に落ち着いた大槻は、地域に根ざした社会福祉のさきがけとして活躍する。

順造らが模索をつづけるこのころ、日本を代表する体育の大会は、国民体育大会すなわち国体であった。

戦後まもなく、平沼亮三を中心とする戦前からの体育界における有力者たちが集まって企画し、まとめあげた全国的な体育大会が、ＧＨＱの了解も得て、昭和二十一年にはじめられた。これが国民体育大会である。

したがって、国体に出場することが、戦後日本の競技団体として必須のものとなってきた。当時の日本で、スポーツとして認知されているほとんどすべての競技が、団体に参加していた。日本スポーツのシンボル的行事であった。

だから剣道も加わらないとスポーツとしては認められないだろう。剣道があたらしいスポーツとして受け容れられるためには、まず国体種目とならなければならない。

そこで、順造や石田は、今とりくんでいる「あたらしい剣道」の大会を開催することを全国に呼びかけて、それをもって国体参加の足がかりとすることを考えた。剣道競技として国体に参加するのである。

順造は、日本体育協会にその意向を伝えた。

ところが、けんもほろろというか、順造や石田の願いは、あっさり拒絶されたのである。

「普及もしておらず、全国組織もない、ただの愛好グループにすぎないところが何をいってんだ……」

という調子である。相手にもしてもらえないという雰囲気だ。

「なるほど、国民体育大会というのは全国を網羅してないと出場できぬものなのか」

「うーん。そうですね。加入要件を充足させていくしかないですね。ルールをさらに検討し、全国組織を一日もはやくつくりましょう」

「やはりそうですね。やりましょう石田さん」

そこで、あたらしい剣道のルール作成と全国組織づくりは課題としつつも、国体に参加し、国体運営をするつもりで、大会は予定のとおりやろうということになった。予行演習だ。

昭和二十四年九月二十日付で、各地の剣道関係者にあて「剣道競技大会趣意書」が発送された。主催者東京剣道倶楽部、発起人に笹森順造、武藤秀三をはじめ、宮田正男、土田才喜、石田一郎、大島功、松岡卓郎、中野八十二、栗原友三郎、三沢正が名をつらねた。

趣旨を書いた五百字あまりの文には、国体出場のため体協加盟を申請したところ保留となったこと、有志であらたな剣道の構想を練ってきたこと、GHQ民間教育情報局体育課の批判と助言を受けてきたことを報告し、そのうえで、東京剣道倶楽部が主催して一般人の剣道競技大会を開催することとし、さらに、この大会が終了したあと有志に会場に残ってもらい「新しい剣道」の研究会を開催すると書かれていた。

また、さっそくながらこの大会は「新しい剣道」を前提としたルールで実施するとして、そのためのルールの説明書が添付されていた。

これまでの剣道ではなかったルールもある。

①　白線で区切った試合場を設ける
②　組み討ちは中止させる
③　審判は三人でおこなう

などである。


ただし、まだ試行の段階であるため、なんとなくすっきりしないところもあった。

たとえば、審判が主審と副審二名という構成であるが、三人全員が同等に一本の判定（このときは、「採決」という表現が使われていた）権を持つものではなく、あくまで判定の主役は主審であった。打突が主審の反対側でおこなわれ、有効かどうか判定しにくいときに、主審が一人の副審に問いただして判定するというものであった。

さらに、主審の判定に疑義がある場合に副審が主審に申し出て、そのとき主審はもう一人の副審に確認したうえで判定するというものであった。

こうした試合の説明とともに、大会終了後、三時間の予定で新剣道研究会を開催するので、そちらにも出席してもらいたいという案内も同封されていた。

「全国大会がある！」

「各地の剣友は元気でいたのか！」

丸ビルから発信された手紙で、休眠状態であった各地の剣道界が活気づいてきた。

都道府県の剣道連盟がない状態であるので、出場したい者同士が三人のチームを組まなければならない。さまざまなカラーのチームができる。

団体戦は、三人一チームとし、全国から六十三チームが参加した。

個人戦の試合もあり、十代の部の一班から五十代以上の五班まであった。

復活活動は、学生剣道OBが中心にすすめてきていることもあり、大学OBたちが集まってメンバーを構成しているところが多かった。

早稲田は、大岡禎が中心となった稲門剣友会のほかに、大島宏太郎（のちに関東学生剣道連盟会長）らの戸塚クラブ、直居欽哉（歴戦の零戦パイロット。シナリオライター）らの日東クラブ、中村栄太郎・小藤清巳（いずれも早稲田にフェンシング部を設立したメンバー）らの有楽町クラブなどを編成していた。大阪からも、中尾巌が大阪剣友を率いて出場する。

慶応は、木島栄一・山本恵造・三澤求の三田龍光会、OB小西良裕の良武館で稽古する堀亘らの良武館、実業界で活躍する小倉忠らの進和貿易が出場した。

東京高等師範は、OB編成としては渡辺敏雄ひきいる茗友会のみだが、青森から福岡まで広い地域でチームの核となっている。井上正孝・森田喜次郎（福岡）、中村喜四郎（茨城）、佐藤金作（栃木）、橋本明雄、清野武治（東京）などだ。

東大の七徳会には試合巧者の大島功や笠原利章がいる。

「いいか、今は剣道はこんなありさまだけど、これからの方向を笹森先生が考えて、だんだんよくなっていくんだからな。いいな、おまえらもしっかり稽古やって、これからの時代に活躍しろ」

そういってかつての教え子をつれてきたのは、早稲田OBの鈴木温である。鈴木は満州から引き揚げてきたのだが、満州にわたる前は栃木県の大田原中学の教師であった。

順造のもとで剣道存続の活動に加わっている鈴木は、自分で大将となり、東京高師出身の堀内肖吉と慶応出身の星野宗太郎という教え子をメンバーにして、栃木温心会を編制してきた。大学ではないが、中等学校で名をとどろかせたかつての巣鴨中学は、巣中クラブと巣鴨クラブの二チームが参加した。

会場の提供をはじめ大々的に支援している国鉄は、花輪六太郎の国鉄本庁チーム、村田茂の東鉄剣道部、小泉秀雄の東鉄クラブがあり、このほか名古屋からも二チームが出場していた。

順造のふるさと青森でも、順造の呼びかけに応えようとしていた。東奥義塾メンバーで「弘前剣友」が編制され、また東京高師OBの新岡精弥を核に青森剣友が編成された。新岡精弥はのちに長期にわたって青森県剣道連盟の理事長をつとめ、千三百ページをこえる『青森県剣道史』編纂を指揮する。地方剣道史の中でも代表となる大作である。

福島出身の警察関係者も熱心であった。長島末吉と阿部三郎は福島剣友、安藤謙は福島桜会というチームから出ていた。
土浦剣友、猿島剣友、猿島郡剣友、下館剣友、猿島剣振会、日立尚武館、築西剣友、東武館など、茨城県は戦後すぐに東武館を落成させた土地柄だけに、参加者が多かった。なかでも東武館は、小澤武次郎、清水千里、宮本忠彦という猛者をそろえていた。
こうして十月三十日、東京原宿の東京鉄道局において、剣道競技大会が開催された。
団体戦決勝は、茗友会と良武館とでおこなわれ、東京高等師範OBである茗友会が勝った。先鋒・今井三郎、中堅・佐藤義太郎、大将・渡辺敏雄という編成で、鋭い切れ味の技で圧倒した。
準優勝の良武館チームは、慶應義塾のOBである。先鋒・岩崎健郎、中堅・平出太郎、大将・堀亘という顔ぶれは、戦前から戦中にかけての、塾剣道部最強ともいえる時代のメンバーだ。
また個人では、
十代　　中井一二（三菱横浜造船）
二十代　堀内肖吉（栃木温心会）
三十代　大岡禎（稲門剣友会）
四十代　鈴木温（栃木温心会）

五十歳代以上　大野熊雄（京都クラブ）

がそれぞれ優勝した。

四十代優勝の鈴木温と、二十代優勝の堀内肖吉とは師弟の関係であった。

また鈴木は、三十代の大岡禎とともに、早稲田大学の出身であった。

そこで早稲田のＯＢ会である稲門剣友会では、この二人が優勝したことを全国各地の会員に知らせ、あわせて、剣道が復活するようにわれらも力を尽くそうじゃないかと呼びかけ、資金集めもはじまった。

全国剣道競技選手権大会終了後、ひきつづき各地からの代表と熱意ある有志が残って「新剣道研究会」という名称で検討会が設けられた。

会ではまず、順造がＧＨＱにおけるニューフェルドとのやりとりの骨子を説明し、剣道実施の可能性について説明した。

さらに、本日はさしあたって主催者側で用意した規則で実際に試合がおこなわれたが、あたらしい時代、民主主義国家における剣道はどうあるべきか、どういうルールで運営されるべきか、またどのようにして普及されるべきかといったことで検討願いたいと、趣旨を述べた。

参加者から意見や質問が出されたが、この段階では、剣道の新方向に関する最多情報所持者は順造たちであり、発言の中心は順造であった。

ここで順造が強調したのが、剣道が生き残るためには、戦技というイメージから、純正スポーツに移行しなければならないということである。

西欧においても、多くのスポーツが戦技からスタートしている。たとえばフェンシングはそうであるし、レスリングというこれまたわかりやすい格闘技があるし、マラソンも戦争のなごりである。だから、剣道も、精神は日本の伝統を継ぎ、競技としては戦技カラーをぬぐえばいい。

一方、大日本武徳会が解散させられてから、それにかわる団体がない。活動組織もないし、それをつくるための資金といってあるわけでなく、つくろうという者の持ち出しである。それでもつくっていかなければ、日本の伝統は守れない。あたらしい剣道という概念で、民主的な新剣道の団体つまり都道府県連盟を設立しましょう。

そうやって各地で設立される団体を全国的組織としてつなぎ、来年に名古屋で開催される国民体育大会に出場しようではないか。

政治家としてのつもりはないが、また演説のつもりもないが、ほこりと自信をもってこれからも日本に剣道を伝えていくぞという順造の決意のこもった声が、参加者の腹にひびいた。

なおこの日、東京で全国剣道競技選手権大会が開催された日、「ジャパニーズ・フェンシング大会」という別の行事が名古屋でおこなわれていた。

剣道の全国組織というのは不在だが、東京剣道クラブから、各地の剣道関係者への連絡は、比較的容易であった。大学ＯＢが中心となっていることから、ＯＢを通じて必要なコミュニケーションがとれた。

まだまだ経済的に大変苦しい時代であるが、大学の剣道ＯＢ関係者は総じて生活もある程度安定している者が多く、あたらしい活動に参加することができた。

また、東京高等師範ＯＢである渡辺敏雄は、かつて大日本武徳会の主事として勤務していたため、全都道府県の剣道界における実力者の序列がすべて頭にはいっていて、渡辺にきけば各地と連絡をとる要領がわかった。

こうして、しだいに東京と各地方のあいだや、各学校ＯＢ間の情報交換が活発になり、剣道をめぐる状況が理解できるようになってきた。

そして、剣道復活活動をすすめるには、組織的継続的にとり組むことが必須であることから、順造たちはまず全国組織すなわち統括する組織を設立しようということを決定する。その全国組織に、加入可能となった地方組織から順次加われればいい。地方組織は、可能なところからつくっていけばよいのだ。

また、名称については、これまでの剣道から民主主義の時代にふさわしいものにしなければならないということから、「剣道競技」とした。「剣道」という名称のままで全国組織をつくることは、GHQが許可しないだろう。

大日本武徳会が消滅してしまったので、全国的な団体がない状態である。これについて順造は、剣道競技大会の参加者たちをとりあえず仮の各地代表として「剣道競技」への賛同を要請し、それぞれの地方にもどったら有力者たちにはかり、剣道競技団体を設立しそのうえで全国連盟に加入するようにうったえた。文書も発送した。

一方で、統一的な全国団体とするためには、全国各地で設立される団体を全国組織の連合体の一つであるとする必要から、東京において全国の中心となるべき自らの団体名を、それまでの「東京剣道倶楽部」というクラブ名から「東京剣道連合会」と改めた。順造がそのまま会長である。

反応ははやかった。どの地方にも一日もはやく剣道をしたいという者がいっぱいいたのだ。

十一月だけの勧誘であったが、申込みクラブ数で三百六十、加入員数で一万人近くになった。都道府県単位で窓口となる代表者がまだ定まらない状態であるので、石田一郎が当面全国すべての窓口とならねばならない。

十二月二十六日、丸ビル八階において、あたらしい競技として剣道競技をまとめあげるための審議会が開かれた。

まず、剣道競技の特性をはっきりさせなければならない。剣道競技が支持されるための条件整理といってもよい。

そののち競技のルールを定めて、実技上の特性つまり剣道とのちがいをあきらかにする必要があった。

こうした検討がなされ、文書化された。石田一郎や、石田を手伝う中野八十二、赤尾英三、渡辺敏雄といった高等師範ＯＢは、スポーツのルールという概念も明確に持っていて、しかも精力的であった。

昭和二十五年になった。

一月十一日、同じく丸ビルで第二回の審議会が開かれた。

新年の挨拶もそこそこに、討議がはじまった。剣道競技の規則が、剣道競技大会の反省を土台に、組み討ち禁止、三人制審判などさらに突っ込んだものとなった。

①　試合場が線で区切られた。またそのことにより、場外という概念が生まれた。ただし、場外に出たから反則ということではなく、場外で打突がおこなわれても有効にはならないという考え方であった。

②　試合時間が定められた。レベルに応じた差をつけ、試合時間が二分、三分、四分と設定されるとともに、勝負がつかない場合、二分間の延長がもうけられた。

③　防具は、これまで剣道で使用されていたものをそのまま使用するということになったが、袴でなくズボンでもよいということとした。

④　打突部位は面（正面・左右）胴（左右）小手（左右）突（咽喉部）

「石田さん、これでひとまず新生スポーツとしての形はできたのではないでしょうか」

競技としての判定が明確になっている。

そのうえで、日本伝剣道の特性はそこなわれていないという判断であった。

「防具や竹刀の課題は残りますが、明瞭なルールのもとでなされるスポーツとしては、十分条件を満たしたと思います」

石田や中野たちも同意見であった。

一区切りついたという様子で、

「二月は、当初は審議会の予定でしたが、ここまでまとまれば正式に全国連盟を立ちあげ、名古屋の国民体育大会に向けた準備を進めたらどうでしょうか」

「笹森先生、それがいいと思います」

いよいよあたらしい競技とあたらしい全国連盟が誕生することになった。

役員構成ができた。

会長　笹森順造

副会長　野田孝　宮田正男　土川元夫　小沢太郎　木曽重義
理事　伊東祐蔵（北海道）　松岡卓郎（関東）　大島功（関東）　小野政蔵（関東）
野々村策一（東海）　森武雄（東海）　高岡謙次（関西）　和崎嘉之（関西）　松本敏夫（関西）
高嶋覚恵（中国）　井上正孝（九州）　坪内八郎（九州）
顧問　木村篤太郎　堀木謙三　武藤秀三　大野熊雄
参与　石本広一　西村熊市

副会長は、地区バランスを考慮して就任を依頼したところもあるが、理事はほとんど四十代で、坪内八郎や和崎嘉之は三十代半ば、野々村策一や高嶋覚恵にいたっては三十を出たばかりである。いずれも順造の呼びかけに嬉々としてやってくるタフな者たちである。

剣道は、悪しき日本精神の代表ではないということを、一日もはやくＧＨＱに理解させなければならないのだ。競技の内容は決して野蛮ではないということも。さらに、統括する団体は民主的に運営されていることも。

第四章

1　撓《しない》競技誕生

昭和二十五年二月五日、剣道競技連盟の役員たちが丸ビルに集まった。

これまで検討を重ねてきた連盟の規約を承認し、この日の会合を設立発起人会として、いよいよ剣道競技が全国的な活動を開始することとなった。

日本体育協会に加入して愛知での国体に出場したい。もし加入が国体開催に間に合わないにしても、その時期に名古屋で「国体協賛全国大会」として大会を開きたい。そのため、これまでの剣道の競技としてのあり方を全面的に見直してきて、試合の規則も、きわめて明快になっている。これなら問題はない、役員の誰もがそう思って会議を終了した。

順造はGHQのCIE体育担当官であるウィリアム・ニューフェルドを訪ねた。剣道競技連盟が団体として活動する以上、ＧＨＱのオーケー、すなわち進駐軍の許可がなければならない。

ニューフェルドは、日本の体育について指導をつづけてきていた。日本人の立場を理解しながら、さまざまなアドバイスをしていたものだった。順造にとっても、直接ヒントを与えてくれたいわば恩人である。

そのニューフェルドに対して順造は、それまで自分が中心となって検討を重ねた結果つくりあげた「剣道競技」という概念をたんねんに説明した。

さらに、それを統括する全国組織は、特定の団体の下部組織でなく、また、思想的制約も受けない、純然たる愛好者の団体で、民主的に運営されることを強調した。

――構想はあっさり砕かれた。

「ノーである」

ということをニューフェルドはいったのだ。

「！」

息をのんだ。

だめ？

まさか……

「ミスターササモリ、これは受け容れられない」

日本に対する根本方針を決める極東委員会において、日本における封建的なるものの代表として例示されていた剣道ではないか。そんなにたやすくはいみなさん民主的になりましたと認められるものではないのだ。

「いいですか、ミスターササモリ」

気持はよくわかるがという雰囲気だ。

「剣道という名称が使ってあれば、中身がどんなものであっても許可されない」

簡単なことだ。

「うーん」

結局、まだまだ順造たちが楽観的に過ぎたのだと反省せざるをえない。

残念なことではあるが、たしかにわかりやすい理屈である。

いずれにしても剣道という表現を使わなければいいのだ。

「石田さん、すぐ役員会を開きましょう」

三月五日、ふたたび役員たちが集まった。

「剣道競技という名称のもとでの団体設立や競技の実施は不可能です」

経過を説明した上で、順造は、「剣道競技」の名称を「撓（しない）競技」とすることを提案し、全日本剣道競技連盟もまた全日本撓競技連盟に変更することにしてはどうかといった。

もっとも、撓競技という名称自体は、このときひらめいた順造の独創というものではなく、これまで話し合ってきた場でもそういう名前が出たものだ。「しない」だけでもいいという者がいたり、また國學院大学ＯＢ佐藤貫一のように剣道史の視点から「しない」の名称がついた方がいいという者がいた。

「せきたてるようでありますが、なんとかはやく全国組織をかため、国民体育大会に参加しましょう」

当面する大課題であるのだ。

「しない競技」については異論もなく、名称がきまった。

撓競技という字を採用することになった。読めない人も多いのだが。

そして国体参加とともに、すみやかに、この撓競技が学校教育に採用され、教材として活用されるための活動もしなければならない。

さらに、あたらしい競技として活動をはじめるにあたって、役員体制を拡充することになった。副会長に四国を基盤とする一名を加え六名とし、理事については、普及させる覚悟を固めている者二十二名とした。いずれも日本の伝統文化を残すため、混乱の時代を突破する意気に燃えていた者たちだ。

会長　　笹森順造

副会長　宮田正男　野田孝　土川元夫　小沢太郎　木曽重義　岡田勢一
顧問　木村篤太郎　堀木鎌三　武藤秀三　大野熊雄
参与　西村熊市　大谷一雄　石本広一
理事　伊東祐藏（北海道。早稲田OB。三菱グループにおける武道の中心人物）
工藤虎雄（青森県。弘前の神官をしながら私財を投じ青少年育成に尽力）
三上勇蔵（青森県。昭和二十三年に私費で剣道場を建て愛好者に開放）
古村廉造（秋田県。國學院OB。秋田市議、秋田中学剣道部OBのまとめ役）
石田一郎（東京都。東京高師OB。戦前から学生剣道幹部。戦後復活実務）
大島功（東京都。東大剣道部OB。現役検事として活躍中）
松岡卓郎（東京都。早稲田OBの関東全般のまとめと連絡役）
三沢正（東京都。慶應OB。宮田とともに慶應のまとめ役）
中野八十二（東京都。東京高師OB、講師。持田盛二の女婿。技術指導中心）
小野政蔵（神奈川県。神奈川県警察OB。自宅に屋外剣道場を設ける）
浅井季信（愛知県。旧武専OB。名古屋専門家の中心）
森武雄（愛知県。名古屋市内にデパートを建てその一角を剣道関係者に提供）
高岡謙次（京都府。医師、高岡胃腸病院を経営）

和崎嘉之（大阪府。旧東京高師ＯＢ。大阪で教員。朝日新聞ＯＢ）
額田長（大阪府。早稲田ＯＢ。居合道も修める。南海鉄道後自営）
松本敏夫（兵庫県。関西学院ＯＢ。川鉄商事勤務。関西学生界リーダー）
高嶋覚恵（山口県。海軍海兵団。県職員。若いが県組織づくり担当）
白石元一（広島県。旧武専ＯＢ。中学や武徳殿教師。著作『剣道教範』）
植田駿爾（香川県。本名一。剣道家の家系で名人平太郎の息子）
藤田吉道（愛媛県。代々剣道家で父新治は範士。岡城館という道場館長）
井上正孝（福岡県。東京高師ＯＢ。教師や行政マンとして剣道を指導）
坪内八郎（長崎県。教員を経て衆議院議員。師の財津の意も受け普及に尽力）

事務局長　石田一郎

こうして全国組織として動き出した。国体参加申し込みの際指摘された、全国に展開していなければならないという条件はクリアできるだろう。

副会長は、地域別の普及も考慮し、六名の構成であった。中でも、大都会である東京の宮田正男、大阪の野田孝、愛知の土川元夫の三名が、強力に順造を支えるとともに、これからの日本剣道界に大きな貢献をする。

宮田は三重県出身で、慶應大学剣道部を出て三菱入りし三菱地所にいた。三菱地所は、丸の内一帯のビル街を所有し管理する。ビル街のビルの代表は丸ビルであり、丸ビルは関東大震災を生き残り、そして太平洋戦争の米軍空爆を免れた。

東京はあちこち焼け野原となり、大きな建物が消えた。そのため、東京の中心部で会合することが困難となっていた。剣道関係者が、剣道復活、復興の相談をしようにも、集まる場所がなかったものだ。

そこで宮田は、剣道関係者のために、丸ビルの一室を提供したり、資金的な援助もしたのであった。

さらにまた宮田は、早慶の学生を中心に、剣道をなんとかして存続させたいと願う学生たちの頼りになる兄貴分として、彼らを支援してきた。

大阪の野田孝は、このとき阪急百貨店の常務取締役であった。

野田の出身は山梨県である。野田の親戚に阪急グループ総帥である小林一三と縁つづきの者がいて、かつて野田青年がそこを訪問していた折、たまたまやってきていた小林一三を紹介された。野田が東京の予備校にいて、夏休みで帰省していたときだ。

甲府中学を出て一高を受験しようとしていた野田に、小林は、野田くんは将来実業の世界にはいるつもりなら、はやく実地に勉強した方がいい、浪人をして学校にはいるより実学問だということをいった。

そういう前置きのあと、きみは大阪にきて働くのがいい、自分のところにきなさいといった。家に帰った野田はじっくり考えてみた。野田は、自分が直接会った小林一三という人間を信頼し、自分を彼にゆだねようと決心し、一高受験をやめて大阪に出た。

こうして小林一三のもとで働くことになった野田である。

小林もまた、自分のアドバイスとさそいをすなおに受け、甲州から商都大阪にやってきた野田という若者を、きびしくそしてまたていねいに育てた。

野田は、電車の車掌、運転手、帳簿係、倉庫係など広範な第一線業務を体験し、意欲的に吸収した。のち、阪急グループが小売業に進出するにあたり、デパートの地下が食品売場というイメージをつくりあげたのもこの野田であった。

そして、第一線での業務にたずさわりながら、野田は小林一三の秘書をつとめてきた。

昭和十二年、大阪方面が一望できる池田市の高台に、「雅俗山荘」（のちに小林一三記念館となる）という小林の住居ができると、野田は朝六時にはそこへ行くようになった。食堂でコーヒーを飲みながら、小林からスケジュール調整やさまざまな指示を受ける。それから野田は屋敷の掃除をしたり、外部との諸連絡を済ませて出社する。

しかも、このようにだれが見てもいそがしいだろうと思うスケジュールの中で、野田は剣道の稽古の時間を確保し、鍛錬をつづけてきた。剣道だけでなく、居合も。小柄な野田は、他人に倍する工夫をしなければならなかったものだが。

温厚な努力家である野田は、ビジネスで出会った人々や剣道で出会った人々の一人ひとりを大切にし、幅広い人脈をつくりあげ、多くの人物に信頼されていた。

まだ管理職になりたての若い時代から、野田は、剣道関係で大きな行事があると、その終了後に、行事の計画や運営を担当した者たちを、一流の会場と料理で慰労していたものである。

その結果いつのまにか、野田の出身地でないにもかかわらず、関西地区において、厚い人脈ができていた。

戦後の混乱期にあって野田は、日本の文化遺産としての剣道、教育としての剣道を説く順造に賛同し、撓競技を浸透させることによって、クラブ活動や体育の時間を確保すべしという考え方をなんとか野田なりに具体化しようとしていた。

そのためには、少しでも撓競技をいいものにしたいという願いがあった。

理念の整理やルールづくりも重要であるが、あたらしい防具と竹刀を使うので、用具がことのほか問題になる。そこで野田は、用具の試作にかかる費用を自分が負担するといい、可能なかぎりそのとおり実践していた。

土川元夫は、名古屋鉄道の常務取締役であった。伊藤肇という若くして死んだ、陽明学を説く評論家がいたが、この伊藤の代表作である『左遷の哲学』にも、左遷された人物の例として土川は登場する。

土川は、左遷の憂き目からのし上がってきただけに、撓競技を普及させるという意気ごみとしぶとさは尋常でない。名鉄の社員に命じて、業務命令として剣道の復活復興策を考えさせていた。とんでもないことといえばたしかにそうだが。

このころの名鉄は事故、トラブルがつづき、地元では「迷鉄」と陰口をたたかれていたりした。それに、多くの大手企業と同様に、労働組合の勢力も拡大して、交渉ごともやっかいになっていた。もっとも、土川自身は初代の名鉄労組委員長だったのであるが。

そういう中で土川は、いちばん困難な道を選べば必ず成功するという信念でことにあたり、そして成功するまで断念しなかった。

のちに土川は、近代建築史に名を残す建築物を、日本各地から集めて犬山市に明治村をつくる。そしてここに旧制第四高等学校の武道場であった「無聲堂」が移設され、そこで八段による明治村剣道大会が開催されるようになった。大会はやがて「全日本選抜剣道八段優勝大会」として名古屋でおこなわれるようになる。

小沢丘郎は、山口県副知事である。小沢は昭和五年に東京帝国大学法学部を出て、台湾総督府勤務などののち、戦後の昭和二十三年に山口県副知事となった。のち昭和二十八年には山口県知事選挙に出て当選する。

義父は田中義一。陸軍大臣であり、内閣総理大臣でもあった。義兄である田中竜夫は、昭和二十二年に山口県知事となっていた。昭和二十八年になると、田中竜夫は知事から衆議院に出る。そして、義兄の知事の座を小沢が継ぐ。もちろん選挙の結果であるが。

さらに小沢は、知事を二期目途中で辞し、こんどは衆議院選に自由民主党公認で出て当選する。

木曽重義は、生まれは四国であるが福岡県を基盤にする男だ。石炭で財をなし、「筑豊の四天王」と呼ばれた快男児である。撓競技における尽力のほかに、のちに地元への大きな貢献として、大相撲九州場所の誘致も実現した。

この五名までの副会長は、剣道競技と同じである。撓競技になるとき、あらたにもう一名、岡田勢一が加わった。

岡田は徳島県出身、順造とは政治の同志である。造船所の見習い工からのたたきあげで、沈没船の引きあげや船舶の解体で財をなし、「サルベージ王」と呼ばれた。

学や理論はないが金はあるなどと揶揄する向きもあったが、岡田は、

「これからの日本は人である。人間でいかようにもなる。復興も没落も、人による。学問を大事にして、すぐれた文化をそだてていきましょう」

そう主張していた。

昭和十六年に、六十五万円といわれる岡田の寄附で、徳島県立渭城中学校が設立された。戦後、徳島県立城北高等学校となる。

岡田は、人形浄瑠璃の振興など、地元文化のためにも支援をつづけていた。

岡田は一貫して、

「笹森先生、人づくりのために先人が伝えてきた剣道を、なんとかして学校に復活させないといけませんねえ」

と、順造に協力する姿勢を示してきた。

さて、撓競技の中身である。

剣道としての条件を維持しつつ、GHQが否定しているものをはずし、また、GHQが要求しているものをいれたものでなければならない。そのため、それまでの剣道では想像できないこともある。

竹刀にかえて、「しない」（シナイ、撓あるいは袋竹刀）と称するものを用いる。これまでの竹刀は細長く割った竹を四枚合わせたものだが、袋竹刀では鍔から先は全長の三分の一までが四枚で、その先から三分の二まではそれぞれ半分に割り、その先から先端までの三分の一はさらに半分にする。

防具は、大変化だ。金網状のマスクがついた面はフェンシングを思わせる。顎からしたも保護できるように覆い、突きの部位に目印がある。

胴は、野球のキャッチャーが使うプロテクターに似た生地に、ファイバーでつくられたうすい板が胴部として縫いつけられている。

小手は指から腕をおおう長手袋状の生地に、やはりファイバー状のものが小手部として縫いつけられている。

服装は、剣道着と袴ではなく、長袖シャツとズボンである。

この用具開発に全面的に協力したのが、尚武堂を経営する大河内健太郎である。早稲田や中央など、戦後あたらしくフェンシング部を発足させた大学の用具調達に応じてきていた。

そして撓競技でも、順造らの指示を受けながら、積極的に提案し工夫して用具づくりに協力していた。

競技上の得点となる部位は、小手（左右いずれも。のちの剣道のように、中段の変形時のみ左小手も可ではない）、面、胴、突で、剣道や剣道競技のときと同じである。

そして一定の時間の中で、多くの得点をあげた方を勝ちとする。三本勝負ではない。

審判制度も大きくかわった。それまでは、表審判と補助の役割を果たす裏審判の二名であったが、明朗なスポーツでなければならないことから、審判員を三名として死角が生じないようにし、判定にあたっては三名がおのおの同等の権利を持ち、表示は旗をもっておこなう。

さらに、おどろくことに、競技者は動作の途中で出る自然の発声をのぞいて、かけ声を出してはならないこととしたのである。剣道関係者にとっては、信じられないことであるけれども、存続の決定者である進駐軍関係者がかけ声がだめだという以上、したがうしか存続の道はないのだ。

また、相手に足をかけたり組みついてはならない。

「最大の特徴である刀を使うことを残し、足をかけたり組みつくところは相撲や柔道にまかせることにしましょう」

順造はこういっていた。

あたらしい競技であるがゆえに、試行錯誤の連続である。撓競技連盟の役員や幹事となった者たちが、たがいに実技をやってみたり、あるいは説明をしながら他人にさせてみて調子をみたり、受けいれられるかどうかチェックしたものである。

早稲田では、大岡禎、鈴木温らを先頭に、しだいにとり組むメンバーが増えてきている。

一方、このころ慶應は、剣道部の先輩である小西良助が運営する良武館で稽古をつづけていた。

ここの稽古に宮田正男が、撓競技の用具をかかえてやってきた。

「撓競技の防具でやってみよう。みなさん、ちょっとつきあってくれませんか」

ひととおり宮田の説明がおわると、こんどは実地だ。やってみろといわれて、学生たちも実際に対戦してみた。どうもしっくりこない。

しかし宮田本人は、この用具をえらく気にいっている様子だった。巨漢と表現できる宮田にとって、剣道の胴が腹にはまらずに苦痛なのだが、撓競技の胴はいくら腹が出ていても問題ない。


全日本撓競技連盟が動き出すと、すぐに三十ほどの都道府県から、活動を開始したいという反応があった。もっとも、なかには、いったん活動をはじめたかにみえたものの、ほどなくしぼんでしまう県もある。また、連盟に加入しても、実際に組織が誕生するまでは時間がかかるところも多かった。

三月二十六日、青森市では、全県下から剣道愛好者がつどい、青森県撓競技連合会が結成された。

全日本撓競技連盟の理事になっている伊東祐蔵（ただし、このころ伊東は札幌にいる）、工藤虎雄、三上勇蔵は、いずれも青森県出身者である。笹森順造に呼応し、全国のモデルとして青森県がただちに行動を開始しようという意気込みである。

連合会の会長には青森市の三上勇蔵がついた。県都青森から連合会の会長を出そうというのは、参加市町村代表たちの申し合わせであった。そして副会長には、弘前市の医師である竹森哲三郎が就任した。

青森の三上は、順造が剣道競技や撓競技ということをいいはじめると、すぐさま熱心にあたらしい剣道として研究し、やってみてきていた。

弘前においても、剣道存続の対応をしてきていた。東京からの情報で、撓競技として具体化したことがわかるとすぐに「弘前撓競技倶楽部」という団体にして撓競技の活動をはじめた。

幸運だったのは、弘前には竹森哲三郎というまとめ役としてうってつけの人物がいたことであった。医師である竹森は、剣道家として日本中に名をとどろかすとか、剣道史上に名を残すとか、そういった有名な人物ではない。学校を出てから満州にわたり長らく本土にいなかったせいもあるが。

竹森は、明治三十二（一九〇〇）年の生まれで、弘前中学を出た。順造の後輩になる。剣道は弘前城にある武徳殿で学び、西尾可行という師範に教えを受けた。

そのころ、弘前にいた剣豪市川宇門は、大日本武徳会から弘前に派遣されていた西尾師範を一方的にライバル視していた。西尾にとっては迷惑なことだ。

ある日、西尾に手合わせ願いたいと武徳殿にやってきた宇門を、羽織袴で威儀を正した西尾が下座で応答し、遺恨なきよう宇門を帰した姿を竹森は目撃した。

――なるほど、こういう対決のしかたもあるのか。

やがて満州にわたって奉天の満洲医科大学に学んだ竹森は、卒業後現地の病院に医師として勤務した。

たまたまその病院には、弘前からやはり満州にわたり、旅順の警察学校師範となって病没した、わが師西尾可行の遺体の解剖標本があった。世の因縁というものに、竹森は対面したのであった。

さらに、かつて弘前で西尾可行をライバルとしていた市川宇門も、たまたま弘前を去って長春にやってきていた。向かうところ敵なしの感のある宇門が、知る人も少ない満洲の地にあって、西尾になにかと生活の支援を要請していたという話を耳にした。剣士も人であり、人というのは弱いものだ。人はおたがいに助け合っていくものだ。

このような人と剣道の因縁を経験した竹森は、

「剣の縁は大切にしなければならない。剣士はおたがい、ともに成熟しよう。鍛錬はするが、相手を、世の人を尊重するのが剣の道である」

という信念を身につける。

満州の地で竹森は、高野茂義という時代を代表する大家や、小関教政、・奥川金十郎などといった専門家に剣道を習ったのであった。

終戦後、竹森は弘前にもどってきて、昭和二十四年に医院を開業した。

竹森は、たしかにあふれる情熱の男ではあったが、激しい稽古にもまれてきた様子は見えず、ひたすらまじめで他人にあたたかいまなざしを向ける人物であった。私心なく、クリスチャン医師として、患者からも剣道関係者からも信頼されていたのであった。

戦後の混乱期、竹森のような役割を果たした人物が、ほかにも日本各地にいたことであろう。

「すぐ、撓競技の大会を開こう。弘前が全県に呼びかけよう」

外見はおとなしく見える竹森だが、動きははやい。

いちはやく試合を開催することが、弘前では具体的な目標となった。

もう一人、異色の弘前人がいる。

全日本撓競技連盟の理事に工藤虎雄という男がいた。役員の名簿を見て、この人知っているかと工藤について問われても、ほとんどの者がこたえられない。

工藤虎雄というのは、弘前の神官であった。もともとは黒石の山谷家の出身で、順造より、七つ八つ若い。弘前中学を出て、樺太で警察官となった。さらに台北で学校事務員となり、それからも赴任する先々で剣道を教えてきた。

戦中に弘前に移ってきて弘前東照宮の神官となった工藤は、戦後の荒廃の中で、青少年育成の情熱を燃やしていた。

「よき日本は伝え残そう。われらは行動すべきだ」

順造の構想を先頭に立って実現するつもりでいる。

弘前には、順造が継承する小野派一刀流だけでなく、数多くの武道が残され伝えつづけられてきた。卜伝流、當田流、神夢想林崎流居合、本覚克己流（柔術）、日下真流（柔術）、直元流（長刀。なぎなた）、などがある。

これらの貴重な日本の文化は、剣道がこのますますたれてしまい日本からなくなってしまうと、やがて消え去ってしまうだろう。そうすると、これまで伝えてきた先人たちに、まことに申し訳ないことではないか。

具体的な構想をわれらが笹森順造がつくってくれた。あとは、自分たちも加わって日本の伝統競技を守りぬいていくのだ。工藤らの心意気である。

青森県の関係者たちがかけずりまわり、昭和二十五年九月十日、弘前剣友会が主催して、第一回となる青森県下撓競技大会が開催されることになった。場所は、順造の親友市川宇門ゆかりの護国館と決まった。

東京からはるかに遠い北海道でも、撓競技のとり組みはすばやかった。

早稲田大学剣道部ＯＢに伊東祐蔵という青森出身の男がいた。

郷里も大学も順造の後輩である伊東は、大正十五（一九二六）年に三菱入りし、ちょうど戦後のこのころ、東京海上札幌支社長であった。伊東は単身赴任であるため、東京との往復が頻繁にあり、直接順造と会う機会も多く、東京でのホットな動きを札幌にもたらしていた。

伊東は、自ら稽古に励んできた（のちに、剣道・居合道いずれも範士八段となる）だけでなく、戦前につくられた学生連盟のリーダーの一人として、石田一郎たちといっしょに活動してきた。

剣道の早慶戦も伊東が早稲田の主将のときにはじまり、そのため伊東は慶応の古いＯＢと仲がいい。宮田正男ともしょっちゅう顔を合わせている。

戦後剣道が危機的状況になってからも、伊東は順造と連携し、剣道復活に力を尽くしてきた。撓競技というあたらしい競技についても、伊東は、北海道の剣道関係者に紹介し普及させる努力をつづけた。

一方、任地の札幌には、こよなく剣道を愛するに剣道家たちがいて、ひっそりと稽古をしてみたり、進駐軍あたりからレクリエーションとして剣道見物をしたいという要請があれば、出かけていって剣道の実技をしてその解説をしていた。

こうした剣道関係者に、伊東は撓競技の意義を説いた。

「剣道では学校施設は使えない。対外試合もできない」

こういう現実に対し、あたらしい撓競技というのは、

「団体として活動できる、公然と練習できる、外部と試合ができる……」

だから、撓競技の組織をつくりましょう、そう伊東は呼びかけた。さらに、伊東自身が直接撓競技の実技指導をくりかえした。

その結果、五月には伊東を会長にして、北海道撓競技連盟が設立された。

地元で中心となったのは、片石兼松、門脇公克、吉野貞吾、杉山義雄、水下信業といった中堅剣士で、とりわけ門脇や杉山をはじめとする国鉄のグループが熱心であった。

中でも門脇は、剣道のこれからを考えたとき、撓競技は復活への足がかりであると信じ、エネルギッシュに練習に励むとともに、まわりの者たちにも宣伝をはじめた。

門脇は明治四十一（一九〇九）年に余市町に生まれ、小学校高等科を出て国鉄にはいった。札幌鉄道局の鉄道教習所を出て、駅や鉄道局に勤務した。小学校四年からはじめた剣道も、国鉄にはいるとともに本格化し、すぐれた師をさがし、また時間をつくり北海道から内地に修業に出た。門脇は、やがて国鉄を代表し、さらに北海道を代表する剣士となった。

戦後となり、生活に追われながらも、門脇は仲間たちと豊平区の保育園で、ほそぼそと稽古をはじめた。ところが、その剣道が、消えるかもしれない状況になってきた。

剣道は、日本が長年にわたってはぐくんできた文化であるばかりでなく、室内でおこなうがゆえに、秋がまたたく間に去り雪が舞い風がうずまく北海道では、剣道は青少年にとって貴重な体育なのだ。

もちろん、成年、壮年にとっても、年間を通じてつづけることができる鍛錬の手段であり、人間形成のすぐれた手段だ。

——だから、剣道を絶やしてはいけない。撓競技で将来につながるなら……

と、撓競技に全力をそそごうと決めた。

門脇が、順造と撓競技の試合をしたことがある。もっとも、勝ち負けの結着をつけるという試合ではなく、撓競技の試合実験であるが。

ふたりとも、面も小手もむき出しである。防具を着けていない。素手で構えているのは、昔、こういう竹刀があったと、順造が説明した小野派一刀流で使われている、革をかぶせた独特の竹刀である。

門脇は、典型的な地方のたたき上げ剣道である。しかし、試合巧者の得点本位の剣道ではない。順造の鼻から目ほどの背丈であるが、こせこせせずに叩かれようが突かれようと、真っ向から立ち向かう剣道である。子供たちを指導するにあたり、

「相手の打ちを自分の竹刀で受け止めてはいけない。相手の竹刀を自分の防具で受けるつもり

で、打たれる前に打っていけ」

と説く門脇だ。その気があふれている。

「昔は、こういう竹刀で稽古をした流派もありました」

順造は袋しないをそう説明し、門脇と順造は対戦してみせたが、見学する者たちは冷や汗が出た。

「やはり防具がないといけない！」

やわらかいといっても、目や顔をこすれば重大事故である。

この門脇には中学と高校に通う二人の息子がいた。門脇は、息子にも熱心に教えた。それまでの剣道のように、大きな声を出してはいけない、足をかけて相手を倒してはいけない……自分にいいきかせるように。

「撓競技だったら、どこでやってもかまわない。ＧＨＱから文句をいわれることもない」

うずうずしていた道内各地の愛好者たちは、さっそくなんとか活動できないかと活動をはじめた。翌年になると、札幌だけでなく、旭川、帯広、網走など、九つの団体ができた。

このとき、旭川で愛好者たちのリーダーとなっていたのは、市長である坂東幸太郎であった。偶然だが、坂東は、早稲田の先輩であった。明治十四年の生まれである。しかも、剣道を熱心にやりつづけていたのだ。坂東は、のちに旭川で国体撓競技の開催を実現する。

北陸の地石川でも、石川県撓競技連盟が設立された。

もっとも、とりあえず名前だけをというようなもので、全日本撓競技連盟への届け出もない。一年ほど過ぎてからの全国加入となる。

戦後、石川県でも竹刀の音はきかれなくなった。

金沢商業学校の剣道部員で、のちに居合道指導者として知られる武田清房は、石川県剣道連盟の『五十年史』で、防具を捨てに行った思い出を書いている。

占領下で剣道ができず残念で、がっかりしながら数台のリヤカーに学校の剣道具や、竹刀、木刀、木銃等をたくさん積み、部員は胴を着たり、木銃に面などをぶら下げてかつぎ、裏山へ運び谷へ投げ捨てた。

だが、二、三年すると、金沢や七尾などで細々ながら剣道の稽古をする者が出はじめていた。

「ここは、なんといっても、中山博道先生の出身地だ。剣道を絶やすわけにはいかない」

剣道だけでなく居合もさかんで、すぐれた指導者が多かった。

金沢の野町駅近くに、野町善隣館という社会福祉と社会教育のための施設があった。善隣館というのは金沢市独特の施設で、機能を充実させた公民館のようなものだ。合計十九ヶ所つくられたといわれ、その第一号が野町であった。

撓競技の情報や順造からの檄が届くと、

「堂々とできる撓競技をはじめようではないか」

森末松らの有志は、この野町善隣館を使用する許可を得て、週二回の定期稽古を開始した。しかし、中身は剣道であった。

「撓競技連盟なら、公共施設でも活動できるし、他県の仲間と試合や稽古もできる」

撓競技の用具なんか間に合わなくてかまわない。剣道でやっていればいいのだ。

隣の富山県にも声をかけた。同じように富山からも声がかかった。やがて石川と富山では撓競技の交流がはじまる。

東大剣道部のOBは、政、官、学をはじめ各界に活躍し、リーダーとなっている者が多い。彼らの中心となっているのは、弁護士であり参議院議員である木村篤太郎だ。

そして木村のもとで、OB会実務をとり仕切っているのが庄子宗光であった。のちに渡辺敏雄とともに、戦後生まれた全日本剣道連盟の諸行事を企画し軌道に乗せていく。

——庄子は仙台の出身で、仙台一中、第二高等学校を出て大正の末年に東大に進んだ。

この庄子が東大を出て東京にいたころ、友人の松川金七という男が仙台から訪ねてきて、庄子に相談をかけた。

松川は、庄子とは第二高等学校剣道部同期であった。松川は、地元の東北帝大にはいって、医師となる勉強をしていた。

松川から庄子への相談というのは、二人の母校である第二高等学校の剣道師範に、ぜひとも招聘したい人物がいるのだがどう思うかというものであった。

われらが母校二高は、かつて全国に名をとどろかせた強豪であった。再度雄となるべく、OBや学生が一丸となって努力しているが、いま一歩のところである。

そこで、

「高野佐三郎先生門下の乳井義博くんを二高の師範に招きたいのだが……」

東京でおよそ専門的な剣道をする者のあいだで、乳井の実力を認めぬ者はいないだろう。その乳井を師範にしたいという相談だった。

乳井は秋田県の生まれであり、同じ東北の地ということもあって、仙台であればつごうがよいのではないか。

松川は、直接乳井と稽古をしたことがあった。ふつうなら、とてもとても師範になどという気にならないほどにこてんぱんにやられた。ところが、松川は冷徹な外科医の卵であり、また政治家の素質を秘めていた。

「まだ若いが、おれを叩いたあの男は師範にふさわしい」

松川が叩かれたのは、昭和二年の春休み、二高剣道部恒例の強化合宿の最中のことであった。

午後の稽古に、予告もなしに、十両の力士を思わせる若者がやってきた。乳井であった。そして相手になった者は、ことごとく完膚なきまでにたたきのめされた。

このとき、二高を出たばかりである松川も、後輩たちの指導にきていて、乳井と対決した。タン、タン、タン、はた目には小刻みに、乳井は面を打った。打たれた松川にとっては、およそ八百グラムの竹刀の威力で、頭がめり込むようであった。ガンと、左面を打たれて松川の頭は体ごと右にかたむいたようだったが、そう思う間もなくガンと右面を打たれて、左へ揺れたようであった。

新撰組研究の功労者である子母澤寛が、沖田総司の三段突きというものを紹介したが、乳井の突きはそんなものでなかった。ガン、ガン、ガン、ガン、ガンと終わりがないかのように連続し、羽目板で行き止まりとなる。

ほとんど水平に真横からはいる左右の胴打ちは、松川を輪切りにしたかのようであり、さらに投げ飛ばされ、松川は羽目板に激突した。

「うーん、すごい男だ。手も足も出ない……」

もうろうとした意識の中で、

「いつもこういう師匠がいてくれれば、学生らは強くなるだろう」

松川らしい発想だった。

「たしかに、乳井さんの実力は、きみが感じたとおりだ。彼なら鍛えてくれる」

庄子は賛同した。

「きみもそう思うか」

松川の信念がかたまり、招聘活動をはじめた。

この松川の要請や地元の熱意を容れ、乳井の師である高野佐三郎は乳井を派遣することとし、乳井は昭和四年に二高師範として仙台にやってきた。そして乳井の力は圧倒的で、二高はふたたび全国にその名をとどろかすのであった。乳井はまた、小牛田農林なども指導するようになり、東北に数多くの名手を育てていく。

乳井が宮城県にくるについてはいくつか説があるようだが、松川側の視点ではこのようだ。

体力、膂力けたはずれで、またときに生活も奔放なところを思わせる乳井だが、こと剣道においては、徹底的に合理性を追求し、剣道としての技を追求していた。中段はもちろん、上段や二刀も、自在に使いこなしていた。毎日、基本技の練習に、一時間も二時間もついやすのであった。

仙台でも戦争が終わり、生活も剣道も、不遇な時代となった。

しかし、この松川も乳井も、たくましい生活ぶりで生きている。

外科医である松川は、昭和二十二年に仙台市の市議会議員に当選する。いそがしさを楽しむような松川だ。

ちょうどこのころから、仙台でも剣道をやる者が集まるようになった。国鉄仙台鉄道教習所を、国鉄剣道を代表し、一方で地元を代表する指導者でもある梅川金三郎が開放し、稽古もはじまっていた。

剣道競技のさそいや撓競技をという順造からの檄は、宮城県にも飛んできた。広く剣道関係者がこういう相談をするときの中心は松川であった。

剣道が晴れて学校でやれる可能性や、全国大会が開かれる具体的な可能性は、今のところはない。永遠にということはないだろうが、いつからというあてはない。

先々のことはともかく、われらも撓競技をはじめようではないか。

「撓競技の普及は、ぼくが面倒みる。ただしそのうち剣道がオーライになったら、シャッポは、知事がいい」

こうして四月になると、松川を会長に、宮城県撓競技連盟が設立された。しかしまだ剣道愛好者の了解事項のようなものにすぎない。

五月十日には、秋田県撓競技連盟が設立された。

秋田県は、撓競技の開発と推進を実行する実務の総責任者ともいえる石田一郎の出身地である。それに秋田県には、石田と同じく東京高等師範で剣道を学んだ者が多かった。

このため、石田から東京の情報が多く寄せられ、また県内における剣道家たちのコミュニケーションもよかったようだ。

さらに、秋田中学剣道部ＯＢをとりまとめる地元秋田の市会議員である古村廉造は、全日本撓競技連盟の理事である。この古村が、東京にいて撓競技普及のために活動する国鉄の小澤幸雄と國學院の同窓という関係もあった。

もともと、県内の剣道関係者は、

「剣道が断絶した期間が長くなると、剣道が正しく伝承されない、さまざまえ制約を受けたとしても、一日もはやく復活させる必要がある」

という思いで一致していた。順造の考えとも同じであった。

そこで、剣道競技についての概要がわかると、教員たちを中心に有志が研究会を持つとともに連盟設立の準備に動きまわり、組織化の検討をはじめていたのであった。全日本撓競技連盟が設立されるとすぐに「秋田撓競技協会」として届け出ていたものだった。

順造が初当選した戦後第一回の衆議院選挙では、全国で三十九名の女性議員が誕生した。史上はじめての女性議員である。このとき秋田県では、和崎ハルが当選して話題となったものだ。軍人であった夫をなくしてから上京して美容技術を身につけ、職業婦人となった。

この和崎ハルの長男である和崎嘉之が、全日本撓競技連盟理事の和崎嘉之である。

こういう縁もあって、秋田県では撓競技に正面から精力的にとり組んでいる。


——政治の世界もめまぐるしくゆれている。

芦田内閣が崩壊したあとの総選挙で、民主党は大敗北を喫し、さらに内部分裂の様相を呈していた。党内で、吉田茂首相の民主自由党と連立すべしというグループと、それに反対するグループが対立していた。

昭和二十五年二月、連立派は民主自由党にはいり自由党を結成、一方、これに対立するグループは、順造や三木の国民協同党と手を握ることとなった。そして四月二十八日、国民民主党が結成された。

最高委員長に青森県出身の苫米地義三、幹事長に三木武夫が就任した。

2　浸透

昭和二十五（一九五〇）年六月二十四日、順造は、石田一郎や宮田正男らとともに静岡県伊東市にやってきた。伊東温泉にある国鉄の保養施設である伊東鉄道集会所において、全日本撓競技連盟の評議員総会が開催されたのである。

十七都道府県から理事と評議員それに事務局関係者が、合計三十名あまり集まった。全国という見方をしたら、少ないような人数だが、旅費や日当の支給もない状況の中、二日間にわたる会議に遠路からよくやってきたものだともいえる。

遠い北海道からは、順造の後輩である伊東祐蔵と国鉄の門脇公克がきていた。また九州福岡からも、井上正孝と森田喜次郎の二名が出席していた。

森田喜次郎は東京高等師範ＯＢで、大正六（一九一七）年生まれ、井上正孝の後輩だ。福岡学芸大学福岡第一師範学校助教授である。

久留米出身の森田は、十八歳のとき、日本一の剣道家をめざして東京高等師範を受験した。親に内緒で隣の家から十五円の金を借り、花の都に向かった快男児だ。

この評議員総会のころは、森田は東京教育大学に派遣され、日本体育史の研究をつづけていた。福岡にいても東京にいても、熱心に撓競技にとり組んでいる。のちに九州剣道界とりわけ学生剣道界における重鎮となる森田である。

評議員総会がはじまり順造が議長となった。順造はまず、撓競技連盟設立経過の説明をおこなった。

去る二月五日の剣道競技連盟設立会議の決定にもとづき、順造がＧＨＱに報告に行ったところ、「剣道」という名称がついている限り、あたらしい競技としてＯＫにはならないと断言されたため、急遽三月五日役員会を招集し、「剣道競技」を「撓競技」として全日本撓競技連盟を設立した経過を報告し、承認された。

次の議案は、撓競技連盟の発足をうけ、会則の再審議である。

第三議案は、撓競技の普及活動についてである。各地で講習会をおこなうことや、青年層や女子への浸透に力を入れることとした。撓競技というスポーツになったとはいえ、日本刀から発した競技の流れが、女子にまで至るとはほとんどの剣道関係者は思ってもいない。

また、撓競技に段位制を導入することを決定し、その具体化については、石田一郎を委員長とする小委員会で詰めることとした。

第四議案は国体参加と普及を中心とした事業計画についてである。

当面する課題は、今年の愛知国体に参加することであった。もし日本体育協会への加入が認められない場合は、撓競技連盟として全国レベルの大会を単独開催しようということに決まった。

普及事業の核となる撓競技講習会については、地方ブロックごとに開催することとし、開催候補地を至急決めることになった。

第五議案は、日本体育協会加入と国体参加申込みを、去る二十日付書類でてつづきしたというものである。

第六議案は、撓競技用具委員会設置の件である。

新生の撓競技は、まだ用具が開発途上である。試作改良も同時進行である。順造を委員長、宮田正男を副委員長とし、全国から尚武堂など五業者をえらび、試作と大量製造の検討にはいることになった。

そしてその他として二、三の質疑があったが、評議員総会は、いよいよ本格的に撓競技が動き出したぞというムードのうちに終了した。

夜は、懇親会が開かれた。時間とともにもりあがってくる。ビールや酒があるが、順造は飲まない。いつものとおりだ。

大半が自腹を切ってやってきた者同士である。夢を持っているだけに、それぞれ多くの課題をかかえている。次々とテーマが出され議論されていく。

顔が赤くなった者やトーンがあがった者が順造のまわりにやってくる。

やってきた一人から、

「笹森先生、この用具でこの競技だと日本の剣道が、軟弱になりはせぬか、そういう懸念の声があるのですが」

という声が出た。

それまでやってきた竹刀にくらべると、撓競技に使う袋竹刀はやはり頼りない。裂帛《れっぱく》の気合と表現される声がないのもさみしい。つまり軟弱という感じがするのだ。

「あなたは、日本刀で真剣勝負をしたことがありますか？」

「えっ……あ、ありませんが」

順造から予期せぬ問い返しがあった。そんな経験はあるはずがないじゃないか。

「それじゃ、日本刀による古流の形の体験は？」

「いえ、あ、ありません」

「では、居合は？」

「いえ……」

順造がにやりとしたようにもみえたが。

「真剣勝負からみたら、竹刀も袋竹刀も同じです」

「……」

「これまでやってきた竹刀による剣道だけが剣道だと、そのように思っておられる先生方が多いのですが、竹刀による剣道というのは、剣道の一つのあらわれ方であり、一つの鍛錬方法です。一つにすぎないというか」

「……」

たしかに。ほとんどの者は、竹刀を持って対戦することが剣道だと思っている。本来は、刀で競うものだ。

「それに元々は形が先です。一刀流では、形がしっかりできたところで竹刀を持って対戦したものです」

一刀流にはハキリ合いという稽古法がある。

ハキリ合いというのは、袋竹刀で対峙する。

特徴は、相手の袋竹刀を一切自分に触れさせないことだ。

真剣勝負では、剣道試合における一本の条件など関係ない。たとえば刀であれば、ちょんと目を突かれても、たまたま目をかすっても、すぐにあるいはやがては勝負不能となる。衣服を裂かれても動きに影響が出る。真っ向唐竹割とか、胴を真っ二つということだけが真剣勝負ではない。小指でも親指でも一本落としただけで続行不能だ。

「袴がズボンになったとか、面が網目になったとか、そんなことは、真剣勝負からみれば、たいしたことではありません。剣の精神、日本人の遺産としての剣道という視点からすれば、撓競技は軟弱でも、後退でもありません」

相手はうなずいていたが、ほんとうにわかっているのかどうか。

そしてこれらの説明は、順造のその場の思いつきではなかった。

昭和二十年一月、順造は富山房から『実戦刀法』という本を出していた。その中ですでに、竹刀と防具の剣道を剣道と思ったら、とんでもないまちがいであると指摘していた。刀をあつかい、さまざまな古流を鍛錬し、木刀や竹刀での稽古も重ねてきた、順造の結論であった。

順造は、竹刀をもっておこなういわゆる剣道という競技が、真剣による勝負といちじるしく異なる根拠を次のように説明していた。

○　竹刀

寸法とかっこうが、刀と竹刀ではかけ離れすぎている。刀は平べったく反りがあるのに対し、竹刀は、四隅に丸みのある、まっすぐな棒状である。

○　足づかい

歩み足が自然であるが、竹刀での剣道は、送り足（右の足を出したら、左足を右足に引きつけまた右足を出すというふうに前進する）主体である。これは、竹刀が長くなり、そのため柄が長くなったことにより右手が大きく前に出て、右・左・右という自然の歩行がしにくくなった結果である。

○　脚腰

実戦では、室内であろうが屋外であろうが、打突のさいに両脚を伸ばし腰を高い位置のまま送り足をすることはない。ところが、それを竹刀剣道では常態としている。

このように、刀を前提とした勝負から見れば、竹刀での剣道は、日本刀を持ったものとは別のものであり、一方、撓競技とは五十歩百歩である。ともに鍛錬の一つの過程であり、日本刀由来の剣道を知ろうとすれば、刀や木刀を使った稽古は必須である。

会が終了したあと、

「笹森せんせ、京都は規則さえしっかりしたら、もう試合ができるんやないかと思います」

京都からやってきた高岡謙次が、京都の状況報告をした。

高岡は医師であり、病院を経営していた。

高岡がいうには、高岡たちが熱心に説いてまわった結果、あたらしい剣道としての撓競技の考え方が、京都の剣道関係者のあいだでは、比較的素直に受け容れられているということであった。

かつて大日本武徳会により武道専門学校が設置されており、いわば剣道の本山のような性格を持った土地柄であるだけに、京都の動向というのは、撓競技を広めようと思う者たちにとってはたいへん気にかかるところであった。

「京都がそうであるとありがたいことですね」

さらに高岡は、撓競技は少年たちだけでなく女性もやれると順造が強調してきたが、薙刀をやっていた女性たちにも呼びかけたところ、参加が期待できるといった。

「近いうちに、京都で大会も開きます。そのときはひとつ、笹森せんせにもおいでいただいて。石田せんせにも」

伊東での二日目は、小委員会が設けられたのだが、この六月二十五日という日は、日本の戦後が大きく変わる日であった。朝鮮戦争が勃発したのである。

早朝、北朝鮮軍が韓国に向かって攻撃を開始し、十一時に韓国に対して宣戦を布告した。二十六日の新聞には「朝鮮全面戦争突入」の文字が躍った。

北朝鮮軍は京城まで四十キロに迫り、釜山後方にも上陸を開始した。

韓国の李承晩大統領は、アメリカのトルーマン大統領に援助を要請した。国連はただちに安保理事会の開催を決定した。

日本を独立させる動きが一気に加速する。

七月二日、千葉県市原郡の八幡公民館で、千葉県撓競技倶楽部の発会大会が開催され、会長に田辺治雄が就任した。はやくも月末には千葉市内の中学校で、第一回千葉県撓競技大会が開催された。

このとき会長に就任した田辺はまだ四十二歳だが、地元の千葉医大を出て、医師として田辺病院を開業しており、また三年前からは県議会議員としても活躍していた。

「私は、剣道で鍛えた体力、精神力で、社会に尽くしつづけるのだ」

という信念で田辺は生きてきたし、これからも生きようとしていた。

千葉県ゆかりの剣道家に藤崎五三郎という人物がいた。戦前における数少ない範士であった。藤崎は、多くの剣道家や愛好者にしたわれていて、五三郎という名前にちなんで毎年五月三日に、「五三会」と称して、住んでいた幕張町（のち千葉市）で墓前祭がおこなわれていた。

この五三会に今年も関係者がつどった。東京に近いということもあり、大家といわれる専門家たちもやってきていた。持田盛二も、かつて千葉の武徳会で教師をしていた縁もあって顔を見せていた。

そこで、あたらしくできた撓競技と、全日本撓競技連盟のことが話題となった。

「千葉でもやろうではないか」

と盛りあがり、組織結成のための活動が論議された。

そして、県内各地の代表的な剣道愛好者たちにも声がかけられた。

五月二十八日に千葉市で、千葉県撓競技倶楽部結成委員会が開かれ、千葉県における組織づくりと撓競技を普及するための具体的な検討がなされた。

会議ではたちまち、

「われわれも撓競技の連盟をつくり、活動をはじめることにしよう」

ということで一致はしたのだが、困ったことがあった。

練習場所の確保をどうするか。剣道であれば、どこでもスペースがあれば、すぐに稽古ができる。

しかし、撓競技というのは、あくまで競技としてはこれまでなかったものである。剣道と異なる点がいくつもあり、それを知ったうえで練習しなければならない。そのため、一堂に会し、指導を受けたり、おたがいに研究する場が必要だ。だが、まだまだ公共の体育施設がとぼしい時代であった。

「八幡町公民館を使いましょう。なんとか使えるようにはからいますから」

出席者の中ではまだ若い長身の男がそういった。顔も長く、目がぎょろりとしている。いいかたがぶっきらぼうだ。

男は菅野儀作で、八幡町（のち市原市）の町長であった。年齢は、田辺治雄よりも一つ二つ若そうだ。

八幡町公民館というのは、町民にとって格別の愛着がある施設であった。菅野が地下足袋にゲートル姿で先頭に立って、町民たち総出でつくった公民館であった。

昭和二十二年に町長となった菅野は、みんなで学校をつくろうと呼びかけた。翌年、習志野にあった旧軍の施設をもらい受け、町民総出で解体した資材を運び、新制としてスタートする中学校の校舎をくみ立てた。

さらに菅野たちは、同じように公民館も自分たちでつくったのである。必要な備品は町民が寄附をし、建物の構築は専門の職人衆が手間賃だけで働いた。業者の請負にはせずに、町民が自力で建てたのである。木造二階建ての一階には、千三百人を収容できるホールがあった。

そこを、誕生したばかりの撓競技愛好者グループが定期的にあるいは優先的に使うには、やはり町長が特別にはからう必要があったのだ。

こうして八幡町公民館が、千葉県撓競技倶楽部にとって貴重な練習拠点となり、また、撓競技の行事があるときの会場となった。

この動きに合わせて、千葉県各地で撓競技団体の結成がはじまった。成東町では七月九日に成東撓競技クラブが結成され、九月三日には山武郡撓競技倶楽部が結成式をおこなった。同じ九月に、安房でも結成され、さらに年内に匝瑳でも結成された。

十一月になると、第一回からわずかに四ヶ月だが、はやくも第二回千葉県撓競技大会が、千葉市内の小学校で開催される。

そして翌年九月、八幡町公民館において、第三回千葉県撓競技大会が開催された。

七月二十八日午前、衆議院文部委員会が開かれ、文部行政に関する件が付議された。開会宣言のあと、委員長である長野長廣の指名で、委員の順造がまず質問に立った。

質問内容は、新学制ができてからの保健体育教育に関するものであった。

「保健体育の指導者の養成についてどのように考えるか」

からはじまり、終わりのところで、順造は、民主国家の体育は、国民の嗜好やよろこびに合致すべきという観点から、日本国内に起こってきているいろいろなディフェンシング・スポーツについてどのような見解かとただした。

これに対して、政府委員として出席していた文部省大学学術局長の稲田清助（のちに結成される全日本学生剣道連盟が、昭和三十二年にアメリカに学生使節団を派遣することになるが、このときの文部省事務次官が稲田清助）が、

「学校教育における武道の問題でございますが」

ときり出した。そして、

「われわれといたしましても、武道が新しい民主的スポーツとして改良された状況をよく検討しておりまして、機会が参りますならば、そうした改善せられた体育は、将来において学校教育に復活し得るものだと期待いたしております」

まさかと思う「武道」ということばが出た。そこで順造は、

「私は多少遠慮して直接的な言葉を用いませんでしたが、ただいまの御答弁で、武道という言

葉が明らかに出ましたから、その点についてお尋ね申し上げたいと思うのであります」

として質問をつづけた。

自分はいうつもりではなかったが、話が出たのでいわざるをえないことになった。日本の武道は、日本の青年の喜びであり立派な体育でもあるが、戦時中、戦技武道とされたこともまたたしかであり、禁止にいたった文部当局の事情も経過もわかる。

だが、民主的な学生活動を肯定している現代、個人の喜びとしてこの武道をやりたいというときに、それを禁止することできない。そうなのだのだが、極東委員会において「禁止」と断定されたものを、復興させようというのはおそらく不可能といっていい。

そこで、かつては戦技であったとしても、たとえばやり投げが戦技であってもオリンピックの競技になっているように、武道がまったくあたらしい合理化されたスポーツとして出てきた場合は、あたらしいとりあつかいをすべきだと思われるが、文部省としてはどう考えられるか。

こうたずねた。

これに対して稲田政府委員は、

「新しいスポーツとして、社会的に発達して参りましたもので、教育的観点において何ら支障ないと考えられます場合、学生、生徒がそれを愛好してやりたいという場合におきましては、これを教育に取入れることにつきまして、別段問題はないと思います」

（国立国会図書館　衆議院会議録情報第００８回国会　文部委員会　第4号）

ていねいに一礼をして、順造は自席にもどった。

十二時半前に散会すると、いっしょに出席していた井出一太郎が、

「笹森先生、思わぬ収穫じゃないですか」

とほほえんだ。

「文部省としての考えがおおやけにされたとみていいでしょう」

あとは、文部省から教材としていかがかという諮問を受けている委員会次第である。

午後には、順造から石田一郎をはじめ撓競技連盟の主要役員に、この日の文部省とのやりとりが報告された。

七月二十九日、山口県湯田の国鉄保健寮において山口県撓競技連盟の発会式がおこなわれた。全日本撓競技連盟設立にともない、山口県撓競技連盟として届け出たのであったが、ようやく全県的な団体として組織化することができた。

会長　　小沢太郎

副会長　山本孝喜　時政鉄之助

理事長　紙本栄一

を核に、ほぼ県下全域の剣道実力者たちが、役員に名をつらねていた。

ただし、このとき、山口県副知事である小沢太郎はまだ会長予定とされていて、実際には、会長は空席であった。

副会長の山本孝喜は六十歳、武道専門学校を出て、長府中学の剣道教師として勤務してきた。時政鉄之助もまた武道専門学校を出て、防府中学や山口高等学校の教師を経て、山口県の武道師範として県剣道界に重きをなしてきた。師範と呼ばれるが、年齢はまだ四十一歳である。

理事長の紙本栄一は、まもなく四十七歳になる。海軍の出身である。除隊後上京し、中山博道に弟子入りし、警察官となり剣道にはげんだ。昭和六年に帰郷し中等学校の教師となり、さらに昭和十八年には山口高等学校の助教授となっていた。

この山口県撓競技連盟というあたらしい組織をつくるシナリオを書き、始動の原動力となったのは、高嶋覚恵という三十そこそこの男である。高嶋は海軍を経て、戦後のこのときは山口県に勤務している男であった。

大正六年に新潟県の寺に生まれた高嶋は、地元の板倉町（のちに上越市）にある有恒学舎という私立学校（戦後に県立に移管され有恒高校となる）を出て海軍にはいり、横須賀にある下士官の教育部隊である海兵団に学んだ。

海軍時代に高嶋は、剣道を小野十生や大島治喜太に、そして居合道を山蔦重吉に習った。

大家の姿勢、技、風格が高嶋のまぶたに焼きついている。鍛錬を経た強さ美しさはすばらしい。こんな剣道を絶やしてはならない……

高嶋は、あたらしい剣道競技の計画をきくと、山口県における組織づくりに奔走し、自らも技術獲得に没頭した。

たしかに高嶋は役所の仕事はするが、それよりも「撓競技ひとすじ」といった雰囲気の男である。撓競技の会議や研修会があるときくと、時と金を惜しまずかけつけた。

高嶋の母校有恒学舎を設立したとき二十八歳だった創設者の増村朴斉は、「三学規五綱領」という八項目の校訓を残したが、その中に、

「志気充実にして操守堅固なるべし」

というのがあった。いったんこうしようと決めたことは最後までやり抜けよ、という教えである。

この高嶋の意気込みは、山口県全体に大きな刺激を与えたものであった。

撓競技選手として活躍した高嶋は、のちに全日本剣道選手権大会に四回、都道府県大会に八回、国体に十二回出場する。さらに全国の剣道専門家を東西で二分し、対戦させる全日本東西対抗剣道大会では、記念すべき第一回大会で西軍先鋒として出場し、快勝して西軍の勝利におおいに貢献したものである。

山口県発会式の翌日三十日には、山口市の山口警察体育館において「創立記念大会」として第一回の山口県撓競技大会が開催された。

山口ではこのように連盟が結成され、ただちに動きはじめたのであるが、このとき、東京から指導役として、撓競技連盟事務局長である石田一郎と、幹事である中野八十二がやってきていた。

この二人はともに東京高等師範の出身で、教え方もていねいで、それに実にタフであった。全県一丸となったとり組みで、山口県の撓競技は県下にすみやかに浸透するとともに、レベルも日本をリードするものとなる。

八月の日光夏祭りでにぎわう日光東照宮に、順造がやってきた、ここで、昨年につづいて日光武道大会がおこなわれるのだ。そして、東照宮葵館（のちに武徳殿。もともとは武徳殿と呼ばれていた）で開催される剣道試合とともに、いよいよ撓競技の「関東大会」が開かれることになっていた。

東照宮では、昭和四（一九二九）年から夏祭りの奉納として、武道大会を催してきた。日光東照宮の剣道大会は、順造にとってもなつかしいものである。

第十五回となる昭和十八年八月十七日の日光東照宮奉納武道大会に、順造は審判員としてやってきたものだった。当時はちょうど青山学院長を辞任したあとで、時間的なゆとりはあるころだ。小野派一刀流を順造から学んでいた鶴海岩夫もいっしょであった。

そして、翌十九年も第十六回として大会は開催される予定であった。ところが、いよいよ激しさを増す戦争のため、中止となってしまった。

戦後、この大会は、ほかの納涼行事とともにとりやめとなっていた。

それが、前年、昭和二十四年に日光武道大会として復活され、東照宮葵館で剣道、柔道、弓道の大会が挙行されたのであった。

このとき団体戦で優勝したのが、温心会Bというチームであった。戦前に大田原中学で剣道を教え、のちに満州にわたった鈴木温という男がいた。この鈴木温をしたって大田原中学の剣道部OBたちがつくったグループが温心会である。

鈴木温は、千葉県の安房中学から早稲田にはいり昭和六年に卒業した。戦後、満州からひきあげてきた鈴木は、早稲田剣道部のOBや学生たちと連絡をとり合って剣道の稽古をつづけるとともに、順造の活動を手伝っていた。

一方、栃木県にあっては、石田一郎と同郷である秋田県出身の小笠原三郎が、なんとかかつてのように剣道をやりたいものと、行動を起こしはじめていた。あかるく素直に行動する男である。

小笠原に二人の兄がいて、いずれも剣道界で活躍し、世間では、「小笠原三兄弟」と呼んだ。

長兄一郎は、警視庁の警察官となったが、八年ほどして剣道修行のため退職、高野佐三郎の修道学院に入門して剣道に没頭した。そののち秋田県巡査となり昭和二十二年まで勤務する。撓競技がスタートすると、秋田県連盟の中心人物の一人として活動している。

次兄二郎は、青森営林局に勤務するとともに、秩父宮殿下のスキーと登山のお供役をつとめるようになる。

二郎はまた、剣道でもすぐれた勝負力を発揮し、昭和九年に開催された天覧試合に、府県選士の部青森県代表として出場し、準決勝まですすむ。

だが、この才能豊かな二郎は、昭和十七年に三十三歳で病死してしまう。

さて、宇都宮にいる末弟の小笠原三郎だが、彼は進駐軍に相談し、

「剣道の稽古はおかまいなし」

という了解も得た。小笠原は自分でも道場を持っていて、稽古場所を求めて歩く必要はなかった。

こうして昭和二十一年、関東のうちではいちはやく栃木で剣道ができるようになった。

昭和二十四年の夏祭りを前に、

「剣道をやっても支障のない愛好者に呼びかけ、柔道なんかと同じように奉納試合をはじめた

いと思うのでありますが」

と、小笠原は、日光東照宮に相談した。

どうぞ、という回答があった。だけでなく、

「三万円をご支援します」

「！」

うれしさを満面にたたえ、準備を楽しむ小笠原であった。

「カップも買える、商品も買える、ほ、ほ」

明治四十四年に生まれ昭和四年から警視庁に勤務していた小笠原だが、昭和十五年の末に栃木県警察部剣道教師として赴任してきた。

このころ、早稲田大学ＯＢの玉利三之助が、保険会社の支社長として宇都宮にいた。あるとき玉利は、剣道に力を入れている栃木県警察部長から、

「玉利くん、本県の警察剣道を強くしたいのだが、いい指導者を紹介してくれないか」

と相談をかけられた。

玉利は、この人物が適任だからと、警視庁にいた小笠原を推薦したといわれている。

警視庁時代の小笠原は、警視庁での稽古のほかに、高野佐三郎の修道学院にもかよっていた。早稲田大学で高野門下の玉利もまたそこにきていて、小笠原という男の人となりを見てい

たものだ。

さらにまた東京高等師範の学生である渡辺敏雄も修道学院にやってきていて、稽古仲間となった渡辺と小笠原は意気投合する。生涯仲の良い小笠原と渡辺だが、戦後のこの時期、小笠原が日光の試合にかかわっていて渡辺と仲がよかったことが、こののち戦後日本の剣道界が団結することに大きく貢献する。

また栃木県には、佐藤金作、田熊新悦、それに大田原中学で鈴木温の指導を受けた堀内肖吉といった東京高等師範ＯＢがおり、さらに慶應義塾の出身者もいて、撓競技についても、積極的なとり組みがはじまっていた。

このようなことから、東照宮の大会では撓競技の試合も剣道といっしょに開催されることになった。東京都と栃木県から合計六チームだけの出場であったが、これから関東一円さらに全国に定着をはかっていくという願いもこめた「関東大会」であった。

八月二十日、午前に剣道の試合が開催され、午後に撓競技「関東大会」がおこなわれた。

このとき、順造は、柳生新陰流兵法第二十世宗家である柳生厳長を招いていた。

息子の延春をともなって名古屋からやってきた柳生厳長だが、もともと早稲田の近くに住み、東京を拠点に活動していた。

剣道の代表的流派の一つである柳生新陰流は、袋竹刀で稽古をする。順造たちが撓競技をはじめるときに、小野派一刀流とともに、もともと剣道ではこういう袋竹刀を使用していたという根拠にした流派である。

柳生親子の演武によって、出場者や役員は、かつての侍たちが稽古する様子をイメージすることができた。柳生親子にとってもこの日が、戦後初の公開演武となった。

午前におこなわれた日光久しぶりの剣道試合は、個人試合のみで、地元の者たちが三段以下と四段以上に別れて優勝をきそったものであった。

午後の撓競技関東大会のはじめにあたり、順造は、あたらしい撓競技は、もともと古来の剣道に原形があることを解説した。そして、撓競技の技術や特性について、さらに試合における所作について、具体的な動き方を説明した。

つづいて、モデル演技となる実技を、東與子と井上文子がおこなった。女性も楽しめる競技であるとアピールしたものであった。実技をおこなった東も井上も、もともとは薙刀の名手で全国にその名が知られていた。

3　薙刀支援

――戦後、薙刀はすっかり影をひそめていた。

剣道を復活させたり撓競技をあたらしくつくる活動をつづける一方で、薙刀の今後のあり方について、順造は薙刀関係者の相談に乗ってきている。薙刀はむしろ剣道よりも気の毒な境遇にあったのだ。

戦前、大日本武徳会の薙刀教員養成所でも薙刀は教えられていて、全国から指導者をめざす女性が熱心に修行していた。津軽の剣豪といわれ、順造と親友であった市川宇門の娘冬能《との》もここで薙刀を学んだ。

だが当時の薙刀は、剣道のように統一的なものではなかった。剣道は、いくつかの代表的な流派が約束ごとをつくり、竹刀で打突する鍛錬方法を「剣道」として共通のものとしている。参加しない流派はあるものの、いちおう統一的なものとみられている。

薙刀の場合は、こうした共通競技化または鍛錬化はなされておらず、同じ薙刀という名称のもとでそれぞれの流派ごとの体系を伝えていた。武道専門学校では、天道流という流派が教えられていた。明治この方随一の名人といわれた園田秀雄（女性）は直心影流であり、また東北では穴澤流が宗家として根を張るなど、いくつもの流派が存続していた。

そのため、禁止となった薙刀を復活させていくには、まずこうした流派間の連絡をとりあうことからはじめなければならなかった。

薙刀復活活動の東京における中心人物の一人が、この日東照宮で撓競技実技を披露した東與子であった。

東は、明治三十九年東京生まれ、実践女学校で園部秀雄に薙刀を習い、卒業後教師として園部の助手をつとめるとともに、複数の学校や団体でも指導するようになった。天地をゆるがすような掛け声で生徒を圧倒した東であったが、戦後は薙刀教師という職をうしなった。職業安定所に職をさがしに行き、そのまま職業安定所に就職した。

ときどき米軍の施設をまわり、薙刀の演武をしてみせる機会があったが、すっかり薙刀の火が消えていた。

そんなとき、撓競技というあたらしい競技ができた。剣道の新時代版のようだが、女性も男性と同様にすることができる。

「薙刀のみなさんにちょうどいいスポーツができました」

薙刀は、試合としては「異種」が前提である。すなわち、薙刀対薙刀ではなく、一般には薙刀対剣道であった。薙刀と薙刀が対戦する「なぎなた」競技は、戦後このあとのことだ。

もちろん薙刀も、個人が自発的におこなう分にはおとがめはない。東は、島田晃子や梶山武子らと、会場をさがしながら、稽古をつづけたものだった。池袋の幼稚園である忠信館や国鉄原宿道場などが稽古会場となり、そこでは剣道をやる者といっしょになり、東たちも撓競技の稽古をはじめた。

一方、東照宮で東の相手をする井上文子は、もともと京都で薙刀を修行し、このころ東京にいた。旧姓は美田村で、武道専門学校で薙刀を指導した美田村家の娘であった。武道専門学校薙刀六期生である。

薙刀は、刀との対戦やその他武器との対戦を前提としているので、薙刀の鍛錬をした者にとっては、日本刀や木刀はおなじみで、撓競技の間合いや打突のタイミングも同じようなものだ。

「ほう、撓競技は女もできるのか……」

「いや、なかなかの動きだ……」

見守る者のおどろきがあった。

東も井上も、武道の土台ができていて足腰の動きはうつくしい。

「関東大会」という撓競技大会は「関東」という名前がつけられてはいるが、東京から二チーム、栃木から四チーム、合計六チームのみの出場であった。

試合は、東京勢が強く、慶應主力の東京クラブA組と早稲田主力の東京クラブB組がリードし、優勝は大岡禎を大将とする東京B組であった。

大阪からやってきて間がない、通信社勤務の大岡禎は、このころひんぱんに順造のところにやってきて、撓競技についての考え方や、具体的な技などについて研究していた。自分の鍛錬と普及活動に没頭している。

福岡中学出身の大岡は、早稲田高等学院から早稲田大学にすすんだ。剣道三昧の日々が過ぎ、大岡が上京して六年目にはいった。父は、あるときおどろくべきことを知った。息子は大学三年だと思っていたのに、なんと高等学院六年だという。

父は詰問した。

「なんでえな……」

「はい、学問への情熱やみがたく……」

「大学へ行ってからでよろしいがな……」

「はい、念には念を入れて……」

どういう親子の納得があったかはわからぬが、昭和十四年、主将をつとめた大岡は大学を出た。京都で撓競技に熱心に取り組む和泉猛と同期である。

在学中に、皇道義会の錬士優勝大会の決勝戦で、大岡は中倉清と決勝戦を戦って敗れた。学生として破格の強さであった。

また大岡は、主将として早稲田大学剣道部のアメリカ遠征をおこなっている。

――こよなく剣道を愛し、剣道を楽しんだ大岡は、やがて早稲田大学道場で、学生たちとの稽古の最中に倒れ、一生を終える。

東照宮夏祭りの行事は、時間にしてみれば一日にも満たないものであったが、この日順造は大きな手ごたえを感じていた。


九月十日、京都、円山公園音楽堂。大粒の雨がぴたりとやんだ。

「ありゃあ、笹森先生、雨やみました」

「やみましたねえ。さいさきよいですね」

楽屋からステージに出てきて、順造は空を見上げた。脇に石田一郎がいる。

昼すぎ、からりと晴れて、重なり合うけやきや楠や緑濃い木々の葉をくぐりぬけ、降りかかる陽の強さが真夏のようだ。たちまち暑くなっていくだろう。

この日、

「京都しない競技連盟創立記念大会」

が、京都の撓競技連盟と地元京都新聞の主催で開催された。

十日後には辻久子のバイオリン演奏会が開かれることになっているように、もともとここは音楽用の会場で、撓競技というのはいささか場違いの感がないでもないが、あたらしい剣道の競技を見ようと、定員いっぱいの三千人が音楽堂に集まってきた。

順造もぜひにと声をかけられており、石田一郎もいっしょに東京からやってきていた。

全関西をしょって立つ心意気の野田孝も、大阪から駆けつけていた。また同じく大阪からは野田とともに、順造の早稲田の後輩である額田長もきており、さらに兵庫県から関西学院ＯＢの松本敏夫も出席していた。

京都は撓競技の普及に熱心にとり組んでいた。

あらたにつくる撓競技連盟の会長には、日本織維株式会社の社長である坂内義雄が就任することになった。

明治二十四（一八九一）年、神戸に生まれた坂内は、昭和五年に京都に居を定め永住の地とした。祖父は越後長岡藩士で、河井継之助指揮下で長州軍と戦った。

坂内は第五高等学校、東京帝国大学法科大学を出て、父が経営する球磨川水力電気の支配人となったのをはじめとして、電気、観光、交通、繊維など、いくつもの企業経営にかかわった。

戦後のこのころは、ちょうど京都で高山義三市長時代がはじまったときで、坂内の弟が高山市長と五高で親友だったこともあり、坂内は高山の後援会長となり、さまざまな分野で高山を支援していた。自分が役にたつことであればと、スポーツだけでなく、古典芸能、つり、社会福祉、囲碁など、広い範囲の団体の長に就任していた。

このように坂内は、奉仕の意欲は満々だが、撓競技も剣道もやらないし、あれこれと口も出さない。しかし、応分の資金は提供する。団体の長として、まことにありがたいところがある。

こののち撓競技連盟から剣道連盟となるのだが、そのときも会長はこの坂内であり、さらに全日本剣道連盟が発足すると、坂内はその副会長に就任する。あいかわらず口を出さぬ阪内だが、行事があればあいさつをするし、ときに京都に集まる全国の大家を全員招いて席を設けることもあった。

また、これから撓競技や剣道を、さまざまに支援する京都新聞社の社長は白石古京だが、白石の祖母の家が坂内の祖父と同じく、越後長岡藩士であったものだ。

京都の撓競技で中心になっている人物は高岡謙次で、市内で高岡胃腸病院を経営する医師であった。

石田一郎は、京都で撓競技の紹介行事がおこなわれることを、ことのほか喜んでいた。

「笹森先生、京都の先生方が力を入れてとり組んでいただけるとありがたいですね」

武徳殿のある京都は、剣道家にとっては、シンボルのようなところである。武道専門学校があったことから、いわゆる大家も多い。撓競技がこの京都の地でどう扱われるかで、地方への影響が左右される。

「石田さん、高岡先生は、京都の大先生方も十分に理解を示されていると報告されているのですが……」

多少、順造にも心配なところがあるようだ。

「でも宮崎先生が指導に立っておられるというから、大丈夫だと思いますよ」

東京でひらく撓競技の検討会には、高岡は遠くをものとせずやってくる。学校で、剣道の授業やクラブがほかのスポーツに入れかわってしまうと、そのあとで剣道をあらたに加えようとしても困難が多くなる。だから、撓競技で、時間の確保をまずしておくべきだという思いは、高岡も同じであった。

京都の創立記念大会にやってきて、順造たちはいささかおどろいていた。武道専門学校の教授だった主な専門剣士たちが、高岡のいうとおり撓競技に理解を示しており、率先して指導をしている者もいた。

京都を代表する存在である小川金之助は、大日本武徳会の役員となっていたがゆえに、追放となっていたが、解除後は、撓競技の活動をよく理解し見守ってくれていた。

同じく武専を代表する宮崎茂三郎とその義理の兄である四戸泰助をはじめ田中知一、黒住龍四郎、釣力、奥山麟之助、岳田政雄といったそうそうたる実力者たちも普及に意欲を燃やしていた。それに野入貞雄、梅原貫靖、麻田菊夫らを中心とする多数の教員たちが、撓競技について自主的な勉強会を開催するなど、大きな盛りあがりを見せていた。

とりわけリーダー格である宮崎茂三郎の存在は、京都の指導者たちを勇気づけた。

宮崎は順造よりも六つ年下、明治二十五（一八九二）年の生まれである。早稲田大学剣道師範であった北辰一刀流の内藤高治が、京都に専門家養成の学校ができるのにともない、ぜひにと招聘されて早稲田を去ったものであったが、その内藤高治の最初の弟子が宮崎である。宮崎は内藤の家に住み込んで剣道に励んだ。

大正六（一九一七）年に武道専門学校助教授についたあと、いったんはふるさとの三重県に帰り剣道の教師をしていた宮崎だが、師の内藤に呼ばれる形で、昭和二（一九二七）年、京都の武道専門学校の教授となった。二年後、内藤が世を去り、宮崎は、内藤門下の代表的指導者となった。

昭和十三年剣道八段、翌十四年剣道範士となった。

終戦後、剣道ひとすじに生きてきた宮崎は職をうしなった。

「わたくしは、裏も表もなく、ひたすら心を練り、技を練り稽古をつづけてきた。生活も正直であろうとしてきました。戦争に負けて生きづらい世の中になったからといって、その生き方をかえることはできません。人様がどうごらんになろうとも、わたくしの生き方をします」

という宮崎である。

しかし、家族といっしょに生きていかなければならない。

宮崎は、荷車をひく日雇いの労務者となった。

ほおかぶりをしても六尺の大男だ。体型と身のこなしでわかる者にはすぐわかる。多数の剣道人が、黙々と荷車と歩む宮崎を目にした。

うわさをききつけた者が宮崎に就職先を紹介してきた。宮崎をわが社に招きたいと声をかける剣道人経営者もいた。

しかし宮崎は、

「わたくしは、口でなく体で生きてきた人間です。今さら商売はできません」

と、うける気はなかった。

それでも宮崎を案じる者が、ある民間会社の警備員の仕事をすすめた。

「ああ、それならわたくしにできそうですなあ」

あたらしい職場ができた。宮崎はきまじめに職務にはげんだ。

そして宮崎もまた、このままでは剣道が剣道としてのちの世代に伝わらないという危機感を持っていた。

いつかは、進駐軍による日本占領はとけるかもしれない。そうなれば、剣道もまたできることだろう。でも、それはいつのことだ。

わからぬいつかのときを待っていては、指導者がいなくなってしまう。個人として剣道はやれるのだといっても、それだけではやがてほそぼそと伝えられる伝統芸能のようになるだろう。

それに、世間の風も剣道にとってひんやりしたものになってきている。

「あんたまだ剣道なんてゆうてはんの」

「あんな封建的な剣道がのうなってせいせいしたわ」

教育関係者でもこんなことをいっているではないか。アメリカやGHQだけが問題なのではない。

やはり、国中で堂々とやれるものでなければならない。その核は学校だ。学校でできるのは撓競技だ。

「完璧ではありません。撓競技は、問題もいろいろありますけど、剣道のあり方の一つです。袋竹刀でやった時代や流派もありました」

こうして宮崎は、撓競技の指導者として、行動を起こしはじめていたのである。

普及活動をしてまわる高岡たちにとっては、宮崎の存在は、百万の味方を得たようなものであった。

この円山音楽堂における京都の発足記念大会は、共催する京都新聞が前日に、開催予告と入場無料の案内記事を出していたこともあり、多数の観客が集まった。人気女優も出場するという前宣伝の効果もあった。

中心となって準備をすすめてきた大会委員長の高岡謙次の挨拶につづいて、順造が祝辞を述べた。

ステージから観客の顔がよくみえる。観客の顔はお日様の方を向くのでまぶしそうではあるものの、あたらしい競技をはやくみたいという好奇心があふれていた。

選手や観客にも競技がよくわかるようにと、教員を代表する立場の野入貞雄が競技説明をおこなって、いよいよ開始となった。

競技で選手として登場したのは三十数名、うち女性が七名であった。男性対男性、女性対女性、男性対女性といった組み合わせで、合計十九試合がおこなわれた。

「女優さんもしはるんやってえ」

「おとこより強いらしいで」

女性では、前月には日光でも実技を披露した井上文子が出場し、京都に住んでいる榊田栄と対戦した。相手の榊田も、やはりもともとは薙刀の選手であり、婦人警官四姉妹として京都中で知られていた。

榊田栄の姉が榊田八重子で、八重子はこの日二試合に登場し、二試合目がこの日のトリであった。相手は宮城千賀子という有名な女優である。宮城は、片岡千恵蔵主演の「宮本武蔵」にお通役で出演し、さらに「歌ふ狸御殿」などのヒット作に出演していた。

こうして京都の人たちに、あたらしい競技が紹介された。

この撓競技なら、小学生でも無理なくできる。さらに、女性も抵抗なく参加できる。観客たちは、そういう印象を持った。

大阪からきている野田孝もそう確信していた。

野田は、剣道というすぐれた人間形成の道を絶やしてはならない、なんとしても復活させなければならないと思っていた。一時は、涙がとまらぬほどにくやしがっていた野田だが、

「よき伝統がつぶされたままでは、日本はあやうい。また剣道ができるように生涯かけて力を尽くそう」

そう、同志たちと誓っていた。


大きな盛りあがりのうちに京都の行事は終了した。

榊田八重子が順造のところにあいさつにきた。京都府の婦人警官である。

「榊田さん、どうもありがとう」

「とんでもないです。笹森先生、何でもやりますし」

撓競技の役に立つことなら何でもやるという顔である。

順造と京都の榊田は、よく知った間柄である。

——戦中のことだ。

榊田は、大阪で公立女学校の薙刀教師をしていて、その指導力は学校関係者のあいだで高く

評価されていた。

榊田に持論があった。教材とする薙刀は、流派をこえた統一的な形であるべきで、薙刀対薙刀の対戦にすべきであるというものであった。

それまで薙刀というのは、学校によって教える流派が別で、しかも薙刀対剣道の対戦がふつうであった。

「薙刀の稽古と薙刀の試合で完結させてこそ薙刀としての教材だ」

榊田は思うだけでなく、それを文部省にも具申していた。

榊田の考え方は、教材として薙刀を広くとりいれようとする文部省の方針に近かった。そのため、薙刀を学校教材に導入するにあたり、榊田も招集され、文部省において軍もふくめ武道関係者や教育関係者による会議が開かれた。

その席で、ある軍人が、こんな薙刀は実戦の役に立たないとけなした。

何をいうか、われらが薙刀は教育だ、人殺しの道具ではない、そう榊田はいい返した。

彼女は興奮していた。

「この戦争に薙刀を必要とするようなら、日本はもうおしまいだ」

といった。

三十を出たばかりの女の剣幕に座がしらけた。軍人が別格のような時代だ。軍人のたたりをおそれて、榊田のそばによる人間がいなくなった。

そんなとき、出席者の一人がやってきて声をかけた。

「榊田さん、あなたのいうとおりだ……」

順造であった。

あなたには私心がない。

剣道も薙刀も、もう実戦の道具ではない。実戦がなくなった時代になにゆえ剣道や薙刀が尊いか、それは人間形成つまり教育材料として優れているからです。そういうことを、初対面の榊田に順造はいった。

「力になりますよ、榊田さん」

文部省の要請で、榊田が薙刀授業の要目を作成することになっていた。

要目をつくるには、薙刀各流派の特徴をつかむとともに、各流派に共通する原則を把握しなければならない。

以来、ときどき順造は榊田の相談にのった。そして順造からのアドバイスは、榊田にとってはまことに心強いものとなった。

順造自身が直元流という薙刀（長刀）を鍛錬しており、さらに武道、武術の古流宗家や伝承者とのつながりが多く、またそうした者たちから信頼もされていて、順造の紹介ですぐに彼らは榊田に会ってくれた。

やがて戦争は終結し、榊田の要目はほとんど日の目をみることはなく、薙刀もできなくなった。

だが、榊田八重子は、薙刀のピンチに立ち向かっていこうとしている。

このピンチのためにこそ薙刀を修行してきた、そんな空気を発散させながらなんとか薙刀を再興させようと、婦人警官たることに全力を尽くし、薙刀のためにできることはなんでもとり組む榊田である。


九月十日、順造のふるさとである弘前で、弘前撓競技倶楽部（もともとは剣友倶楽部と称した）と弘前新聞社共催による、「第一回青森県下しない競技大会」が、護国館を会場に開催された。予定をきいてはいても、順造は京都の大会に出席したため、駆けつけることはできなかったものだが。

準備をすすめてきた者たちに、第一回でもあるしできるだけ派手に宣伝してという気持があった。しかし、剣道自体はまだ禁止状態に近いものであり、撓競技とはいうものの青森の進駐軍に目をつけられては困るという配慮から、ストレートに撓競技ということも全面に出すのを見合わせることとなった。

そこで、名称を「慰霊祭」、つまり弘前におけるこれまでの剣道界における功労者を慰霊する集まりであるとし、慰霊祭のあとに行事の一環として撓競技をおこなうことにしたのだ。

まず護国館に設けられた祭壇に向かい、工藤虎雄がのりとをあげた。得意中の得意だ。前夜、大会役員たちがつくった祭壇だ。

市川宇門をはじめ十人の名をあげ、功労をたたえ、また、われらがあたらしく撓競技によって鍛錬し平和国家を建設していくと述べたのである。

大会は青森が優勝した。

だが大会では、ハプニングが続出して、すぐに撓競技の根本的欠陥があきらかになった。

——袋竹刀がたやすく折れてしまうのだ。

大会中、合計三十六本が折れたという。

袋竹刀が破損しやすいということは、のちのちまでも撓競技最大の課題となった。

選手の中には、自ら竹を選定し、たくみに念入りなつくり方をする者も出てきた。かつて剣道の専門家といわれた者などは、部品の一つひとつにいたるまで器用につくり、丈夫さと使いやすさをそなえた袋竹刀を実現していた。

しかし、完成品を買ったりもらったりして使わざるをえない者は、試合中にこわれても自分で修理することはできない。

そのため、選手の袋竹刀がことごとくといっていいほど破損したため、やむなく大会そのものが中止になった例ものちに出てくるのである。

これもまだ戦後の混乱なのか、おかしな事件があった。

昭和二十五年九月二十七日、朝日新聞紙上に、地下潜伏中である日本共産党幹部の伊藤律と朝日新聞記者とが、兵庫県の山中でひそかに会談したという記事が載った。読んだ者たちも警察もびっくりした。

三十日になって、びっくりしていた者たちはもっとびっくりした。

大ニュースは実は大嘘だったのですと、当の朝日新聞が謝罪したのである。

嘘を書いた記者は解雇されたうえ、当時の法律に触れるとして逮捕され、有罪となった。記者の上司である神戸支局長は退職、大阪本社編集局長は解任された。すばやくきびしい処分がなされた。

「笹森先輩、長谷部さんたいへんですねえ。みんなで激励しますか」

毎日新聞の仁藤正俊から電話がきた。

「うん、まあ、そう……仁藤くん、まだ長谷部くんはいそがしい最中だと思いますよ」

どうも順造の返事がはっきりしない。

「うーん、たしかに。それじゃあ、笹森先輩、落ち着いたころにまた、諸先輩方にご相談ということで」

「それに、仁藤くん、そもそも自社の記者が嘘を書いたのが発端なんだからねえ」

「……」

「だから、激励といっても長谷部くんがいさぎよくうけられるかねえ」

「……」

朝日新聞社長は、長谷部忠といった。早稲田大学剣道部のOBで順造の後輩、このとき五十歳である。

仁藤も早稲田の剣道部出身で、長谷部よりも十四、五歳下であった。他人が困ったようなときにはすかさず助け船を出す。頭の回転もいいが、たぎるような義理、人情、浪花節であった。インチキ記事を載せた朝日新聞は、村山家と上野家により支配されている会社で、この二家を社主と称していた。終戦時には村山家から社長が出ていたが、追放となった。そのときに特進のような形で長谷部がトップマネジメント層に加わり、さらに労働組合からの支持もあって、長谷部は社長となった。

社長の座はハードワークである。それに、このときの報道機関にとってGHQという、別格のわずらわしい存在があった。そういう事情を仁藤もよく承知していた。

しかし、長谷部もタフな男であった。

「楽しくはないが、社長の役目だろう」

といって、平然とＧＨＱとの交渉にあたっている。

これまでも、順造や、あるいは稲門剣友会の関係者が、剣道の逼塞状態からの打破のため、話し合いの機会を設けたり、剣道部支援の相談会を呼びかけることがあると、激務の中で時間がやりくりできれば、律儀に顔を出していた長谷部であった。

これからも激動の長谷部である。

一方の仁藤は、剣道をめぐってさらに順造との関わりが強くなるとともに、新聞界特にスポーツ分野において異色の活躍をしていくのである。

4　飛躍

昭和二十五（一九五〇）十月二十八日、名古屋市の名古屋電鉄本社会議室において、全日本撓競技連盟技術委員会と用具委員会が開催された。

全日本撓競技連盟が発足して半年あまりが経過しているが、すでに普及している競技の全国組織をつくったのでなく、これから競技そのものを仕上げていこうという段階での発足であり、まだ試行錯誤の段階といってもよい。問題点や疑問点が次々に指摘される。中でも用具については、あたらしい発明品に近いもので、課題が多い。

順造や石田一郎や中野八十二らが相談をかけてきた、尚武堂の大河内健太郎も出席して思うところを述べている。

武道の禁止で、戦後の武道具業界は休業状態になっていたものだが、大河内は、戦後広まりつつあったフェンシングの用具をつくりはじめた。撓競技の防具も、大河内のような、剣道とフェンシングの両方の用具をつくる者がいたからすみやかに開発できた。

大河内は熱心な男である。父も防具商という事業を愛した人物だったが、大河内はフェンシングや撓競技というあたらしい分野が、これからの日本剣道の存亡に大きな影響を与えることを理解し、さまざまな条件をクリアしようとしていた。

順造たちと新用具の開発を討議し試作し実験をするだけでなく、撓競技に関係する行事があると、大河内もそこに出かけて行き、使われている様子を実際に自分の目でたしかめる。出場者からもなまの声をきき、さまざまな情報をあつめる。問題点が発見されたり、疑義が生じたときなどは、昼夜を問わず何回も順造の自宅にやってくる。

撓競技を全国的に普及させようとするなら、全国どこででも、撓競技用具を提供できなければならない。そのため、大河内が中心となって全国の業者に呼びかけ、製造と販売のネットワークづくりもすすめてきた。

二十九日、愛知国体にあわせて企画された、全日本撓競技連盟主催による、「第五回国民体育大会協賛全日本撓競技大会」が、名古屋電鉄本社講堂において開催された。「第一回全国撓競技大会」という名称もつけられた。全日本撓競技連盟設立後、初の全国大会である。

この春に全国組織ができたばかりで、まだ撓競技という名称も周知されたわけではないが、それでも全国二十三の都道府県から参加があった。

前年、全国剣道競技大会が開催され、そのあとの剣道ルール研究会において、なんとかして、愛知国体に出場しようと意気があがっていたのであったが、「剣道競技」という名称でつまづいてしまった。ＧＨＱは、剣道を禁止したのであるから、競技の名称に「剣道」がついたものを許可しないという。

それに、そもそも都道府県ごとの組織化もできていなかった。

「全国的な組織も持たない団体は国体どころではないですよ」

という日本体育協会の姿勢もはっきりしている。多くの県では、なんとかして組織化しようという考え方であったが、県によっては、核となる人間がいなかったり名乗りをあげようとしなかったり、さらに、いまだにＧＨＱににらまれるとこわいからと、剣道関係のことに一切かかわろうとしない剣道家がいたりした。

こうした事情から、国体参加は断念せざるをえなかったのである。

だが、この年昭和二十五年の国体から、柔道と弓道は、正式種目として参加することになっていた。

——剣道の先行きが不透明であれば、なんとしても撓競技が参加を果たさなければならない。国民の意識の中に、剣の道は民族の遺産であることをしっかりとどめておかなければならない。とりわけ名古屋を中心とする愛知県や中京地区の関係者は、この名古屋における撓競技の大会を突破口にして、撓競技を全国に広めたいという思いが強い。

名鉄本社の施設を提供した土川元夫は、大会の本部長として陣頭にあった。土川は、撓競技の意義を理解し、それを説き、物心ともに全力で支援をした。大阪の野田孝ともよく連携をとっている。

さらに、かつて専門剣士といわれた愛知県下の指導者たちも、団結して撓競技の導入と普及にとり組み、楽でない生活の者が多かったが、めまぐるしく普及に動きまわっていた。大会開催にあたっては、そろって役割を分担し、撓競技初の大試合を運営したのであった。

大会の審判長は、石田一郎である。昨日の委員会において、この大会で予想される問題についてあらかじめ検討したものだが、それでもどういう問題が出るかわからない。いよいよ全国規模での試合が開けるようになったというれしさと、果たしてうまくいくかという不安が同居していた。

　この大会では、ボクシングの試合場のような、七メートル×六メートルの試合場がつくられていた。のちの剣道試合と比較するとやや狭い。リングにはいった選手は、うしろのロープがなんとなく圧力のようになり、否応なく攻めまくらないといけないような気になってくる。たくみに間をとって時間をかせぐといった戦法は通用しないようだ。このののち、やはりなじまないとしてこのロープは廃止される。

　これまで剣道大会を見慣れていた者からすれば、リングの中で袋竹刀を持った選手が戦うというのは、異様な感じを受けたものだが、試合が進行するとともに、大会の熱気に吸いこまれていった。

　また、試合時間が厳格に区切られたことも、あたらしい競技ということを印象づけた。延長となっても、二分という時間が決められていたことはおどろきであった。

　大会会長である順造は、ほとんどの試合について熱心にメモをとりつづけた。

　大会は一チーム三人制による団体試合、男子個人選手権、女子対抗試合五組という試合構成であった。

　団体戦は岐阜県Aが兵庫県に勝って優勝した。

　岐阜県Aは、先鋒・白木健、中堅・赤堀金太郎、大将・清水義男で、対する兵庫県は、先鋒・良田成夫、中堅・島田喜一郎、大将・松本敏夫である。兵庫は敗れたものの、内容が充実し、これからもリーダーシップをとっていくだろうと予測された。

門脇公克、小笠原三郎、小仲澤辰男、岡田太郎、島田喜一郎、紙本栄一、下村富夫ら二十名ほどが出場した個人戦の優勝は、岐阜県Bで出場していた浅川春男である。

気力あふれ、体のキレがよく、まるで自分の手のように袋竹刀をあざやかに使う男だ。

浅川春男は、大正八（一九一九）年に岐阜県本巣村に生まれ、のちに岐阜市に移り住んだ。小学生時代にはじめた剣道の非凡な才能を見込まれ、特待生として岐阜農林学校にはいり、活躍する。

浅川は、岐阜農林を卒業後代用教員となり、さらに資格をとって教師として小学生を教えるようになった。

そして昭和十四年に陸軍に志願し、剣道の力量を認められて、主として軍人を相手に剣道の指導者として過ごす。浅川は、終戦のときは南方にいて、昭和二十一年に岐阜に帰ってきた。しかし、定職もなく、剣道もままならなかった。

だがそれでも浅川は、剣の道を断念することはなく、やがて撓競技のことが伝わると、熱心に研究を開始していた。順造とは親子ほど年齢が違う浅川であるが、これから長い同志としての交流がはじまる。

女子五組の対抗戦に出場した選手は、ほとんどがかつては薙刀の選手であった。八月の日光武道大会に出た東與子や井上文子、九月の京都円山音楽堂における記念大会で、女優をさそってきた榊田八重子やその妹の榮などである。

——女子の試合を観戦する者たちは、やがて女子の剣道選手があたりまえになる時代がやってくることなど、まだ誰も思ってもいない。

翌十月三十日、愛知県撓競技連盟主催による、これも第五回国民体育大会協賛と銘打った「全国剣道有志交歓試合」が、名古屋市の栄町角にある日活スタジアムで開催された。ここは露天リングであるため、雨が降ったら笹島の鉄道管理局道場に移動することになっていた。

この日は月曜日にもかかわらず、前日をこえる三百名もの選手が集まり、一日中熱気にあふれた。

プログラムでは「全国剣道有志交歓試合」という名称であったが、関係者はもっぱら「全日本東西対抗スポーツ剣道大会」とも呼んでいたもので、勝ち抜きによる東西対抗戦であった。また、全国とはいうものの、圧倒的に近県の選手、とりわけ愛知県が多く、県内も東西二つにわけていた。

審判長は、のちに剣道十段となる中野宗助であった。

この試合は、もともと撓競技として計画された。しかし、この時期、撓競技用の防具がまだ間に合わない。大勢の選手をくり出した愛知、三重、岐阜のすみずみまでは行きわたってはいないのだ。

そこで、撓競技と剣道の折衷型の試合になった。スポーツ剣道という名称もそうした背景を考慮したものだ。選手は、剣道着と袴に剣道の防具を着けて、袋竹刀を持って、制限時間内で三本勝負でたたかうことになった。

いかにも過渡期という印象の大会であった。

十一月一日、東京にもどった順造と撓競技連盟の役員や幹事らは、名古屋での大会の検討会を開催した。

大会が盛況であったか、うまく運営されたかということよりもさることながら、撓競技の理念にそったものであったかどうかが入念に検討された。

初の全国大会ということもあり、会場設営方法において本部事務局と地元とのあいだで若干のくいちがいがあったものの、諸氏の尽力で円滑に終了することができた。一方で、撓競技がめざすところのものが実現されているかは、大会でこそ確認されるものである。

このような順造のあいさつのあと、熱心な議論がはじまった。

「大会はスポーツにふさわしい民主的な雰囲気であったか」

「危険な様子はなかったか」

「ルールは理解されていたか」

「審判ぶりは明朗であったか」

剣道試合とは別の重要な視点があったのだ。

「会場に張ったロープはじゃまだ。かえって危険じゃないか」

「審判の旗の所作はもっと統一して徹底しないと」

順造や石田が気にかかっていたことがやはり指摘される。


静岡では十一月一日に静岡県撓競技連盟が設立されていた。会長は神田博、理事長は桑原進である。

静岡県における撓競技は、まず浜松がとり組んだ。

武道専門学校出身の長峰晃が浜松工業学校の教員でいて、彼のところにやってきて剣道の稽古をする者が多かった。そこで長峰のもとで撓競技もいちはやく組織化し、全日本撓競技連盟が発足するとすぐにこれに加盟したものであった。組織運営については、理事長となった桑原進がすぐれた力を発揮していた。

また、日本楽器製造や国鉄浜松工場などの事業場においても、いちはやく愛好者を組織化して撓競技連盟発足に加わっていた。

浜松につづいて、清水市（のち静岡市）において撓競技がはじめられた。ここは、戦後の剣道受難がつづくころから、勝瀬光安という剣道家や慶應義塾を卒業して間がない荒木六弥をはじめ、われらの力で剣道を再興しようという熱意あふれる者が多かった。勝瀬は、水鴎流という居合の伝承でも知られていた。

こうした流れをうけて、永峯晃、桑原進、勝瀬光安、それに戦前からの静岡県剣道を代表する剣道家である力信流宗家の大長九郎（のちに静岡県無形文化財）、明治維新後静岡に一時期住んだ山岡鉄舟ゆかりの剣道場である春風館を再興した小倉孝一、そして大日本武徳会の合気道範士として知られる武道家の平井稔らが発起人となって設立された静岡県撓競技連盟であった。

「戦後の荒廃せる人心に一脈の清風を吹きこむ計画であります」

設立趣意書の一文に、彼らの心意気があらわれていた。

そして、名古屋で開催された国民体育大会協賛試合に静岡も出場した。先鋒・川村忠雄、中堅・持山晧司、大将・小木曽千のメンバーであった。

先鋒の川村忠雄は、大いに張り切っていた。川村は静岡商業から早稲田に進んだ。

「なんたって笹森大先輩は、おれたちにとっては神様のようなもんだから」

と、必死であった。

大勢の剣道部ＯＢがいる静岡商業では、まとめ役の一人である外村武治が先頭になり、撓競技の研究と指導をおこなってきた。川村もいっしょに熱心に練習してきた。外村はあと何年かすると静岡県剣道連盟の事務局長をつとめる。

川村は、これから静岡県の剣道界における中心人物の一人となり、運営と指導の第一線で活躍、静岡県剣道連盟理事長をつとめ、また、静岡大学剣道部師範として育成にもたずさわることになる。

静岡県撓競技連盟の発足にあたり、会長に就任したのは、順造と同期衆議院当選の神田博である。新潟県出身の神田は内務省の役人となり静岡県庁に勤務し、そのまま静岡にある工場の工場長に落ち着き、そこで選挙に出た。

同時代の政治家だとはいっても、神田という男は、順造とはタイプちがい、浪花節を地でいくような男であったが、あたらしい活動をはじめると、いつの間にかチームをまとめてしまうような雰囲気があった。

撓競技が浸透しはじめたこの時期、青森県政界はもめていた。

順造が渦中の一人であった。

昭和二十二年四月五日、青森県初の民選知事選挙で、津島文治が当選した。前年、順造とともに衆議院議員に当選していた津島だったが、一年たらずで辞め、知事選に出たのである。津島は金木町出身、作家太宰治の実兄である。

津島と順造とは懇意であった。もともと早稲田の同窓ということで東奥義塾長時代から交流があったのだが、順造が青山学院長になったあと、津島の娘である陽が女子専門部に入学してきた。

陽は、卒業してすぐに結婚するのだが、その結婚相手というのは、東奥義塾を卒業し早稲田を卒業した田澤吉郎であった。東奥義塾時代、田澤は水泳部で活躍した。また、体調のゆえもあり、一年間休学し、さらにまた生徒のストライキ騒動にからむなど、塾長であった順造とのかかわりが強かった。

一方、知事の津島、というより青森県には、大きな問題があった。当時多くの県では財政が逼迫していたものだが、青森県もやはり金がない。県がなかば倒産状態にあって、連日津島知事は頭を痛めていた。

苦肉の策が「リンゴ税」というものであった。青森名産のリンゴに、一箱あたりいくらという税金をかけたのである。全国一の生産量をほこるリンゴであるから、たしかに県にとってはありがたい収入になった。しかし評判悪く、業者は猛反発であった。

しだいに反対運動が強まり、知事への攻撃がはげしくなった。とうとうリンゴ税は廃止になってしまった。

やがて津島は体調をくずし、昭和二十五年の九月に、辞表を出した。

だが、辞表までは誰もが予想していなかった。ちょうど順造が演説会で青森にいるときであった。

まさか辞めるとは……さあてあとをどうする、ということで大騒ぎになった。あわてて各党とも候補者さがしにかかった。

何日か話し合いがつづいて、

「適任がいる！」

「笹森順造だ！」

そういう声が出るようになった。

順造への打診がはじまった。

ところが、順造には応じる気配がまったくない。

そのうち社会党でも、

「笹森順造が出るのであればわが党も推す」

といいはじめた。

それでも順造はことわった。

順造の理由を要約すると、

「津島くんと自分はむかしから仲がよい。彼がやってきたことは、いろいろいわれるが無理からぬことである。自分にはそれを否定する気はなく、彼にかわって自分が知事にという気もまったくない」

こういうものだ。

「こりゃ、だめだ」

結局、順造やほかの地元議員の説得もあり、知事選には辞めた津島文治がまた立候補して当選した。


各地では、撓競技をめぐる動きが活発になっている。

十一月十二日、アメリカ教育指導団、ＧＨＱのＣＩＥ（民間情報局）教育部長、体育課長ほか十数名が日比谷公会堂において撓競技を観覧し、批判懇談会が開催された。

ここでも判定における審判の明朗性など、これまでつくりあげてきた撓競技の特徴が、スポーツとしてやはり必要な条件であることが再確認された。

同日、文部省主催全国都道府県体育主管課長会議が開催され、撓競技の実演もおこなわれた。撓競技関係者にしてみれば、はやく学校教材として認めてもらいたいところだが、「剣道すなわち戦前の悪い日本」という印象がよほどしみこんでいるのか、文部省で開催される会ではかならず強い反対意見が出ていた。

十一月二十三日勤労感謝の日、福岡市記念館において、「福岡県・鹿児島県対抗シナイ競技大会」が開催された。福岡県撓競技連盟が主催し、西日本新聞社が後援した。

三十五名もの選手でそれぞれのチームが編制され、対試合と勝ち抜き試合の両方をおこなうという、一大決戦である。えりすぐりの精鋭が集結した。

福岡軍は、廣光秀国、大江功、佐伯太郎、金子誠、森田喜次郎、谷口安則、吉武六郎、岩永正人、また鹿児島は、中倉清、重岡昇、酒匂久、夏迫丸喜、松崎哲夫、會田強という具合に、日本剣道界でも屈指の剣道家、指導者をそろえていた。

——そしてこのころから福岡あたりではある流行がはじまる。

「剣道はいかん。しかし撓競技はおおっぴらにできる。ならば、」

と、大会などの行事名に撓競技をうたい、中身は実は剣道という試合がおこなわれるようになる。

「この大会はどっちかな……」

と、両方の準備をして大会にやってくる者も出た。

かくれみののようでもあるが、無理からぬことでもあった。用具も手にはいりにくく、競技のルールもまだ浸透していない。

九州のブロックとして、木曽重義のもとで撓競技を本格的に普及するための検討をはじめるのは、翌年の八月からである。

北海道では十一月二十六日、札幌市の札鉄職員会館で、全北海道撓競技連盟主催による「第一回北海道職域別撓競技大会」が開催された。このころの北海道の一大産業である石炭関連企業と、国鉄の事業所からの参加が主体である。

十二月二日、横浜市の反町にある神奈川体育館で、第一回市民撓競技大会が開催された。横浜市と横浜体育協会、それに横浜撓競技連盟の主催であったが、小野政蔵という人物が中心となって大会にこぎつけたものだ。

明治三十五（一九〇二）年に佐賀県で生まれ、中学卒業後横浜に出て神奈川県警察官となった小野は、やがて剣道指導を専門とするようになる。関東大震災における救助活動で、善行表彰を受けたこともある。

戦後、警察をやめた小野は、米軍の廃品回収の仕事をはじめるとともに、なんとか剣道ができるようにと動きまわった。さいわい商売が順調にいった小野は、もうけの大半を剣道の復活につぎ込んでいた。

そして小野は、自宅に道場を建てた。屋根も天井もない露天道場である。しかし、剣道をしたくてたまらぬ者たちは、さそい合ってつどったものだ。

小野は、そこに専門家たちを呼んだ。柴田万策、渡辺敏雄、中野八十二、羽賀準一ら、終戦後の東京にあって剣道不遇の中でも稽古をつづけていた剣道家たちだ。やってきた一流の剣士に、稽古のあとビールを出し、帰るときにはみやげを持たせた。

撓競技が誕生したときも、小野は率先して参加し、普及に尽力した。全日本撓競技連盟の理事となっていた。

このあともひつづき自力で大会を開催する小野である。

十二月十七日、長崎県撓競技連盟が設立された。長崎を代表する指導者である財津勝一が主導している。

高野佐三郎の内弟子として東京で修行した財津勝一は、順造より一年はやく教士となった専門家で、かつて武徳会長崎支部教師であった。父の種造も剣道範士で、神道無念流の使い手として長崎を代表していた。

長崎市は、広島市につづく原爆投下により壊滅的な打撃を受けていた。財津勝一もまた原爆により妻をうしない、自らも重傷を負っていた。多くの剣道関係者も被害を被っていた。

こういう中でも、ぽつりぽつりと剣道の稽古をはじめようという者が出てきていた。

そこに、撓競技が誕生し、順造が各地に参加を呼びかけてきたのだ。

財津は、これはいいといった。

「撓競技は、子どもたちにはうってつけだ。長崎のこれからをになう子どもたちを、この撓競技で鍛えよう」

撓競技の簡便な防具、しなやかな袋竹刀の開発を、財津は積極的に評価していた。

原爆で壊滅した長崎の復興は、長いながい道のりだろう。強い心身をつくり、長崎のわれらはタフに生きていかなければならない。

すでに全日本撓競技連盟理事として活動する坪内八郎は、この財津勝一の弟子である。長崎商業学校で財津に指導を受けた坪内は、大将として活躍したものだった。

卒業後坪内は上京し、日本大学にはいった。剣道三昧の人生にあこがれた坪内だが、日本大学は、剣道専門家養成の学校ではない。剣道部を出たからといって将来専門家になることを保証されるものでない。

そこで坪内は、大学在学中に文部省の教員検定を受け、難関を突破し、剣道の教員資格を得たものだった。卒業後念願の剣道教師として母校に赴任した坪内である。

戦後の混乱の中で、坪内は政治を志した。市議、県議をつとめたあと、昭和二十三年十一月、長崎一区の衆議院補欠選挙に当選し議員となった。

順造と同じ国会議員という立場になり、坪内はしょっちゅう順造から剣道再出発を説かれていた。もっとも、もともと順造と同じように、そもそも一国のすぐれた教材である文化を、禁止すべきではないという考えを持つ坪内である。

さまざまな行事で、坪内は順造を支援する。撓競技に先立つ原宿での「剣道競技大会」のときも、坪内は競技の役員として役割を分担した。このあと剣道がおこなわれるようになると、坪内は帝京大学剣道部の監督をつとめたりして、学生剣道と長く関わる。

国会議員としての坪内は、議員立法で「モーターボート競争法案」を成立させ、全国ではじめて長崎県で競艇が開催されるようになる。競艇生みの親として長崎県民に知られる坪内である。

十二月には、兵庫県撓競技協会が設立されていた。のちに協会から連盟となり、さらに剣道撓競技連盟となる。実際の活動はすでに活発になされ、試合もさかんにおこなわれていた。

会長には山懸勝見が要請され就任した。そして副会長には石本広一、理事長には斎藤勇がそれぞれついた。ただし、山縣が先頭に立って撓競技を実践するということはないので、石本が総指揮を執る。参議院議員である山縣は超多忙であるが、彼をトップにすえたことに文句をいう者はいまい。

山縣は、明治三十五（一九〇二）年、西宮の生まれ。もとの姓を辰馬といい、「白鹿」で知られる酒造業を営む辰馬一族の出身である。第三高等学校、東京帝大法学部を出て、辰馬海上火災保険にはいった。そして、東京新川の酒問屋であった山縣家を継ぐ。

企業経営という分野で特殊ともいえる力を発揮する山縣は、昭和十三年に辰馬汽船（戦後は新日本汽船と名称変更）の社長に、さらにそののち辰馬海上火災保険（のちに興亜火災）の社長に就任する。この昭和二十五年には、日本船主協会会長に就任していた。

おそらく兵庫県を代表する、もっとも勢いのある経済人の一人であろう。

さらに、この組織とは別に兵庫県剣道連盟が結成され、兵庫県知事である岸田幸雄が就任した。これと兵庫県剣道競技連盟とが一体となり、昭和二十七年、のちにつづく兵庫県剣道連盟となっていく。

この年昭和二十五年には、埼玉県でも撓競技連盟が結成されていた。会長小澤丘、副会長山口亮一、理事長黒田泰治であった。県知事と副知事が顧問になっている。

会長に就任した小澤丘は、戦後北埼玉郡岩瀬村（のち羽生市）の村長をつとめていた。

小澤は、明治三十三年生まれ。東京高等師範出身の剣道家であるが、父の愛次郎は剣道範士となった人物で、興武館という道場を設立していた。また衆議院議員であり、とくに剣道と柔道を中等学校以上の正規科目とする運動をつづけた剣道界の功労者として知られていた。

小澤丘は、羽生町にある自宅の道場で、昭和二十四年から剣道の稽古をはじめていた。

副会長の山口亮一は、越ヶ谷において山口病院を経営する医師であるとともに、錬心館山口道場を所有し、自ら稽古の先頭に立っていた人物である。

山口は、ＧＨＱがどういおうと自分の信念と責任で道場を運営しているのであるから、断固やりつづけると公言し稽古をつづけていた。稽古にやってくる者はごくわずかだが、順造の早稲田の後輩である豊田正長もやってくる。後難をおそれてということもあり、稽古にやってくる者がしだいにいなくなっている。

そうしたとき、撓競技をＧＨＱが認めたということが、大きなきっかけとなった。撓競技であれば仲間をさそって、おおっぴらに練習ができるのだ。撓競技の練習を名目にして、剣道の稽古もできる。

撓競技の防具は、あたらしく工夫されたものであるだけに、あちこちで売られているというものではない。それに、かんじんの袋竹刀だが、これがしょっちゅうこわれるし、そもそもの寿命も短い。だから、撓競技用の用具は、できるだけ使わずにとっておこうという気にもなるものだ。撓競技の試合のときだけ使うのだ。

こうした不遇の時期に剣道をやれる機会を提供しつづけた山口亮一は、しかし、ようやく剣道が復活し、埼玉県でも剣道連盟が軌道に乗る昭和二十九年の春、六十四歳でこの世を去る。理事長は黒田泰治である。大宮に道場を持つ武術家である。

撓競技は、越ヶ谷のほか、東松山や加須などが拠点となった。

撓競技が発足すると、伊田勘三郎の建てた松山尚武館につどう愛好家たちを中心に比企郡撓競技連盟が結成され、伊田が会長に就任する。また、この伊田が創業した伊田組は、平成六年に伊田テクノスとなり、実業団剣道においてすぐれた実績を残すようになる。

また、のちに撓競技が国体に加わるのであるが、最初に参加する昭和二十七年の第七回大会で、埼玉県チームを構成するのが、加須のメンバーであった。

ところで、埼玉を代表する剣道家といえば、まず高野佐三郎が筆頭にあげられるだろう。実力、指導力、影響力など、どれをとっても日本最高峰と称される。明治以降の剣道界屈指の人物である。

高野佐三郎は、文久二（一八六二）年、武蔵秩父郡に生まれた。中西派一刀流免許皆伝で忍藩の剣道指導者であった祖父に、幼児より剣道家として育てられ、少年時代からその名をとどろかしていた。

警視庁の指導者となり、また、自ら明信館という道場を設立し、指導者としての地位を築く。東京高等師範学校教授、早稲田大学師範などをつとめるとともに、大正の中ごろ、東京に修道学院という道場を建てる。以後、この修道学院という名称が知れわたる。

大正元（一九一二）年に、大日本帝国剣道形（のち日本剣道形）が制定されるが、このとき高野は筆頭主査の一人として、中心的役割を果たす。

さらに高野は、現代剣道に決定的な影響を与えたといわれる『剣道』をあらわす。高野は、この本の口絵に、順造がアメリカのデンバーで写した剣道紹介の写真をのせたのであった。

剣道家として、指導者として日本最高峰ともいえる存在であった。

早稲田大学へくるについては、師範として順造たちが招聘したものであった。高野も小野派一刀流を極めた人物で、順造と組んで形の演武をしたこともある。

そして高野は七十歳をこえてから、二度にわたり、早稲田大学剣道部の学生たちとともに、アメリカに遠征をおこなった。

同時代、右に出る者がいないといわれたほどの高野だが、弟子である学生を「さん」づけで呼んだ。弟子たちは、技をまねても、師匠のこういうところはあまりまねなかったようだが。

撓競技については、高野は否定的であったと伝えられる。

順造や同志たちの姿勢に対しては、

「断固、剣道をせよ」

というい い方をしていた。

ＧＨＱの許可がなければ剣道そのものができないこと、また、「剣道」という呼び方があればＧＨＱは許可しないということなどは、説明を受けたところで、高野には理解しがたいところであった。

剣の道をきわめることや剣道を指導することと、社会において禁止されている剣道というものの禁止をとくことは、剣道がテーマではあっても別次元のことである。異質の問題である。

「大先生にはご理解いただけないが、むりもないことだ。やむをえない」

撓競技の普及にとりかかる東京高等師範（昭和二十四年から東京教育大学）や早稲田の関係者は、そう思うしかなかった。

高野佐三郎は、不遇のうちに、昭和二十五年十二月三十一日、鎌倉においてその生涯を終える。

アメリカ合衆国の統治下にあった沖縄では、本土のような剣道の禁止措置はとられていなかったが、とても剣道どころではないというのが実情である。

那覇市も、ほとんど全滅といってよいほど破壊されていた。

そんな中で、なぜか武徳殿が焼けずに残されていて、剣道関係者たちはくやしい思いをしていた。

那覇に住んで那覇港の米軍荷役管理者として働く松川久仁男もその一人だったが、あるとき、母校国士舘の後輩が松川のところにやってきて、東京や日本の剣道をめぐる動向をこまかく伝えた。

「マッカーサーは、とにかく剣道では絶対許可しない方針なので、笹森さんが撓競技というあたらしい競技をはじめました。まあ剣道からみればずいぶんものたりない感じもしますが」

「そうか。しかし、名前が変わろうとなんだろうと、剣道を絶やしてはいけないからなあ。いずれにしても、撓競技を突破口として活用したらいいさ」

そのあと松川は、撓競技の用具を日本から輸入して、試してみた。このころは、沖縄と本土の取引は貿易の扱いである。

松川久仁男は、明治四十二（一九〇九）年沖縄県国頭村に生まれた。沖縄県立第一中学校を卒業して上京、国士舘専門学校に学んだ。国士舘卒業後新聞記者として台湾にわたり、それから、台北商業学校の教師となり、ここで剣道を教えていた。

しかし昭和十八年、松川は招集されて入隊、ジャワで終戦をむかえた。昭和二十一年七月に帰国、十一月に故郷の沖縄にもどったのである。

沖縄での剣道は明治十年代にはじまったといわれ、まず警察、それから学校に採用されて普及した。本土とくらべれば歴史は浅いが、松川のように剣道の専門家をめざして、国士舘や武道専門学校に進む者も出ていた。

彼らは、剣道について、心身の鍛練になるし、礼儀作法を身につけることができるまことにすぐれた教材だとして、戦後の沖縄でも継続したいと思っている。

「内地では、撓競技というものでスタートしたそうだ。われわれもまたやろうじゃないか」と、松川たちは稽古をはじめるようになった。

場所は警察などに頼めば確保できた。問題は防具であった。空襲や地上戦でほとんど焼けてしまっている。

松川が輸入した撓競技の防具も動員して、わずかな人数ながら剣道の稽古がつづく。

終章

1　日本独立

昭和二十六（一九五一）年一月十四日、愛知県蒲郡の南部小学校において、東海四県撓競技大会が開催された。

撓競技が浸透してくると、このように近県同士が撓競技大会を開くことが可能になる。大会や、稽古会が開かれるようになってきた。

二月十八日、関西撓競技連盟が発足し、大阪朝日新聞社新講堂において、関西撓競技優勝大会が開催された。

関西撓競技連盟は、野田孝が関西の各府県に呼びかけて誕生した。

撓競技発足後一年近くなり、ようやく撓競技という名前も知られるようになった。しかし、野田には野田なりの危惧があった。

東京では笹森先生が直接幹事クラスを指揮されているが、細部にわたる指示は物理的にいってもできないだろう。普及のスピードをあげることは意外と困難かもしれない。それに笹森先生に正面から反対する者はいないだろうが、東京というところはややこしい。われこそはという剣道の大家、専門家といわれる人々も多い。それに、笹森さんは帝大ではないからという者もあるやにきいている。

——それなら関西が先に確固たる基盤をつくろう。

実業界の第一線にいる野田は、実務を推進できる組織づくりにおいてはさすがに現実的であった。自らが会長となり、そして力ある者を配置した体制をつくった。

副会長には大阪の大谷一雄ら四名、理事長には京都の高岡謙次が就任した。

理事は京都から三名、ほかの府県からは二名選任されていた。

野田会長といつも行動をともにする大阪の理事は、和崎嘉之と額田長であった。

和崎は、野田の懐刀のような男であった。あるいはこのころでは刎頸《ふんけい》の友というべきか。東京高等師範で剣道専門コースを歩み、大阪で教員生活ののち、昭和十四年に朝日新聞にはいったという経歴である。もともと和崎本人は、教師になったときから、いずれは実業の世界でともらしていたようだが。

昭和十一年、東京からやってきた和崎は、まず野田をたずねたものだった。やがて絶妙な義兄弟のような関係ができあがった。

ユニークな記者であった和崎は、昭和二十二年に、のちにＮＨＫ会長となる前田義徳とともに朝日新聞を退社する。翌昭和二十三年、和崎は国際出版という出版社をおこしたものの、うまくいかずしばらくして廃業する。

朝日新聞退職後も和崎は、朝日新聞社には自宅のような雰囲気で出入りし、撓競技に便宜をはかるようにはたらきかけていた。和崎には、有無をいわさず自分のペースに相手をひきこんでしまう、おもしろい才能があった。

和崎が退職したあとの朝日新聞で撓競技を支援し、普及に協力したのが、西村熊市であった。大正十三年に神戸高等商業を卒業して朝日新聞にはいった西村は、中部本社販売部長やジャワ特派員などののち、常務として大阪本社の代表者となる人物である。新聞報道においても大会後援においても、西村は和崎を助け、全日本撓競技連盟発足にあたり、連盟参与として名をつらねた。

大阪のもう一人の理事である額田長は、早稲田のＯＢである。高松出身の額田は、早稲田を出てもともと南海鉄道に勤務していたが、若くしてやめて事業をおこした。

事業はかならずしも順調ではないようだが、額田は、

「剣道が仕事のじゃまをするなら仕事をやめよ」

というような、剣道最優先の生き方をしていた。

いま日本伝剣道の難局にあたり、笹森大先輩の方針なら、また野田先生の方針なら、かならず成功するものと信じて協力しますという雰囲気の額田である。

さて、二月十八日の関西撓競技優勝大会だが、冒頭に関西撓競技連盟の結成式がおこなわれ、そのあと競技大会となった。

この関西大会には、順造と石田一郎や中野八十二もやってきた。そして、石田と中野は、実際に試合をしてみせ、要点を説いた。参会者は実に熱心であった。

一チーム三人編成による団体戦は、兵庫県Aチームと大阪通産局とが決勝をあらそい、神戸YMCAクラブメンバーで構成される兵庫県Aが優勝した。先鋒は良田成夫、中堅は島田喜一郎、大将は花木哲であった

体育施設を持つ神戸YMCAでは、戦後しばらくすると剣道の愛好者が集まってきて、稽古をするようになった。稽古に対して、進駐軍から注意をされるということもなく、地域も稽古に好意的で、苦情が出るという環境でもなかった。

やがて撓競技が生まれ、対外試合がおこなわれるようになると、いちはやくその研究にとりくんだものである。

三月十七日、伊東の国鉄集会所で全日本撓競技連盟の地方ブロック代表者会議が開催された。前日の十六日には山梨県撓競技連盟が結成されていた。

山梨で設立の柱となり会長となったのは、四十代なかばの望月喜久男である。山梨師範学校を出た望月は、山梨県警察部の剣道師範として活躍し、山梨県剣道界を代表する剣道家の一人であった。あたらしい競技ということもあり、年輩剣道家よりは若手が奔走してつくった連盟である。そんなことが代表者会議で出席者の話題となった。

全日本撓競技連盟が結成されてまる一年が経過し、普及においても試合においても、いろいろな事例が集まるとともに、検討課題も増えてくる。それに当面の最大課題である撓競技を学校体育に採用されるよう文部省へのはたらきかける件など、いくつもの検討事項があった。

特にあしもとの大きな話題となったのは、未組織あるいは全国連盟未加入県へのはたらきかけのことであった。

このころ、全日本撓競技連盟に加入してない県が、まだ十九県あった。東北では、青森、秋田の二県のみが加入で、北信越五県では、一県も加入せず、九州では、剣道大県である熊本が加入してなかった。こうした県に対して、すみやかに加入を要請することとなったのである。

それから、五月に毎日新聞社の後援により日比谷公会堂で開催する、「全国しない競技大会」の実施についての確認がおこなわれた。全国各ブロックごとに選抜された団体十六チームによる優勝試合と女子の個人優勝試合が計画されていた。

また、今年広島県で開催される第六回国民体育大会に参加すべく、日本体育協会に加入申請をおこなったことが報告された。順造や石田に質問が出る。

「笹森会長、こんどはまちがいないでしょうねえ」

「まあ、そうあってほしいものです」

「これだけ普及してきていますし……全撓連未加入県があるといっても、ほとんどで競技がおこなわれていますしねえ。どうです、石田先生、感触は?」

「ええ、まあ。なんとか……」

昨年、愛知県で開催された第五回国体に撓競技も参加すべく申し込みをしたものであったが、全国組織がないなどいくつもの問題があって参加不可となったため、名古屋市で国体協賛「第一回全日本撓競技大会」として開催したという経過がある。

もし今年がまた国体参加困難となれば、「第二回全日本撓競技大会」として開催の予定だ。

昭和二十六年三月十八日、岐阜市の岐阜市体育会館において、中部日本新聞社の主催による、第一回中部日本撓競技大会が開催された。

大会には、愛知県、三重県、岐阜県のほかに静岡県、石川県、滋賀県からの参加もあった。

四十あまりのチームが参加した大会は、愛知県の東邦剣友会が決勝戦で岐阜揖斐郡撓競技クラブを破って優勝した。優勝した東邦剣友会の大将として活躍した榊原正や、副将として安定した試合ぶりを見せた鈴木守治は、のちに全日本剣道連盟ができてはじまる全日本剣道選手権で、それぞれ優勝する。

優勝旗と優勝杯は、主催した中部日本新聞社が寄附したものだ。中部日本新聞社は、昭和四十六年に中日新聞社と社名を変更する。

優勝した東邦剣友会というのは、東邦商業のＯＢチームである。

昭和九年に、近藤利雄という男が名古屋の私立東邦商業学校の剣道教師となった。

天才剣士ということばがあるが、天才指導者というものもあるようで、近藤という人間は、そういうタイプに属するのだろう。

翌年から東邦商業は、すぐれた成績を出すようになる。近藤は名選手を育て、東京高等師範学校主催の全国中等学校剣道優勝試合をはじめいくつもの全国大会で優勝するのである。

戦後、近藤は、中京大学教授となった。

やがて剣道を看板学科とした中京大学から、名選手、名指導者が育っていく。のちに恵上孝吉という天才的独創的トレーニングをおこなう選手も出る。

日本人にとってはまさに衝撃のできごとがあった。

終戦後、日本に帝王のように君臨していたダグラス・マッカーサーが、四月十一日、アメリカのトルーマン大統領によって解任されたのである。朝鮮戦争をめぐり、トルーマンとマッカーサーとの意見が対立したためであった。

日本ではちょうど第十回国会の会期中であり、議員たちはおどろきながらも、衆参両院でマッカーサーに対する感謝の決議をおこなった。

マッカーサーは、十六日にアメリカ本国に向かい、後任にはリッジウェー中将（のち大将となる）が任命された。

朝鮮では七月十日に休戦会談が開かれ、いちおう戦闘停止となった。

しかし、平和条約は結ばれておらず、休戦のままである。

帰国したマッカーサーは、翌月のアメリカ上院軍事外交合同委員会において、

「日本人が戦争にはいった目的は、主として自衛のためであった」

と証言した。

五月四日午後、東京の日比谷公会堂で、全国しない競技大会が開催された。男子団体戦と女子個人戦、それに特別演技で構成されていた。

団体戦は北海道から九州まで三人編成十六チームが参加、女子は十名が参加、いずれもトーナメント戦である。

団体戦を制したのは岐阜県チームであった。白木健、浅川春男、清水義男というメンバーだが、いずれもよく袋竹刀の性質を研究し、じょうずに使いこなしていた。中でも三十二歳の浅川春男は、この大会でも技の切れといい試合の運び方といい、群を抜いた存在であった。

「浅川さん、なかなかいい工夫をされてますね」

「はっ……」

「撓競技普及のため、がんばってください」

「はっ……」

順造とは父と子ほどに年齢がちがう。声をかけられても、浅川にとっては気軽にというわけにいかず緊張するのだが、どういうわけか、これからも同志としての気持がよく通じる順造と浅川であった。

大会で意外な公開演武があった。

順造の息子の建美と娘のより子が撓競技の対戦をしてみせたのだ。

兄と妹は父から話があったとき、えーっとおどろき躊躇したものだが、

「普及のためだ。やりなさい」

まあ問答無用のようなものだ。

父の前でくり返し練習してやってきた。

撓競技関係者にとっては、ＧＨＱや文部省により認められた撓競技というものが、日本社会に受け容れてもらえるかどうかの実験大会の位置づけであった。

喫緊の課題が、日本体育協会へ加盟することと、学校体育に採用されることである。

この大会には、文部省の体育事務官も見学にきていて、撓競技は学校教育として適切であるという感想を述べたものだが。

大会は兵庫県が優勝した。

女子は、神奈川の高野初江が、京都の多賀蓁子《しげこ》を破って優勝した。

ひきつづいて五月五日には、会場を中央区の国鉄施設に移して評議員会総会が開催された。冒頭、撓競技連盟がスタートしてはじめての解説書『撓競技　規程の解説と基本』が配布された。

Ｂ六版七十ページの小冊子は、
第一章　撓競技の教育的意義
第二章　撓競技規程の解説

第三章　撓競技の基本と指導

という三章からなり、それに全日本撓競技連盟会則が末尾に掲載されていた。

連盟発足一年あまりして、ようやく会員向けではあるが、総合的な解説書ができた。一章が「意義」でなく「教育的意義」となっているところに、日本の遺産である剣をとおして人間形成をはかるという心意気があらわれている。

これで全体像の説明と、勧誘が格段にしやすくなった。

また、競技発足当初試合場で用いられたボクシングのリングと同じようなロープについて、採用しないと明示された。

試合という視点から、かつての剣道の規則とはまったく違ったのが審判の考え方であった。公平、公正、明朗、中立、客観的といった条件や、主役を選手あるいは観客においた視点で試行錯誤してきたものだ。

まず審判員は三名とし、いずれも同等の判定権を有するものとなった。

線審が二名置かれて、場外か否かの判定については審判と同等の権限をもった。

審判の表示は旗によっておこなわれるようになった。海軍の手旗信号を参照にした所作によって、遠くからでもあるいは歓声などで騒々しい会場でも、試合の進行状況や結果がわかるようになったのである。

審判員は、ポイントと認めれば旗をななめ上にあげ、認めなければ下方に向けた旗を交叉しながら振り、死角だったため判定を棄権しなければならないときは旗を下に向けて交叉したままにする。

反則という概念も明確にされた。

暴力行為により相手が続行不能となったときや、審判や相手者に対する礼を失した言動をしたときは、負けとして退場させ、以後の試合に出場させない。

打突後の自然な接触をのぞき相手を押したり倒したとき、手で相手の袋竹刀を受けたり握ったりしたとき、生理的な発声をのぞきかけ声をかけたとき、有効打突があった場合をのぞき場外に出たとき、しないを落としたときなどはいずれも反則とし、相手に〇・五点を与える。

打突部位については、初心クラスであるC級で突きとなる咽喉部をのぞき、標識のついた防具部分すべてである。のちの剣道と異なるのは、右手前の中段に構えたときでも左の小手は得点対象ということであった。

評議員会は、初年度の活動を総括、九つもの議案が用意され、さまざまな声が出された。

そして新年度行事として、岐阜を境として全国を東西に二分して東西対抗戦を開催することや、撓競技として五段までの地方段位と六段以上の中央段位を実施すること、学校教育に採用するよう文部省に採用をはたらきかけることなどが承認された。

五月六日、秋田県本荘市において、第一回「秋田県撓競技大会」が開催された。三十チームが参加し、本荘チームが優勝した。いよいよ東北の有力県が動きはじめた。

試合は、普及に絶大な効果がある。九月、二学期がはじまると、秋田商業高校では、撓競技部が設立され、県下にさきがけて高校生のクラブ活動が開始された。また、本荘高校でも撓競技倶楽部設立の活動がはじまり、翌年秋には正式なクラブとして発足するのである。

秋田県で、「県下高等学校撓競技大会」がはじまるのは昭和二十八年の二月で、初回のこのときは十校の参加であった。いちはやく撓競技クラブを立ちあげていた秋田商業が、団体個人ともに圧倒的な強さをみせた。同じ年六月に第二回が開催されるのであるが、やはり秋田商業が図抜けた強さであった。

五月二十日には、愛知県豊橋市花園町の別院境内において、豊橋撓競技連盟主催による「豊橋しない競技大会」が開催された。

撓競技のさまざまな行事が生まれていることが次々に知らされてくる中、昭和二十六年六月二十日、日本体育協会の評議員会が開催され、全日本撓競技連盟から提出されていた第六回国体参加の申込みが「保留」とされた。

開催する広島県の宿泊施設が不足していて、前年までの参加団体に対しても削減を要請している中では、あたらしい団体の参加は認められないというほかに、将来剣道連盟ができたときに撓競技連盟との関係がどうなるかはっきりしないなどの理由があげられた。

十月に広島で開催されるのにこの時期に保留ということは、事実上拒絶されたということである。昨年の愛知につづき、撓競技は今年も国体に参加できない。

「うーん、だめか……」

「笹森先生、敵はＧＨＱでなく日本というところでしょうか」

「……。しかし、まあ、あきらめてはいけませんねえ。拒否の根拠を一つづつつぶしていきましょう。体協加入申請をつづけるとともに、国体参加を要請していきましょう」

六月二十四日、京都中京区の小学校において全日本撓競技連盟主催の第一回撓競技審判講習会が開催され、百五十名が受講した。冒頭、順造が「撓競技の理念について」として講義を担当した。

このころ、順造の顔は青年のようにかがやき、体のキレよく、声もよくひびいた。エネルギーがあふれ出ていた。

体協加入はかなわなかったものの、次々と行事が具体化している。

七月一日には、三重県撓競技連盟が設立された。

三重県は武道専門学校教授として知られた宮崎茂三郎の出身県であり、宮崎は、武専で学んだあと一時期、三重県にもどって剣道指導をしていたこともあった。そんな縁から宮崎は、三重県の剣道関係者たちに、日本剣道の将来につなげるため、撓競技の導入を急げとアドバイスをつづけていた。

会長に岡出幸生、理事長に清水誓一郎、事務局長に宮崎吉保が就いた。

岡出は、三重大学学長であり、もっぱらゴルフを得意としていたものだが、日本の伝統を守り伝えることに一肌ぬいだ。また宮崎は、結城神社の宮司である。いろんな分野の者たちが力を合わせていた。

八月二十七日、茨城県水戸市の茨城県庁職員教養所において、茨城県撓競技連盟結成式がおこなわれた。発起人三十数名のほか県下各地の代表が多数集まった盛大な会となった。

県庁内を会場にした結成式というのもめずらしいだろうが、県の撓競技連盟会長に就任することになった中村喜四郎が、このころ茨城県議会議員だったのである。

「まずはスタートだ。中村くんよろしくたのむ」

東京から、石田一郎がやってきている。石田は、中村の先輩である。

中村喜四郎はもともと、東京高等師範で剣道を修業し、専門家コースをめざした男であった。大日本武徳会の幕引き事務を担当した渡辺敏雄や、大阪を拠点に撓競技の普及に奔走する和崎嘉之らの一期上である。

中村は、昭和十年に東京高師卒業後、島根師範学校の教師となった。そこで二年間勤務ののち、東京文理大学にはいり教育学を学んだ。

文理大卒業後、中村は北京に行き、北京日本中学校の教師となった。

このとき中村にとって大陸にわたったのははじめてでなく、東京高等師範時代に一回経験していた。昭和九年八月に、全日本学生剣道連盟が、三十名からなる「学連満州遠征軍」を組織し、二十日間の日程で当時の朝鮮、満州に派遣をおこなったが、この遠征軍の監督が石田一郎で、選手として中村が参加していたのであった。石田と中村とは、先輩・後輩という関係だけでなく、こうした縁もあった。

満州遠征中の八月十七日には、新京宮内府において満州国皇帝天覧による演武がおこなわれ、中村は同じ東京高等師範の宮内孝と、晴れて日本剣道形（当時は「大日本帝国剣道形」と称した）の演武したものだった。

北京日本中学に勤務する中村は、生徒に徹底的に剣道の基本を教え、また、「勝ちに不思議の勝ちあり、負けに不思議の負けなし」

をとなえつづけた。まぐれ勝ちはあるけれども、まぐれ負けはないよというものだ。のちに野村克也というプロ野球の監督が頻用したことばで、そそっかしい編集者の中には、野村克也の言として名言集に入れている者もあるが、もともとは肥前平戸藩主松浦静山の『甲子夜話』にあり、剣道関係者がよく口にしていた。

さらに中村は、北京日本中学校勤務のあと、昭和十七年から三年間、北京工業大学の教授をつとめる。

終戦となる年の昭和二十年四月に中村は帰国し、茨城県立境中学校に勤務する。

終戦後も境中学（のち高校になる）で教鞭をとっていたが、

「国家民族の興廃は教育にありの信念で、私は教育界にはいった。しかし、今の状況をみると、何よりも根幹となる国の教育制度をしっかりさせなければならない。そのためには社会全体をしっかりさせなければならない……それには政治をよくしなければ」

と思うところがあり、政治への方向転換をめざすようになった。

そして中村は、順造がはじめて出馬した昭和二十一年四月の衆議院選挙のとき、茨城県選挙区で立候補するある教員の選挙責任者のもとをたずねて、自分もいっしょに推薦をしてもらえないかと頼みこんだ。

突然やってきた中村にとまどいながら、責任者は、自分たちは不慣れで候補者一人でもやっとでしてのようなことをいった。

「ああ、そうですか。では、またの機会ということで」

あっさり了解し、中村は帰って行った。

翌年、昭和二十二年四月、新憲法下ではじめて茨城県の県会議員選挙がおこなわれることになったとき、中村が立候補した。立候補した中村を、順造の選挙と同じように、教え子たちが支えた。

中村はめでたく当選し、政治家生活がスタートした。

「人間は、運動をやらなきゃ、意気があがらぬ」

そういって、中村は体育の重要性を簡潔に説いた。

順造を中心とする撓競技の創設と普及の動きについては、石田一郎をはじめ、東京高師の先輩や仲間から、中村に呼びかけがあった。

さらにまた、この呼びかけは、武道専門学校関係者から水戸東武館長である小澤《こさわ》武のもとにももたらされていた。

中村が、茨城師範学校の剣道部で頭角をあらわしはじめるころ、武道専門学出の小澤が赴任してきて中村を教えたものであった。

小澤はもともと佐賀の出身で、卒業したら故郷にもどるつもりでいたところ、教授の内藤高治に、おまえは水戸に行け、武道専門学校の名を知らしめよといわれる。

　さて茨城県庁での発会式にもどるが、発起人には、中村のほかにも県会議長や副議長や県議に加え、県知事の友末洋治や水戸市長の山本敏雄なども名をつらねていた。それに経済界や教育、体育関係者などからも、代表的な人物が参加していた。

　連盟理事長には、小澤武が就任した。そして、連盟の事務局も小澤のもとに置かれたのであった。かつての教師が理事長、教え子が会長になった。

　もちろん成立の経過からして剣道とは別の競技という位置づけではあっても、茨城県の剣道愛好者にとってみれば、撓競技はあたらしい剣道という感覚である。いよいよ晴れてそれができるようになったというよろこびで、剣道関係者の意気は大いにあがっていた。

　十月七日に撓競技審判講習会を実施し、それから一週間後の十月十四日に県下撓競技大会を大盛況のうちに開催したのであった。

　もっとも、組織としては撓競技連盟が結成され、全県的な活動をはじめたものであったが、もともと茨城県には戦前から、「茨城県剣道研究会」という中等学校教師らを中心とする会合があった。そこで、撓競技の研究や普及活動においても、この会を有効に活用した。戦後もときどき稽古会が開催され、茨城県だけでなく東京や近県からも、熱心な愛好者がやってきて情報交換がなされていた。

研究会の会長は高野茂義、理事長は小澤武であった。豪剣豪力でとどろいた高野茂義は高野佐三郎の養子であるが、旧水戸藩剣道指南千種家の出である。茨城県剣道のシンボルのような存在であった。

茨城県撓競技連盟が結成された一年ののち、撓競技連盟が研究会を併合する。

九月五日、日本体育協会で東竜太郎会長ほか十一名により理事会が開催された。そして協議事項3で、「撓連盟加盟申請の件」が審議された。理事の中から撓競技連盟を「仮加入」させたらいいのではないかという意見も出された。各地に設立されていく撓競技連盟の動きが、無視できないものになってきている。

しかし、

「終戦前武道とスポーツの関係はおもしろくなかった」

「もっと普及し国民的にスポーツ化してから」

「まだはやい」

などの声が出て、多数意見で加盟についてはまたも保留となった。

「うーん……」

順造も石田一郎も、やはり国内がてごわいと思う。

八月十六日、第十一回国会が開会となった。

政府は、講和条約最終草案の全文を発表した。さらに二十二日には、講和会議に臨む全権委員六名を任命した。

日本政府は、三月に講和条約の草案を受けとっており、さらに、七月の二十日に講和会議への招請を受けていた。

九月八日、サンフランシスコにおいて、連合国と日本の間で「日本国との平和条約」が調印された。サンフランシスコにちなみ、「サンフランシスコ平和条約」とか「サンフランシスコ講話条約」ともいわれる。

条約締結を主導したのはアメリカとイギリスで、七月二十日に共同で日本をふくむ世界各国に招請状を発送した。中国はこのとき中華人民共和国と中華民国とに分裂した状態にあり、また韓国は日本とは交戦していなかったため、いずれも招請されていない。

日本から主席全権である吉田茂首相、全権委員の池田勇人（大蔵大臣）、苫米地義三（国民民主党最高委員長）、星島二郎（自由党常任総務）、徳川宗敬（参議院緑風会議員総会議長）、一万田尚登（日本銀行総裁）の六名からなる全権団が派遣された。

苫米地義三は、戦後第一回の衆議院選挙において、順造とともに全県一区の青森県候補として出馬し、ともに当選した。

条約には四十九の国が署名した。ソ連、ポーランド、チェコスロバキアの三ヶ国は、署名せず会議は無効だと主張した。インド、ソ連、中華人民共和国、韓国など、このとき条約を締結しなかった国々とは、各国ごとに平和条約などを結び、国交を正常化していくことになる。

韓国は、日本と戦闘状態にないことと、韓国臨時政府が承認されていないことから、署名国にはなれなかった。

この条約により、日本が主権国家となることが承認された。

そして条約調印の何時間かあと、この条約の六条にもとづいて、

「日米安全保障条約」

が調印された。

十月に、衆議院で、そして十一月に参議院で、両条約は承認される。翌昭和二十七年四月二十八日に条約が発効する。

戦争状態が終了し日本国民は主権を回復することになり、一方で朝鮮や台湾や千島列島ほかの権利請求権を放棄する。

主権の回復により、剣道もはばかることなくやれることになるのだが、剣道界としてまだ態

勢がととのっていない。

九月九日、鳥取県撓競技連盟が設立された。

鳥取県では、太田義人が大日本武徳会鳥取支部剣道部長として、県下の剣道界をとりまとめていた。ところが、太田は追放になってしまい、撓競技というものがあたらしい競技として発足したということが伝えられても、それを浸透させる組織化や活動はなかなかできない状態であった。

前年の秋、太田の追放が解除になると同時に、太田を中心にして県下の剣道関係者が集まって組織をつくり、具体的な撓競技軌道化のための対策がはじまったのである。

会長にはこのころの鳥取を代表する吉村哲三という人物がついた。また、副会長には、鈴木卓郎、山桝儀保、赤沢正道の三名が就任した。

会長の吉村哲三は、もともとは鳥取の生まれであるが、偶然なことから順造は吉村をよく知っていた。青森とも縁の深い人物であったのだ。

吉村は、大阪府内務部長などを経験したあと、昭和二（一九二七）年十一月に青森県知事になった。ちょうど順造が東奥義塾長となり、学校運営に慣れてきたころである。吉村は昭和四年の一月まで青森にいたものだった。

そののち吉村は、佐賀県知事などを歴任し、戦後の昭和二十四年、鳥取銀行が創立されたときに、初代の頭取となった。年齢は、順造よりも二つほど下である。

地元にもどった吉村は、こんどは銀行というあたらしい実業という世界にはいり、銀行業に挑戦することになった。

その吉村が、撓競技というあたらしく生まれた競技の普及にも、会長としてとり組むことになったのである。

島根県とも連携して活動が進められていく。

島根県では、戦後昭和二十二、三年ごろから、有志が集まって、剣道再開の相談がなされるようになった。

二十三年には、武道専門学校を出て大阪の豊中中学などでいちじるしい指導実績をのこした川上徳蔵を中心に、大社中学出身者たちと県下の剣道関係者らが協力して「スポーツ剣道連盟」を設立していた。川上は、大社町の学校や神社などで剣道の指導をはじめ、さらに、剣道連盟設立に向けて、積極的なとり組みをつづけていく。

一方、松江には、大野操一郎や福田明正や大西友次らがいて、彼らも昭和二十四年ころから剣道の稽古をはじめていた。

そして全日本撓競技連盟が設立されるとともに、撓競技の研究がはじまり、普及に向けて動き出した。

昭和二十五年四月、鳥取県米子市において、鳥取県産業観光米子大博覧会が開催された。このとき、協賛行事として第一回「島根鳥取両県対抗剣道大会」が開催され、これが両県にとって大きな刺激となり、一挙に剣道関係者の関心が高まったものだ。

二十五年十一月には、第一回「島根県撓競技大会」が開催された。

島根県剣道連盟の設立は、昭和二十八年四月と、全日本剣道連盟設立よりもあととなるが、実質的な活動は、すでにおこなわれていたのである。

鳥取県撓競技連盟が設立された九月九日、順造は、札幌にいた。

第二回となる「全道撓競技大会」が、北海道新聞社と北海道撓競技連盟の共催により国鉄札幌鉄道管理局職員会館で開催され、北海道連盟会長である伊東祐蔵の招きで、札幌にやってきた。

東京からきたのは順造だけではない。石田一郎、中野八十二、小澤幸雄、それに横浜の小野政蔵や連盟公認の防具を製造し販売する尚武堂の大河内健太郎らもいっしょであった。

「道有志が一丸となってとり組んできた結果を、笹森会長にご覧いただき、また、北海道の有志諸君に模範となる試合を勉強してもらいたい」

といって、伊東は、順造たちに出席を要請した。

早稲田ＯＢである伊東は、東京海上の転勤で札幌に支店長としてやってきていた。間もなく異動となり札幌を離れる身の伊東であるが、なんとか撓競技を北海道に定着させ、心身鍛練の手段として活用したいものだと願って、北海道のために陣頭に立ってきた。

大会では、顧問となっている順造の席が、正面壇上の大会会長席と並んで全撓連会長席として設けられた。その脇に見学にきた三名のアメリカ軍関係者がすわり、競技について順造が直接説明した。

出場者は、炭坑や製鉄などの会社や国鉄、刑務所といった事業所単位が多く、まだ市町村連盟としては少ない。

一年あまりのあいだに北海道では段位の認定がなされるようになり、個人試合は五段までの段位別に、また団体試合は三段以上の編制による十七チームのA団体と、十二チームの二段以下で構成されるB団体にわけておこなわれた。

団体、個人の決勝戦の前に、模範試合があった。

「レベルの高い実技を直接見てもらいたい」

という伊東らのねらいである。

石田一郎、中野八十二、小澤幸雄、小野政蔵、それに北海道会長である伊東祐蔵や北海道のリーダーとなっている門脇公克、音喜多保憲、北見庸蔵らが試合をした。

九月二十三日、東京新橋の関東配電道場で、「早慶対抗剣道試合」が開催された。早稲田が圧勝したと伝えられている。待望の試合だったのだが、非正規というあつかいで記録も残されなかった。

大正十四（一九二五）年十一月八日、第一回が陸軍戸山学校道場で開催された早慶対抗剣道試合は、学生剣道試合を代表する行事として昭和十八年の第十九回までつづき、大東亜戦争の戦局から中止となった。最後の試合に出場した選手も相次いで出征し、何名かは若い人生を特攻で終えた。

戦後の混乱が次第に落ちつき、母校の剣道部に顔を出すＯＢが増えてくるとともに、稽古に参加する者も増えてきた。撓競技が公認されたことにより、撓競技名目で、剣道の稽古もあちこちではじまっている。そうなってくると、早稲田、慶應いずれの剣道関係者も、早慶戦を再開させたいと思うようになってきた。

しかし、学校では剣道試合はできない。そこで、関東配電本社の道場を会場としておこなうこととしたのである。

本来というか、禁止がなければ第二十回となる対抗試合であるが、表向きには剣道部が存在しない時代であったので、おおっぴらにうたうわけにはいかないのだ。

また、このころは、慶應の部員は数えるほどしかおらず、伝統的に編成されてきた人数がそろえられないので、学生は十名とし、あとの十名はＯＢ戦としたものだ。

「笹森先輩がはじめた撓競技を普及させ、将来に向けて剣道を絶やさないようにしよう」という思いの強い早稲田は、この年にはフェンシング部をつくった中村栄太郎たちが卒業し、四年生を中心に撓競技部として活発な活動をつづけていた。

主将は田嶋光男。副将は西向一雄。主将の田嶋は、栃木県出身で、日光での合宿を企画するなど、学生とＯＢとのコミュニケーションを積極的にはかろうとつとめていた。田嶋は心身ともにタフで、卒業後は宇都宮にもどり父から継いだ宿屋を、栃木県を代表するシティーホテルに転換させた。

同期の関川清は、撓競技の全日本選手権をとり、のち昭和四十年代になると、早稲田の剣道部監督に就任する。若くしてはげあがり、いくつになっても同じような顔つきをしていたが。学生の一方で、関川はある事業家の秘書の仕事もしており、仲間うちで飲むときは、いつも資金を負担していた。

さらに関川は、月に一度くらいの割合で、同期生たちを渋谷に招いてごちそうしていた。仕事上の接待という名目なのだろうが、学生服が取引先として接待されていた。

また網中正昭は、卒業後は群馬県立高崎高校に赴任し、前橋高校の校長で引退するのであるが、いちはやく高校での剣道部づくりにとり組む。

それに山地義正と倉石弘之。この早慶戦に出場したわれら四年生七名は全員勝ったと思いこんでいる者もいるが、倉石は記録外になったこの早慶戦で実は負けてしまった。それをこれから青春の悔として生きていく。

負けた倉石には、脳裏に焼きついている剣道試合があった。

昭和十四年、倉石は、北京にある北京日本中学校に入学した。そこで剣道に熱中していた倉石は、ある奉納試合で、教師の中村喜四郎の試合を観戦した。

「すごい……」

中村は上段に構えていた。屹立する巌のようだった。そして圧倒的に強かった。

「あんなふうになりたい……」

終戦後、倉石の一家は長崎に引き揚げてきた。しかし、剣道ができない時代になっていた。

進路を決める時期が近づいたとき、倉石が、

「お父さん、ぼくは早稲田に行きたい」

あこがれた大学の名前を告げると、父は烈火のごとくいかり、おまえとは縁を切るといった。医者である父は、息子をどうしても医者にしたかったのだ。ゆずれぬ親子は、ともに涙を流した。

母のとりなしで倉石が逃げ込むようにやってきた早稲田に、なんと剣道部があった。この時

代、剣道部があることに倉石はふるえるほどに感動した。裏フェンシング部のような存在であったが、どの部員もあきれるほどに剣道が好きであった。空腹をかかえながらも、稽古がはじまるとえんえんとつづけるのであった。

剣道ができれば、やがてあのすばらしい中村先生の剣道に近づくことができるのだ。

その中村は、一ヶ月ほど前に茨城県撓競技連盟を立ちあげ、会長に就任していた。そんなことを倉石が知るのははるかのちのことだが。

記録がとられていなかったこの関東配電での早慶戦は、詳細不明ながら早稲田が勝ったことはたしかであった。

試合が終わると、試合場だった道場に両校の学生、ＯＢが車座になった。観戦者もはいり、大きな輪ができた。

湯飲みやコップが置かれていく。若いＯＢがするめを配っていく。

「先輩方のあいだに学生はいれ」

「塾のあいだに、早稲田はいれ」

懇親会がはじまった。早慶合同の懇親会だ。

試合ができた、またよみがえったという興奮は、時間とともに大きくなっていく。

「やっと学生同士が試合できるところまできた」

「あきらめないで人を集め、防具ももっとさがしだそう」

「やってよかった。来年さらに充実させよう」

ＯＢのスピーチがえんえんとつづく。

ことばが出てこないで、涙を流しつづける先輩もいた。

喜びであふれかえる会場に、峯重新二郎という、十種競技の選手のような体つきをした学生がやってきた。

明治大学法学部の峯重は、早稲田の兼藤宏と慶應の藤川和男に会いにきたのであった。

大学は別々のこの三人には共通点があった。いずれも九州出身で、海軍兵学校出身ということである。

早慶戦後に三人が会った目的は、学生撓競技の普及をはかるため、まずは学生連盟の設立はかろう、そのための行動を起こそうというものである。

いい出しっぺは峯重であった。

「ぼくは、剣道ほどすぐれた心身鍛練の道はないと思っています」

というのが峯重の口癖である。

——のちに全日本学生剣道連盟として結実する峯重らの活動であるが、この活動は、峯重にしてみると、痛い思いをした労災事故からはじまったものだった。

峯重新二郎は、大正十五（一九〇四）年九月、福岡市の中洲に生まれた。生家は、ラムネ、サイダーといった飲料をつくり、また練炭などの燃料をつくっていた。父も母も早朝から深夜までいそがしくはたらき、住みこみもふくめて数十名の従業員がいた。

小学五年生から剣道をはじめた峯重は、県立福岡中学に進学し、そこで武道専門学校を出た三角卯三郎に剣道を習った。文武両道を説く三角は、集中した稽古法を徹底するとともに、

「きみらは勉学を怠らず国家に貢献せよ」

といいつづけていた。

大東亜戦争がいよいよ激しくなった昭和十八年、峯重は中学を卒業し、広島県江田島の海軍兵学校に入学する。

海軍兵学校では、東京高等師範を出た福岡県出身の伊保清次という教官がいて、伊保の剣道指導もまた徹底した集中訓練であった。体力膂力が人並みはずれ、剣道の自信がたっぷりあった峯重だが、仁王様のような伊保にはいつも手玉にとられたものである。

昭和二十年八月六日朝、この日も兵学校では授業がはじまろうとしていた。飛行機の爆音がきこえている。

起立している峯重には、教室の窓越しに古鷹山が見える。

「気をつけーっ」

号令がかかったときに、古鷹山の上に雲がわいた。おかしな雲だ。

広島に原子爆弾が投下されたのであった。

そしてあわただしく終戦。

「きさまらは、軍の学校にいたから、つかまえられて海にほうりこまれるかもしれん」

と、生徒たちは早々に帰省することになった。八月下旬のことである。

峯重は、船で宇品に行き、そこから広島駅まで歩いた。新型爆弾によって、広島の町が消滅していた。駅にはプラットフォームだけが残っていた。

「どうすれば、この日本に貢献できるのか。どうすれば、日本を背負っていけるのか」

そう思いながらも、軍人となる道はもうない。

中洲の実家に帰った峯重は、とりあえず兄とともに家業を手伝った。

とにかく物資がない時代で、原材料の調達が連日の課題ではあったが、ものをつくればよく売れた。いそがしく休みなく動きまわった。これからどうするか、どう生きるか、結論が出ずに迷っているうち、あわただしく四年がすぎてしまった。

時間をつくると峯重は、福岡中学の恩師である三角卯三郎のところにも顔を出した。三角は、学校剣道の禁止下の今こそ剣道で若者を鍛錬しようと、やがて自宅に北辰館という道場をつくる男だ。

「峯重、きみも剣道の復活のためにはたらきたまえ」

ときどき、三角にいわれた。たしかに、それもしなければならない。

だが峯重は、大学でしっかり勉強したいと思うようになっていた。興味を持ったのは法律で、それもあたらしい分野である労働関連の法律であった。戦後は、「民法」からわかれて「労働基準法」という法律もできていた。

「どこか、編入させてくれる大学で勉強したい」

しかし今や峯重は、峯重飲料と峯重燃料にとって、貴重な労働力であり、将来の経営者である。それに、勉強するにはまとまった金がいるが、それもむずかしい。父親にいい出しにくい。峯重が十一のときに三十五歳で死んだ母親がいれば、父親との間にはいって味方をしてくれるだろうが。

ところが、天は峯重の思いをききとどけた。痛い思いをした峯重だが。

練炭をつくっていた峯重が、作業中に右手に大けがをしたのである。右手指がそげ落ちようかというほどのものだ。

この峯重に労災保険から十数万円が支給された。初任給が、大卒者でも、三千円とか五千円という時代である。

峯重は、これで大学に行くことを決めた。

はじめは早稲田大学にと思った峯重だが、早稲田は編入を認めていなかった。そこで明治大学にあたったところ可能ということで、法学部に編入学をすることができた。昭和二十六年四月、労災の金を持って峯重は上京したのであった。

そして峯重は、三年生入学の手つづきを終えたあと、剣道部をたずねようとした。

たしかに学校における剣道は禁止になった。だけど、愛好者くらいは集まっているだろう。それに昨年からは撓競技もはじまり、講話条約の動きもあって剣道をめぐる環境は改善しつつあるから、まだ正式な部としてはないにしても、道場に行けば誰かいるか何か手がかりがあるだろう。

ところが、無惨だった。明治大学の剣道場は、ボクシングやウェイトリフティングの練習場になっている。

「うーん、これじゃあ剣道部はないなあ」

剣道部はなかった。

だが、あきらめるわけにはいかない。世界にどれほどすぐれた体育教材があるにしても、剣道というものは、心と体を鍛えるうえでもっともすぐれた教材の一つであると、峯重は確信していた。

「禁止どころか、むしろ、世界に普及する価値がある」

いつかかならず評価されるはずだ。

「今の明治大学に剣道を継ぐ者がいなければおれが継ぐ。あたらしい撓競技をやる者がいなければおれがやる。おれが仲間をつのってやってやる」

そう決めて峯重は、教員や学生に撓競技の有効性を説いて、活動への参加を呼びかけ、その一方で大学に対して、練習場確保の要請をしている。

「峯重くん、おまん熱心だなあ。まえんちかけずりまわって」

「北島先生、自分はあきらめません」

「ほー、いいことだ。しっかりやりなせえ」

峯重に声をかけたのは、ぷかりぷかりと、ただよわすタバコの煙はのんきそうだが、目の奥で闘志の炎がめらめらと燃えているような、北島忠司という男だった。

北島は、雪深い新潟県の安塚というところから東京に出てきた。明治にはいって相撲部にいたところ、メンバーが足りないからとラグビーの試合にかり出され、それからラグビー部に移ったという経歴がある。

大学に残った北島は、昭和十三年から全国制覇三連覇を達成するなど、明治大学ラグビー部監督として名を馳せていた。

戦争がはげしくなると一時新潟に疎開していた北島だが、戦後ふたたび明治にもどり、二年前の昭和二十四年に、政治経済学部の教授に就任していた。あきらめずというのは、北島の信条でもあった。

しだいに峯重は、この北島にさまざまな相談をかけるようになっていく。

峯重には当面の軍資金があった。労災の金だ。派手な活動はできないにしても、少なくともきょうやあすのめしのことをわずらうことなく、撓競技や剣道のために動きまわることができる。

「さそっていれば、そのうちだれかきてくるだろう」

峯重は、ポスターづくりをはじめた。熱のこもった作品を学内のあちこちにはっていく。お茶の水駅界隈や、にぎやかな神保町にもはっていく。

「きみ、撓競技やりませんか？　剣道どうですか？　いっしょにクラブつくりませんか？」

授業の合間に学生たちに直接声をかけた。

さらに、大学外の剣道関係者や撓競技関係者と連絡をとって、情報交換をつづけた。

ぽつりまたぽつりと周囲に学生があつまりはじめている。そして、明治大学にも、剣道を愛し、無条件で支援するＯＢがいて、彼らが大学にやってくるようになった。特に、大陸から引き揚げてきた、利岡和人や佐々木二朗などが動き出していた。

また、峯重の熱心な姿に、剣道場を使っている運動部が、ときどき稽古に使わせてくれるようになった。

さらに学外にも峯重は声をかけようとしていた。試合をしたり、レベルアップをはかっていくためには、どうしても大学間の連携が必要である。

東京でのつながりがうすい峯重に、海軍兵学校の縁があった。

兵学校一期後輩に、宮崎県出身の兼藤宏という男がいた。この兼藤が早稲田大学法学部に入学していたのである。

戦後、学校から剣道が追放されると、慶應は、ＯＢである小西良助の良武館という道場に拠って稽古をしていた。

早稲田では、師範の一人である柴田万策が東京剣道界における剣道存続運動のリーダーであったことから、同志会という専門家グループといっしょになって、稽古場所を転々としながらも稽古をつづけていた。「稲門剣友会」と称し、ＯＢも現役学生も一体となって活動し、人数も多く集まっていた。

そのため、兼藤は、笹森順造を中心にＧＨＱ対策に奔走する学生剣道ＯＢの様子もよく知っていた。

峯重が明治にやってきた昭和二十六年に、それまでフェンシング部でフェンシングをやりながらも、事実上剣道部の中心となってやっていた中村栄太郎が卒業し、兼藤宏や、田嶋光男、関川清、西向一雄たちが最上級生になっていた。こうした者たちと峯重とのつながりができていた。

また、中央大学でも須郷智らを中心にフェンシング部がつくられ、部として公認されていた。

「あちこちで、いろいろな形であたらしい動きがはじまってきた。そのこと自体はいいことなのだが、しかし、各校がバラバラでやっていては、大会もままならぬし、進歩のための研究もできない」

峯重はそう主張し、連絡がとれる大学に、

「まずは撓競技の学生連盟としてまとまろうじゃありませんか」

と呼びかけた。

一方、早稲田と慶應では、すでにOBも学生もいっしょになって、なんとかはやく早慶対抗試合をやりたいものだと相談をしていた。そして、非公式ながら九月二十三日に関東配電本社道場で「早慶対抗剣道試合」がおこなわれることとなった。

そこに峯重は駆けつけ、兼藤と藤川に会ったのである。

「早慶はこうして試合までできる交流が復活している。これに明治を加えて、とりあえず三校での交流を活発にして、そこにあたらしくはいれるところを入れていこうじゃないか」

2　行事拡大

十月十日、全日本撓競技連盟の技術委員会が開催された。「学校体育教材としての撓競技」についてが研究テーマであった。撓競技の当面の課題は、学校における採用と男女生徒への普及である。

中心となっているのは中野八十二で、旧東京高等師範のＯＢも力を貸している。資料をたんねんに集め、それまでの剣道や、ほかの運動競技と比較するなどして、撓競技の特長をうったえ、文部省へのはたらきかけを推進していた。

またこの日、静岡市では護国神社において撓競技の奉納試合がおこなわれていた。撓競技と剣道の試合が同時に開催されるという、おもしろい大会であった。

順造の後輩である静岡の川村忠雄は大いにはりきっていた。また、石田一郎や中野の後輩である大橋専一も。

ズボンをはいた剣道のような競技に、参拝者たちも興味を持ったようで、思わぬ試合を足を止めてながめていた。棒状のものをもって叩き合う競技は、日本人になじむのだろう。

同じく十月には佐賀県撓競技連盟が創設された。

会長に慶應義塾剣道部ＯＢである深川進が就任した。

深川は、深川製磁の二代目社長である。戦中には、政府のいわゆる統制下にあって、有田焼の伝統をどうやって守り抜くか苦労してきた深川であったが、戦後は、初代の有田商工会議所会頭に就任し、伝統産業の振興に尽力していた。

その一方で深川は政治とも関わり、昭和二十二年には佐賀県議会議員に当選していた。伝統というものの重要性をよく知っている深川は、日本は戦争に負けたとはいえ、剣道が途絶えてはならないと考えていた。そこで、佐賀県において、剣道という日本の伝統文化をどうして存続させていくかというテーマに挑戦することになった。

深川は、順造とも連絡をとりあい、また慶應義塾ＯＢも熱心に撓競技を普及させていることもあり、佐賀県で陣頭に立っていた。

副会長には副島博、理事長には高柳太郎、事務局長には宮崎善吾がそれぞれ就いた。

佐賀県には、大麻勇次という、九州剣道界を代表する人物がいた。のちに、史上五人しかいない剣道十段なる。

大麻の出身は熊本県であるが、大正四（一九二五）年からずっと、大日本武徳会佐賀支部師範として指導し、剣道の普及発展に尽力してきた。霊雨堂という道場を持ち、のちに全国道場連盟の会長をつとめる。

大麻は、昭和五（一九三〇）年に大日本武徳会から派遣されて、半年以上もアメリカなどの海外を指導してまわったことがある。このとき大麻に随行したのが、当時剣道教士であった深川進である。

「深川さん、佐賀県で撓競技を普及させてください」

「はい。野田さん、発展させましょう。そのうち、なんでも自由にやれる時代になろうと思われますが、当面、私が会長となって活動していきます」

慶應義塾剣道部の出身である深川は、順造ともしたしかったが、大阪の野田孝とは特別に仲がよかった。取引という関係もあるが、年齢も近く相性がよかったのであろう。

深川が佐賀から大阪に出てきたときなどは、野田のところに顔を出し、おたがいに時間を忘れて、剣道の行く末を語り合っていたものだ。

昭和三十二年に阪急百貨店が剣道場をつくってからは、深川もときどきに稽古に顔を出し、野田といっしょに汗を流すのであった。

さらにのちのこと、深川の会社で、全日本剣道連盟の行事の記念品をつくるときがあった。剣道の面や竹刀を細密画のようにデザインした杯は、酒をのむ者の感動をさそうものだった。

十一月二十四日、名古屋市の金山体育館において、全日本撓競技連盟と中部日本新聞社主催による、「全日本撓競技選抜高段者七段八段東西対抗大試合」が開催された。

中部日本新聞社は、編集局長の金森仙一を中心に、剣道の復活に支援を表明しており、撓競技に対しても協力にバックアップをしてくれていた。

この大会では、中部日本新聞社の事業委員長である三浦秀文が大会委員長（全日本撓競技連盟会長である笹森順造は名誉委員長）として臨んでいた。三浦はのちに中部日本新聞社の社長になる。

東軍の監督は、地元愛知県撓競技連盟の理事長である武道専門学校出身の浅井季信、西軍監督は、大阪の額田長であった。

東軍、西軍それぞれ二十五名による対戦は、先鋒戦から力が伯仲し、最後まで目がはなせない展開となった。ポイントで競うこととしたこの大会は、東軍が勝者数十三としたが、西軍が百五十五対百五十一でポイントを上まわり、西軍の優勝となった。

個人表彰もおこなわれ、大将戦で、西軍大将として福井の岩越正を破った京都の箱崎敬武が最優秀選手となった。

そして、みごとな勝利をおさめた東軍・近藤利雄（愛知）、西軍・中尾巌（大阪）、ら六名に、敢闘賞が贈られた。

富山県の選手と対戦した中尾は、二十二対一、奈良県の選手と対戦した近藤は、十九・五対一で、相手を寄せつけなかった。

東京の中野八十二も東軍選手として出場しており、三重県の選手と対戦して危なげなく勝ったのであるが、二けたのポイントをあげるといったところまではいかず、表彰にはならなかった。

東軍大将をつとめた福井県の岩越正は、破れはしたものの、大きな成果を持ち帰った。

「どの県も、みんな剣道存続への希望を捨てないでがんばっていた！」

終戦となるの年の七月、福井市はアメリカ軍の空襲により、町はほぼ壊滅した。

戦後、福井の人々はあたらしい時代の動乱と飢えの中で、必死で生活を立て直してきた。焼け野原に、バラックが建ち並び、町の生活がもどってきつつあった。

だが昭和二十三年六月二十八日、都市直下型大地震が福井を襲った。そろそろ夕食の支度どきで、火を使っていた家のあちこちで火災が発生し、三七〇〇名をこす死者が出た。

まだこうした災難の苦しみから脱しきれない福井県であった。

岩越は、全福井を代表する剣道家であった。福井にもどった岩越は、多くの弟子たちや関係者におどろきを語った。

――大会は熱気であふれていた。

剣道は生きかえる！

みんな、元気出して、またやろう。がんばろうじゃないか。

「撓競技で他県とも交流をはかろう。もっととり組もう」

福井に帰った岩越は弟子たちに呼びかけた。

やがて福井県下の大手繊維工場や、専売公社工場などで撓競技の用具がそろえられるようになった。


「さあ、次だ、急げ、いそげっ」

「ああ、いそがしーっ」

「ハハハ、たのしー」

「また、東京で会いましょう。おてやわらかに」

名古屋の金山体育館は、大会が終わってからもにぎやかだ。

なんとも日程があわただしい。

名古屋で全国大会があってすぐ、東京でも全国大会が開かれるのだ。

東西対抗の翌日、十一月二十五日、東京の九段高校体育館で、「第二全日本撓競技大会」が開催される。前年、第一回が名古屋で開催された。もともとは、広島国体に参加するつもりで計画された。

まだまだ体育施設が乏しい上に、会場確保、大会主管者、主催者といった関係者の調整もしなければならないため、きわどい日程選定となる。

このころ、高速道路という概念は日本人にはまだなく、東海道新幹線もない。新幹線が走る前の花形特急である「つばめ」や「はと」さえまだだ。急行列車で六時間はみなくてはならない。

それでも、東西対抗のあと金山体育館から名古屋に行き、一息ついてから乗ることができてあすの大会に間に合う夜行列車が四本あった。二日連続で試合に出場する者にとってはきついだろうが。

もっとも、試合に出る当人たちにとっては、そんな日程などはどうでもよい。撓競技も大きな大会が開かれるようになり、それに参加できることがうれしくてたまらないのだ。

団体の決勝戦は、京都府と愛知県の対決になった。この当時におけるまさに両雄対決という印象の決勝戦であった。

京都の先鋒は吉田竜蔵、中堅が和泉猛、そして大将は野入貞雄。

対する愛知は、先鋒が樽山重治、中堅が鈴木守治、大将が近藤利雄。

接戦で大将戦となった。

名将のほまれ高い愛知の近藤がリードして試合は後半にはいった。

「野入の健闘むなしく……」

という表現を観衆が準備したあたりから、これがまあ同じ人かと思うほど、野入の動きが別人のようになってきた。

残り時間一分となった。野入は猛攻という表現がふさわしい体さばき袋竹刀さばきで、たてつづけに三点をあげたのであった。

観衆が目をみはる中、〇・五点差で京都が優勝した。

このとき京都の中堅をつとめた和泉猛は、昭和十四年に早稲田大学の剣道部を卒業した。同期主将は大岡禎である。もともと京都で武道専門学校に通っていて、それから早稲田にはいった和泉は、今は京都で撓競技にとり組んでいた。

わが笹森大先輩が剣道危機の突破策として普及させようとしている撓競技である。和泉も全力投入、無我夢中であった。

「おい、関川、しっかりやれ」

「はい、先輩」

その和泉に関川と声をかけられた男は、ひたいがはげあがっていることもあり、和泉と同年配のようにみえるが、十年あまりも後輩の関川清である。

「笹森先輩が、ああやって体張ってんだから、おれたちもなあ、関川くん」

「やっぱし、八十二さんからまむしの粉もらっておけば、いいかったですかねえ」

「まむしの粉？」

「はい。中野八十二さん、粉持って飲んでんですよ、ヒヒヒ」

「あほな、そんなん。ああ、きみは中野先生といっしょか。同じ新潟やな」

関川は、早大クラブとして個人戦に出場していた。

関川の試合を見て、応援する和泉はおどろいた。

「なんや関川、はやーっ」

顔つきの老成に似合わず、関川の動きは早送り動画のようであった。後輩たちからは「機関銃」と呼ばれていたものだ。ふつうはだれもやらない、胴から面への連続技も、関川は平気でくり出していた。

もともと陸上競技の選手であった関川は、ハガネのスプリングを連想させる下半身の強さでスピードあふれる動きで攻めまくり、この日男子の部で優勝した。関川はのちに早稲田大学剣道部の監督に就任する。

一方、関川と決勝戦で対戦したのは、東京教育大学の清野武治であった。

のちに清野は、順造のもとで小野派一刀流の稽古に励み、やがて自らが指導する順天堂大学で、学生たちに小野派一刀流を教えることになる。

また、順造が普及をはかろうといいつづけている女子の部では、神奈川県の高野初江が京都の多賀を破り優勝した。

高野は、高野佐三郎の修道学院に入門していた。女性の剣道がめずらしいといわれたころである。

およそ十五年ののち、昭和四十一年十一月のさわやかに晴れた日、日本武道館における剣道七段審査会で、高野は、女性で初の剣道七段となる。落語家の柳家小さん（のち人間国宝。本名小林盛夫）と同日の七段昇段であった。

今回の撓競技大会の会場となった九段高校には、湯野正憲という教師がいた。熊本県出身で、東京高等師範を出ていた。この湯野が、撓競技の指導、普及に尽力するとともに、校長である星一雄も、撓競技のために協力してくれていた。

昭和二十五年、九段高校の校長である星一雄が全国高等学校体育連盟（高体連）の会長になり、九段高校にその事務局が置かれていた。このときは、陸上競技や水泳など、十一の専門部があった。

そしてこのあと、撓競技が学校での教材となると、昭和二十八年、高体連に剣道しない競技専門部が設置され、湯野正憲が部長として就任、長らくつとめることになるのである。

九州でもこの日、十一月二十五日に大きな行事が開かれた。

第一回西日本各県対抗剣道大会並びに撓競技発表会がセットになったもので、熊本剣友クラブが主管して、熊本市公会堂でおこなわれた。

「剣道復興祭」

というタイトルがつけられている。九州七県と山口、岡山の二県から選手が集まった。尚武の国熊本で開催される戦後初の剣道大会ということで、選手たちだけでなく、地元の見物者も多数やってきて熱気がただよった。開会一時間前から観客席がうまった。

大会の冒頭に熊本県知事や熊本市長の挨拶があった。知事の桜井三郎は、新潟県地蔵堂町（のち燕市）に生まれた。地蔵堂は新潟県の戦後剣道界をリードしたところである。内務省にはいり官選知事として熊本県知事となり、民選となってもひきつづき選挙に出て知事になっていた。

試合はまず個人戦からで、地元熊本の選手が優勝した。

そのあと、二組による撓競技の発表会となった。東京高等師範出身で、熊本県剣道界中心人物の一人である林田敏貞により、こういうあたらしい競技ができましたという紹介がなされた。

試合はまず福岡の末次留蔵と熊本の林田敏貞、次に福岡の三角卯三郎と京都の大野熊雄がおこなった。

——しかしこののちも、ここ熊本では、撓競技については、組織的な進展はない。

撓競技発表会のあとは団体戦である。一チーム十人の選手による団体戦は、決勝で福岡と鹿児島の戦いとなりこれが大接戦となった。前半戦三対一で福岡がリードし楽勝かと思われたが、副将で四対四になり、大将決戦で福岡の大江功が鹿児島の重岡昇を破り優勝した。

熊本は剣道の地である。剣道人口の多さ、レベルの高さだけでなく、剣道界に貢献する人物もまた多かった。順造の親友で、警察の世界で活躍した坂口鎮雄、戦前に剣道の欧米指導に出かけた大麻勇次、戦後復活活動を呼びかけ精力的に陣頭に立った新田宗雄、それに新田とは済々黌の同期で撓競技の普及にも貢献し一方で独自に剣道団体を組織し活動した大野熊雄など多彩である。


全日本撓競技連盟が設立され、次々と各地でも連盟がつくられていたが、いまだ実現していないことがあった。日本体育協会に加入することと国民体育大会に参加すること、それに、学校教材に採用されることである。

体協加入については、はやいにこしたことはないが、学校での採用については、急がねばならぬ。しかしなかなか進展しない。

順造も政治家という立場から、文部省関係者にたびたび要請してきたし、大学で教えている中野八十二も、公式非公式に窓口担当者に説明し訴えていたのだが。

十二月四日午前十時、文部省第一会議室において文部省主催の「撓競技懇談会」が開催された。

順造を先頭に、石田一郎、名古屋から近藤利雄、水戸から小澤武、さらに中野八十二、小野政蔵、湯野正憲など四十余名が学校体育に撓競技をとり入れるよう認可を請う形で文部省を訪問し、初等中等教育局長の辻田力らにうったえた。

このときの決定的な場面を、名古屋の近藤利雄が、半世紀あまりを経て平成十四（二〇〇二）年、随想として書き残した。長い年月を経ていることを考慮して読まなければならないが。

（略）いよいよ会議が開催された。しかしやはり満場一致で否決されそうになった。その時、笹森先生は、不賛成者に対し質問をお許し下さいと、切り出した。

「貴方はしない競技の理念をなんと思われますか。」

「わからない」という返事だった。次々と質問したが、皆申し合わせたごとく「わからない」という返事だった。

笹森先生、突然机を叩いて大喝一声、

「あなた方はしない競技の理念がわからないにもかかわらず、我々の日本を思う一心に対して簡単に否決されるとは何事ですか」と、顔を赤らめて一喝されました。

（略）

（愛知県剣道連盟『五十年記念誌』）

こうしたこともあり、文部省としては、撓競技であれば学校に採用してもいいだろうという見解となった。

それをうけて十二月十八日、文部省では、全国都道府県保健体育主管課長会議において、「撓競技の学校体育教材として実施」を適当と認めると決議をしたのであった。

東海地区では、順調に撓競技が普及していく。

十二月十六日、豊橋市花園町の別院境内において、東海新聞社主催の全三河学童撓競技大会が開催された。

昭和二十七年二月三日、三重県津市の結城神社で、前年七月の県連盟につづいて津撓競技連盟の結成式が挙行された。これから会長になる予定の地元で病院を経営する長井進や、県連盟会長の野呂顕太郎や関係者が出席したセレモニーのあと、撓競技の防具をつけた地元選手たちが、奉納試合をおこなった。

そして翌月の九日、津市にある三重大学において、三重県撓競技連盟と中部日本新聞社の主催で、第二回中部日本撓競技大会が開催された。

愛知県、岐阜県、三重県のほか富山県、石川県、福井県の北陸勢や、京都からの参加があり、団体は四十チームが覇をきそった。

開会式のあと、撓競技の特別試合がおこなわれた。まず、小学の部、高校の部、女子の部の各試合があって、そのあと、ふるさとの津に招かれて京都からやってきた宮崎茂三郎が、三重県のトップクラスの選手である勝谷春助、原田紫郎、鷹尾敏文に稽古をつけた。

六尺の巨漢で、異国人を思わせる風貌の宮崎だが、指導は懇切だ。

指導を受ける者たちは、宮崎は律儀でやさしい人物と知りながらも、宮崎の実技で閉口することがあった。やわらかな袋竹刀なのだが、宮崎に胴を打たれると、胴体が上下二つにされ息が止まったかと思うほどの衝撃なのだ。鍛えあげてきた手の内は正直である。宮崎としては最大限の手加減しているつもりなのだろうが。

さらに三重県では、三月の十六日に和具町（のちに志摩町、さらに志摩市となる）において、第一回三重県撓競技大会が開催される。

八月三日には、三重県津市の津市中央公民館において、第一回「三重県東西対抗撓競技大会」が開催された。各地において開催される大会に、バリエーションが出てきた。

県下を東西に分け、両チーム二十五名による対抗戦である。陣頭にあって指導をしている武道専門学校を出た杉野脩、鷹尾敏文、田中重信をはじめ、そうそうたるかつての剣士が、撓競技につどった。

のちに昭和二十九年になると、「南北対抗剣道大会」となる。

昭和二十七年二月八日、順造の所属する政党が、またあたらしいものとなった。順造や三木や苫米地義三の国民民主党と新政クラブ、さらに農民協同党の一部がいっしょになり、改進党が結成されたのである。総裁に重光葵、幹事長に三木武夫が就任した。新政クラブは、公職追放されていた政治家たちが、追放が解除されると民政旧友会を結成していたが、このうちの、吉田茂の自由党に対抗しようとしていた大麻唯男や松村謙三らのグループである。

また農民協同党は、昭和二十四年十二月に農民新党の議員を中心に結成されていた。

昭和二十七年二月二十四日、大阪市の中之島公会堂で、第一回全日本東西対抗撓競技大会が開催された。主催は全日本撓競技連盟と関西撓競技連盟であるが、特に野田孝や和崎嘉之らが中心となった関西連盟はなみなみならぬ意気込みでのぞんだ。

この大会は、日本を東西に二分し、各二十四名編制で対戦するものである。トップとなる先鋒は、東軍・宮本芳一（三重県）と西軍・谷口安則（福岡）の対戦であった。もっともこのときは先鋒、次鋒、大将というこれまで剣道で使われていた呼称は使用せず、一から二十四までそのまま番号で呼んだ。

主な対戦は、

二　東軍・高野武（神奈川）対西軍・堀江幸夫（徳島）
十四　東軍・浅川春男（岐阜）対西軍・中尾厳（大阪）
十七　東軍・小沢武次郎（岐阜）対西軍・島田喜一郎（兵庫）
二十　東軍・中野八十二（東京）対西軍・大岡禎（大阪）
二十二　東軍・小澤武（茨城）対西軍・長谷川寿（大阪）

そして大将にあたる二十四は、東軍・小沢丘（埼玉）と額田長（大阪）との対戦となった。

各地のリーダーが多数出場し、小野政蔵（神奈川）、佐藤金作（栃木）、湯野正憲（東京）、近藤利雄（愛知）、西軍では、花木哲（兵庫）、金子誠（福岡）、緒方敬義（熊本）などといった選手がいた。

東西対抗のほかにも、青年の部、女子の部、少年の部の対抗試合があった。

撓競技発足にあたり、青少年、女子への普及に力を入れようという順造の方針にそって、機会あるごとに女子や少年の試合を公開していたが、この大会でもそうしたとり組みがなされたものだ。

青年の部では、早稲田大学の関川清、田嶋光男、明治の峯重新二郎、北川太七、慶應の藤川和男、河野吉通、関西大学からは須鎗脩などが出て、合計十四名。

女子の部は、東京の大和田頴子、神奈川の高野初江など七名。

少年の部では、和歌山の津村耕作、大阪の戸田忠男など十二名。

少年の部で出場した津村耕作は、和歌山の武道具屋の息子で、和歌山を代表する剣道家である東山健之助の甥である。津村は、こののち和歌山商業高校から中央大学に進み、卒業後は中央の監督や教授をつとめることになる。

また大阪の戸田忠男は、慶應義塾大学に進み、中野八十二のもとで得意の上段技に磨きをかけ、卒業後は実業団を代表する東レに入社し、全日本選手権大会で二回の優勝をなし遂げる。

この東西対抗が成功裡に終わって、関係者が次にどのようにつなげようかと検討をしているとき、順造らに念願の知らせがもたらされた。

三月十九日、日本体育協会において理事会国内スポーツ常任委員会合同会議が開催された。

そこで、全日本撓競技連盟が参加を申請していた第七回国体に、撓競技がオープン競技として参加することが承認されたのである。

いよいよ、一つの競技としてみとめられたといってよい。大きな前進だ。念願の国体参加の準備がすすめられることになった。

ようやく国体に参加できることになりました。これまで、予行演習のつもりで全国大会をおこなってまいりましたので、実施にあたっての不安はありません。これからの撓競技の発展を左右する大行事でありますので、どうか各位のご尽力をお願い申し上げます。

こう、関係者に報告する順造は、うれしさをかくせない。開催地にとっては、短期決戦であるため、石田や中野があわただしくかけずりまわる。

さらにもう一つの念願がかなった。

昭和二十七年四月十日、文部省次官通牒が出された。中学校以上の学校で、撓競技が正課として実施されることが認められたのである。

学校で撓競技がスタートする。

こうした中、日本の独立にともない、進駐軍関係者は次々と日本を去っていた。

四月六日には、ＧＨＱにあって順造ら撓競技関係者の窓口となり、ＧＨＱの方針にしたがいながらも、親切にアドバイスをつづけていたウィリアム・Ｎ・ニューフェルドが、横浜港から帰国の途についていた。

文部省次官通牒が出された十日早朝、前日に羽田を飛び立ち大阪に向かい行方不明となっていた日本航空の旅客機もく星号が、同社のてんおう星号によって、伊豆大島の三原山山頂付近に墜落しているのが発見された。乗客乗員三十七名が全員死亡した。八幡製鉄所社長の三鬼隆や、「漫談」という命名をしたといわれる漫談家の大辻司郎などの死が、話題となったものだ。犠牲者の中に、井上薫がいた。福岡県議会議員であり、嘉穂飯塚剣道高段者会の会長であった。四十を出たばかりで県議に当選し、昨年再選されたところであった。

「まわりくどいことはしない。剣道一本だ。撓競技にはとらわれるな」

一徹に剣道の復興を願っていた男だった。

一方、直前にキャンセルをして助かった男もいた。戦後の北九州でいちはやく剣道をはじめ、のちに嘉穂高校などで剣道を教えた江頭佳造の息子の江頭匡一である。

昭和二十五年、福岡でロイヤルという外食産業をはじめた匡一は、商用で東京に行き、もく星号で福岡に帰る予定であった。ところが、交渉が長びき、匡一は搭乗を予定していたもく星号を断念したのであった。

このころ、社員に、撓競技をやれといっている会社があった。社内大会が開かれるといううわさも広まっていた。

「みな、しない競技せんとあかんのやて」

「しらんな。しらん競技や。なんやそら、ははは……」

「あほいいな。常務が皆にさすってゆうてはんのや」

やがて常務杯が用意され、「常務杯争奪社内しない競技会」という名称で、社内大会がおこなわれることとなった。

常務というのは野田孝であった。会社は、阪急百貨店である。

野田は必死であった。

「剣道は日本の大事な文化です。ここでいったん中断したら、たとえ、進駐軍の判断で再開が許可されたとしても、伝承に大きな支障が出る」

それを回避するのがしない競技である。

野田は、社内の剣道関係者全員をあつめた。

「社内でこれから、撓競技の練習をはじめます。きみたちが中心になって、指導してください」

あわただしく、阪急百貨店では撓競技のとり組みが進められていく。阪急百貨店の練習場所は、地下の荷物積み卸し場であった。

一日の搬入が終わったあと、手際よくあとかたづけをおこない、運動靴をはいての練習である。

「とにかくまず慣れないと」

いそがしいはずなのだが、練習の場に毎日のように野田がやってきて、陣頭で撓競技の指導をやり出した。

こうして社員たちにあたらしい競技というものの指導をするとともに、野田自らも撓競技の特性をつかもうとしていた。用具についても、技についても、試合の規則についても、一つひとつたしかめる野田であった。

とくに、用具のうちでも袋竹刀には問題が多くあり、対応が急がれていた。順造のところにも、東京だけでなく弘前や青森県の関係者から、すぐにこわれて困るという報告や相談が寄せられていた。

野田は、なんとか改善できないものかと、業者とひんぱんに相談していた。しかし、構造と竹という材質から、強度を維持することには限度があった。

3　全日本剣道連盟

昭和二十七年四月二十八日、この日をもって「日本国との平和条約」(「サンフランシスコ平和条約」、「対日平和条約」、「サンフランシスコ講和条約」などとも呼ばれる）が発効する。この条約により、連合国と日本の戦争状態がおわり、また連合国は日本国民の完全な主権回復を承認した。

いよいよ日本が独立国としてあたらしい歩みをスタートさせるのだ。

——しかし、順造もふくめ政治家たちは、国のもといとなる憲法を放置した。

憲法は、どの条文がいいとか悪いということでなく、占領軍の意向でつくられたものであるから、国家主権のシンボルとして晴れて日本国民の手でつくられるべき性質のものであろう。そのまま生かすべき条文ならそのまま生かせばいい。

憲法は放置されたが、剣道に対する禁止策は解かれることになった。どういう運動競技、どういう文化を継承しようとも、主権国家であれば、他国からとやかくいわれるものではない。現実には、剣道の再開に向けて準備が一気に進むという状態ではなかったが。

大日本武徳会が解散になったのにともない、各地における剣道人たちを組織し、剣道諸行事を企画し運営する組織がなくなっていた。そのため、地方によっては、組織化にはかなりの苦労が予想されるところもあった。

八月一日、「学校しない競技指導の手びき」がまとめられた。

それとともに、文部省主催による「学校撓競技講習会」が、東京豊島区の東京教育大学で開催された。昭和二十四年五月、それまでの東京高等師範学校、東京文理大学、東京農業教育専門学校、東京体育専門学校の四校が統合となり、東京教育大学が発足していた。

各県から数名ずつ代表者が派遣された講習会では、各地の教師たちがそれぞれの地域の普及について情報を交換し合うとともに、撓競技の実技や指導法について熱心に学んだ。

特に、審判法がかつての剣道とは次元がちがうほどに客観性を要求されるようになり、とまどう者が多かった。

ともかくこうして、ようやく体系化された講習会ができるようになった。

学校で撓競技ができるようになってからすでに半年になろうとする。

待ってましたとばかりに、採用に動き出した県が多かったが、なかなか動きに乗らない県もあった。中には、いっそのこと剣道のたぐいが日本からなくなればいいと主張する教育委員のいる県もあった。

——たとえば高知県の例である。

撓競技実施を認める文部次官通知からおよそ一ヶ月後の五月六日に、高知県教育委員会は、学校における撓競技の実施を見合わせることを決めた。

このころ教育委員は選挙で選ばれたが、高知県では教員組合の代表として立候補し当選したある委員は、学校から追放された剣道について、いくら形をかえてやっても軍国主義の押しつけにかわりはないと主張し、柔道や弓道についても、学校教育をゆがめるものだと、実施に強く反対していた。

また、同じ六日の教育委員会の会議に出席した教員組合副委員長は、日本精神につらなる可能性があるという理由で、やはり反対した。

撓競技の実施に積極的な委員もいたのであるが、結局、撓競技というものについて、もっと研究をしたうえでということになり、高知県における実施は見送りとなった。

研究らしい研究がなされないまま、一学期がおわった。

夏休みになると文部省による撓競技の文部省講習会が開催され、案内に応じて高知県からも何名かが出席した。

全国の様子をみるような調子で東京教育大学にやってきて教師らはおどろいた。

「えーっ、みんなまともにとり組み、まともに研究しているではないかっ」

講師と対等に話をしているし、他県同士が専門的な情報を交換しているのだ。

「高知は一つもしとらんっ」

高知にもどったメンバーは、関係者たちを招集して実状を報告するとともに、あらためて撓競技研究と普及のための活動をおこすのである。

高知県では、四国の各県にくらべると、GHQは強い姿勢で剣道禁止に臨んでいたというもののの、ほかの大都市と比較したらゆるいものであった。

高知県というのは、明治期を代表する剣道家で、高野佐三郎、高橋赳太郎とともに「三郎三傑」と称された川崎善三郎の出身地であり、剣道関係者はそのことに高いプライドを持っていた。

戦後ほどなくから顔を合わせていた剣道家たちは、未曾有の被害を出した昭和二十一年末の南海大地震の衝撃がおさまってきた昭和二十二、三年ころから、どうだそろそろという具合に、高知市内の愛宕神社でひっそりと稽古をはじめた。それにつづき県内でちらほらと剣道が再開されていった。

そのうち、社会人愛好者がクラブをつくっておこなう剣道はオーケーだというGHQの地区司令官の意向がわかり、高知県剣道クラブがつくられ、試合などもおこなわれるようになった。順造らによる剣道競技連盟設立の動きが広がってくるころだ。

四国は各県とも組織的な剣道再建の動きははやく、香川県は昭和二十三年に剣道クラブが設立され、つづいて愛媛、徳島でもクラブとして結成された。四国四県が相談し、昭和二十五年一月には四国四県剣道大会が開催されている。

だが、「剣道」であるかぎり、もっと大きな大会というものは開けず、もちろん学校での活動はできない。

そんなときに全日本撓競技連盟が結成された。さっそく、高知でも剣道関係者が集まり研究や組織づくりにとりかかったものだ。

ほどなく会長に宇田耕一、理事長に上田蔵刑がそれぞれ就任する。

宇田は、まだ四十二、三である。土佐電気鉄道社長や淀川製鋼所の社長をつとめ、衆議院議員となったが戦後追放となり、解除になったばかりのところである。政治家復帰ののちは、順造の盟友である三木武夫と行動をともにし、三木グループの資金担当であったといわれる。

撓競技の指導、普及活動で先頭に立ったのが、理事長の上田である。名前がむずかしい。蔵刑と書いてただのりと読む。高知師範学校時代に川崎善三郎に教えをうけた。母校の師範学校で教えている。

上田らは、東京に出て知った全国各地の動きを連盟会員に知らせるとともに、高知県教育委員会でも研究をすすめるように精力的に働きかけた。学校こそ柱だ。ようやく追いつけ追いこせのムードになってきた。

そして全国でも指導的立場である関西地区連盟に要請し、野田孝や和崎嘉之らに高知まで指導に出向いてもらった。

酒番付北横綱は秋田県、南は高知県といわれる。講師の和崎は秋田の出身で酒は横綱の風格であり、上田も酒をもって鳴る。上田に率いられてやってきている受講生たちの核になっている、西野悟郎、腰山静雄、川添恵美といった地元メンバーは、いずれも東京高等師範の出身、和崎の後輩である。

和崎がからむ夜の席は、ほとんどどんな人間であっても、和崎のペースに引き込まれてしまう。

「いいかお前ら、お前らがむちゃくちゃ先頭に立って、高知の撓競技を日本一にせいよ。な、いいな、よしっ、乾杯！」

果てしなく乾杯がつづく。乾杯は、高知県勢にとっては、得意中の得意である。意気が大いにあがっていく。

反対を叫ぶ教育委員も、撓競技の導入と普及のうごきを止めることができなくなった。いささかもたついた高知における撓競技のスタートであったが、熱心な指導者たちは、たちまち高知県撓競技を全国レベルに導いていく。

この翌々年のこと、『新体育』五月号に、浜田義明が剣道と撓競技についてに一文を寄せた。浜田は、都立神代高等学校長であるが、文部省体育官、東京都体育課長などもつとめてきていた。

剣道の復活について浜田は、反対だとはいわないが、あわててはいけない、といいつづけていた。

あわててはいけない、ということは、剣道家はこの際十分反省すべきであるということである。終戦までは一部剣道家には、思いあがった者があって、剣道は神聖である、普通の体育とは同列出来ないような考え方を持って居た者が居た。私が文部省に居た頃、文部大臣の諮問機関として武道審議会があって、その委員の一人が、武道が体育課長に所管されて居るとはけしからん。武道課を置いて一般体育と区別せよと怒鳴った者も居た位である。

昭和三（一九二八）年のアムステルダムオリンピックに、栄えあるボート選手として派遣された浜田は、高知県出身で、東京高等師範卒業であった。

一方、撓競技に強力に反対した高知の教育委員も、高知県出身で東京高等師範を出たボート選手であった。

ともに撓競技に反対しているのは、まったくの偶然であるかもしれないしそうでないかもしれない。

こういう県もあったが、各地では撓競技が浸透し連盟が組織されていた。さらにそれを母体あるいは参考にして剣道連盟がつくられてはじめていった。多くの撓競技連盟がそのまま剣道連盟の看板もかかげればよかったのである。

昭和二十七年十月に全日本剣道連盟が設立されるのであるが、この年九月までに、二十九の都府県で剣道連盟が設立されていたといわれる。

昭和二十七（一九五二）年八月十七日、栃木県の日光東照宮葵会館において、全日本剣道大会と銘打たれた大会が開催された。全日本剣道連盟が誕生するきっかけとなる記念すべき大会であった。

日光は、決して交通の便がいいという場所ではないが、日本各地二十二都道府県から代表がつどった。

団体戦（三人制）は、東京から出場した大義塾が優勝、準優勝は同じく東京の台東区剣道連盟であった。個人戦は五段以上と四段以下にわけられ、五段以上は大義塾の中村太郎が、四段以下では福岡県の矢野裕が優勝した。

――記念すべき大会ではあったが、団体戦において不正があった。

そして、その不正に対して、大会会長の木村篤太郎が、筋を通す決断をくだした。当時としてはきびしい措置なのかもしれないが、大会関係者や試合参加者は、木村篤太郎という人物はすじをとおすという印象を受けた。

団体決勝戦は、東京の福島剣友会（在京の福島県出身者により結成されている剣道連盟）と大義塾によっておこなわれ、二対一で福島剣友会が勝った。

めでたく福島剣友会が優勝となるはずなのだが、大会本部に異議が申し立てられた。

「福島剣友会チームに選手登録のない者がかえ玉出場しています」

というのだ。

「あとになって、そんな……」

あわてて大会本部が調査をしてみると、申し立てはほんとうであった。

まったく困ったことをしてくれたものだ、さあてどうするかと、本部の役員は悩んだ。正々堂々ではないことは確かなのだが、当時の実情として、こういう登録外選手の出場は、ところどころで見られたできごとではあった。

結局、判断を木村大会会長にあおぐことになった。

「一回戦で負けた警視庁助教会Bの選手である二名が、メンバーが二名欠けてしまった福島剣友会の選手として許可なく出場したものです。福島剣友会は先鋒の松田選手だけが出場で、欠場した中堅の川俣選手として警視庁助教会Bの選手が出て、さらに大将の三浦選手と名乗って別の選手が出ています」

「きみ、こんなことは勝負以前の問題ではないのかね。とんでもないことだよ。正々堂々の反対ではないか」

木村篤太郎は明快であった。

福島剣友会は失格となり、いったんは準優勝になった大義塾が優勝した。

複数の新聞がこの不正について報道した。八月十九日の毎日新聞に、大会運営の大黒柱である小笠原三郎の、はじまったばかりの大事な試合だから厳正にしなければならないという意味のコメントが載った。

こうした予想外の話題を残したものの盛会であった大会のあと、東照宮紫雲閣に全国の代表が集まった。

前日にも、紫雲閣で集会がもたれ、集まった全国各地の代表者によって、「全日本剣道連盟発足準備会」が開かれ、全日本剣道連盟を設立しようということが決まっていた。この日の試合のあと、さらに詰めた話しあいがおこなわれたのであった。

各地からの代表者のなかでリードしたのは、連名でこの会議の招請状を発していた東京と大阪であった。

大阪では、この三月三日、すでに大阪府剣道連盟が設立されていた。会長には大谷一雄が就任していた。大谷は実業界で活躍した人物で、旧制四高から京都帝国大学を出て住友化学工業に勤務した。

そして東京でも、五月二十四日に木村篤太郎を会長に、東京都剣道連盟が設立されていた。

木村会長の同志として、東京で設立の事務方をつとめたのは、渡辺敏雄であった。

木村と渡辺とは、戦前から剣道界刷新の活動をともにおこなってきたあいだがらである。渡辺、中野八十二、中倉清が若手剣士の会を発足させ、その会長に木村篤太郎を推戴した。

戦後、木村は追放の憂き目にあった。渡辺は解散となった大日本武徳会の残務整理を済ませたのち、久松屋という運動具卸商をはじめるとともに、剣道連盟の全国組織づくりにとり組んでいる。中野は、撓競技を軌道に乗せようと尽力している。中倉は、戦後の東京に見切りをつけ郷里の鹿児島に帰った。

「われらは地下にもぐってでも日本に剣道というものを伝え残す覚悟を決めなければいかんね」

剣道界が絶望的な様相になったとき、木村が渡辺にいった。

剣道は、日本人が伝え残すべき遺産であるという信念を、木村篤太郎や渡辺が生涯変えることはなかった。

「木村先生、国民が自発的にやる分にはおかまいなしですから、民間団体として全国組織をつくりましょう。まず、しっかり東京を固めましょう」

渡辺敏雄という男はエネルギッシュであった。

だが、四十という年齢は、剣道界ではまだものたりない。

渡辺が頼ったのは柴田万策であった。

警視庁師範であった柴田は、明治二十六（一八九三）年生まれ。同じ警視庁の先輩に、日本を代表する剣道家である斎村五郎と持田盛二がいる。しかし両名とも、もう陣頭に立った活動はできない。

そこで柴田は、東京において剣道連盟を組織し、さらにそれを全国組織につなげることを、自分の役割であるとして先頭に立ったのである。

柴田や渡辺が活動するとき、同志として連携した者たちの中には、警察官が多くいた。警視庁と皇宮警察の剣道関係者である。警視庁では堀口清、皇宮警察では佐藤貞雄がリーダー格となった。

昭和二十五年三月に全国撓競技連盟ができるのであるが、このころになると、東京都内において、学校ではないところで、定期あるいは不定期で剣道の稽古をする民間の団体ができてきた。渡辺は、そうした愛好団体が四十ほどになってきたとみていた。

そこで柴田や渡辺は、

「まず、とりあえず今活動しているこれらの団体を構成員として東京都剣道連盟をつくり、発展させるとともに、それを全国組織の原型とする」

ということをめざして、組織づくりをはじめたのであった。

組織づくりの要は、会則である。渡辺が、会則の草案づくりをはじめた。

さらに関連する諸規則についても、渡辺が担当してとりかかった。渡辺が表現上で悩むときは、大島功などに相談をかけた。大島は、東京帝国大学法学部の出身。はじめ検事として活躍し、のちに弁護士となった。

渡辺は、こういう事務は、実にはやい。さらに、闘志あふれるきかん坊そうな顔つきからは想像できぬが、端正な字を書く。

渡辺がねらいとするところは、あくまで竹四枚組み合わせの竹刀で、旧来の防具でおこなう剣道なのであるが、不思議なことに、剣道というものについての考え方は順造とも似ていた。

「刀でやる剣道。木刀でやる剣道。竹刀でやる剣道。袋竹刀でやる剣道。これらの総称としての剣道だ。いずれも鍛錬、いずれも人間形成の道だ」

というのである。

個人の剣道観は、自分の考え方で自分の信念で決めればいいし、また、修行の段階に応じて決めればいい。渡辺は、こういうところは柔軟であった。

この渡辺の筆になる会則が、昭和二十六年にはおおむねまとまった。

発足時の連盟構成団体は四十あまりで、核となったのが、警視庁師範教師会、皇宮警察本部、同志会、思斉会、警視庁助教会などで、区単位の連盟は、まだ十四にすぎない。

副会長は、矢野一郎と周藤英雄。理事長は、柴田万策であった。

八月二十八日、吉田茂首相は突然衆議院を解散した。自由党鳩山系議員が吉田首相の退陣を要求する言動をくり返すため、吉田首相と自由党吉田系一部議員が策を練り、選挙準備ができる前に解散をして鳩山系の勢力をそごうというものだった。もちろん自派はひそかに選挙に備えていた。

歴史上「抜き打ち解散」と呼ばれる。

腹の立つ解散ではあるが、解散となったからには選挙戦を戦うしかない。

投票は十月十日におこなわれ、順造は、この第二十五回衆議院議員選挙に当選した。同じ選挙区におけるトップは自由党新人の木村文男で、順造は二位当選、三位はやはり自由党新人の三和精一であった。

すっかり選挙になれてきた感のある順造陣営である。

こういうムードが出てくるとあやういのだが……

昭和二十七年十月十三日早朝。東京西神田のビルにある運動具卸の久松屋を一種興奮状態で出て行く渡辺敏雄を見送り、従業員の安原朋芳はつぶやいた。

「敏さん、いよいよだな。お疲れさんでした……」

そして、これから少しは、わが久松屋からの資金の持ち出しが減るだろうと期待したのであった。

この日、全国から代表者がやってきて、待ちわびた全日本剣道連盟を設立するための会議が、原宿の東鉄職員会館で開かれることになっていた。

久松屋の社長である渡辺敏雄が中心となって、この会合を計画してきた。見送った安原は広島県出身、誠之館中学で渡辺の後輩である。拓殖大学を出た安原は久松屋で働いていた。

大日本武徳会が解散となるまで、そこで主事として勤務していた渡辺敏雄は、武徳会解散の現場に立ち会ったあと、自分があたらしい剣道連盟をつくると決意し、子供二人を病で喪いながらも奔走してきた。

「ふん、わしゃあ、やる」

渡辺のつくった久松屋は、販売高を順調に伸ばしてきた。戦後の日本には、欧米のさまざまなスポーツが浸透してきた。それにともなってスポーツ用品は需要が拡大していった。久松屋の扱い高も順調に伸びた。

しかし経営は苦しかった。もうけが出ないのである。理由は簡単であった。社長の渡辺が、剣道のためだといって、金を使うからである。

この会社の入口には、久松屋という表札とは別に、「全日本剣道連盟創立事務所」という表札がかけてあった。この創立事務所に、久松屋からの金が、遠慮なくつぎこまれていった。

「わしがまた全国組織をつくる。全日本剣道連盟をつくらないかんのんじゃ。わしの天命じゃ」

決心した渡辺は、剣道の全国組織づくりにとり組んできた。

だが渡辺は、撓競技にはさほど関心を示したようには見えなかった。渡辺としては大いに関心はあり、さまざまな場面で支援はしてきたのだが、撓競技普及活動の先頭に立とうという意識はなかったのだ。

渡辺自身は、戦前からおこなわれていたように竹刀による剣道をつづけていた。渡辺は、これまでやられてきたように竹刀でやりたい者はそれでいい、古流の形を中心に鍛錬し研究する人はそれでいいだろう、撓競技の人はそれはそれでいいだろう、いろんな剣道があっていい、そう考えていた。

だが、いろんな剣道観があるにしても、日本の剣道を統括する団体がいる。全面的な剣道の復活がなされたとしても、それを統括する組織がなければ、教材とすることも全国大会を開くことも円滑に行かない。

剣道家の多くは、復活ということになり、大手を振って剣道ができるようになれば、かつてと同じ剣道をとりまく環境がもどってくると思っているだろうが、そんなにたやすくいくものでない。剣道観がすっかり変わっているのだ。

たしかに、空襲に遭いながら道場が焼け残ったり、ほかに転用されないままの道場があったりするが、施設や用具は最盛期にくらべれば消滅したようなものだ。それに国民のあいだでも、もう剣道などやってはいけないものだと思い込んでいる者も多い。昔のままの試合方式では国民から相手にされないところも出ている。課題がいっぱいである。

そのため、どうしても全日本剣道連盟という全国組織が必須であり、今の時代に受け入れられる剣道をあたらしく築いていかなければならないのだ。

そう思って渡辺は、必死でかけずりまわってきた。その全日本剣道連盟の結成がいよいよ目前になったのだ。

渡辺のもとではたらく安原朋芳は、渡辺の出身中学である福山誠之館の後輩であった。先輩の渡辺と同じくエネルギッシュであるが、冷静である。連盟設立の気運が盛りあがってきたのはけっこうなことだが、このままではもうこの久松屋はもたない。そういう危機感をいだいていた。

しかし、その心配ももう終わりだ。いよいよきょう全日本剣道連盟が設立される運びとなったのだ。

会議の筋書きも、この渡辺敏雄や庄子宗光、それに新田宗雄や柴田万策を中心に検討され、準備された。

特に、組織を組み立てることについては、渡辺の力に負うところが多かった。旧制東京高校助教授から、大日本武徳会主事となった渡辺の頭には、都道府県別の剣道関係者の力関係がインプットされていた。

大日本武徳会の会長が各都道府県支部を巡回するときは、あらかじめ渡辺が訪問先の支部に行き、会長訪問スケジュールを確定し行事内容について確認した。そのうえで会長が赴き、カバン持ちで渡辺が随行していた。

こうして渡辺は、全国各地における剣道関係者の微妙な力関係を把握するとともに、関係者個人の特性もすぐにつかんでいた。

遠戚に唐島基智三という政治評論家がおり、また、広島県選出代議士の重政誠之とも懇意である渡辺は、政治家になろうと思っていたときもあって、人や組織の運用ということに才能を発揮した。

全日本剣道連盟結成会議は難問一つをのぞき順調だった。組織の要となる役員体制も決まった。

会長　　木村篤太郎
副会長　大谷一雄　周藤英雄　石原幹一郎　坂内義雄
理事長　新田宗雄
専務理事　庄子宗光
理事　　北見庸蔵　佐藤忠三　小沢丘　柴田万策　土田才喜　千田勘太郎　深沢三郎
　　　　大野熊雄　山本孝喜　森下泰　三木輝次　藤村米次　三角卯三郎
監事　　武藤秀三　白井寛二
事務局長　渡辺敏雄

順造は全日本剣道連盟顧問となった。

残された難問というのは、全日本剣道連盟の本部をどこに置くかということであった。西日本からの出席者の一部をのぞき、会議出席者のほとんどは、東京に本部を置くことに同意しているのだが、京都の代表は、京都に本部を置くべきであると強く主張した。

この時代、これからの時代、東京に本部があって当然ではないかというのは、東京の者でなくても思うことだが、一方で京都の主張にはそれなりの根拠もあった。もともと、日本の剣道界を統べる大日本武徳会は京都が中心になって全国に呼びかけてできたものだ。

結局、とりあえず事務局は、西神田の弘道会ビルにある渡辺の久松屋に置くことになったもの、本部問題は棚あげとなった。議長をつとめ、また会長に就任した木村篤太郎が、あえて多数決をとるといった方法はとらず、話し合いをすすめていきたいという方針を提示してそれを通した。

――ほどなく、渡辺敏雄が京都に足を運び、京都剣道界を代表する小川金之助らと接衝するなど調整がはかられた結果、文部省やＧＨＱに近く、事実上文化や運動の中心地となっている東京に決まるのであるが。

本部を京都に置くべきだと主張した京都の大野熊雄という人物は、渡辺と同様に、私財を投じて剣道復活と全国組織づくりの運動をすすめてきた実践者であった。

熊本県出身の大野は、済々黌から京都帝国大学を出て、新聞記者や興亜同文書院の教授などののち、京都に日本武教社という会社をつくり、『武教』という冊子を発刊していた。いったん廃刊となっていたこの『武教』を、大野は、武道の総合雑誌として昭和二十七年三月十五日日付で復刊していた（昭和二十八年十二月十五日発行の復刊第二十号をもっておわる）。そしてその冒頭に、

「全日本剣道連盟の創立を提唱す　各府県各地方に剣道団体の結成をはかり之を統制する強固なる連盟を至急創設すること」

と書いていたものである。

全日本剣道連盟創立をめざしてきた渡辺敏雄にとって、十月十三、十四日は最高の日となった。

「さあやったるで、なあ、やっさん、安原。ワハハハ」

久松屋にもどった渡辺敏雄は上機嫌であった。

渡辺にとってうれしくてたまらぬ毎日がスタートした。

全国各地の組織づくりの相談に乗り、要請があれば躊躇なく必要なところにとんで行った。指導し、激励し、相談に乗った。

さらにやつぎばやに全国規模の事業を計画し、渡辺自身が陣頭に立って展開した。

4　国民体育大会参加

昭和二十七年十月十九日、宮城・福島・山形の三県が会場となった第七回（秋季）国民体育大会開会式が、福島市信夫丘競技場で挙行された。この大会から、米軍統治下にある沖縄が国体に参加することとなり、話題となった。

国民体育大会は昭和二十一年からはじまった。戦前にあった明治神宮大会の戦後版といわれるのであるが、運営主体が大きく異なった。明治神宮大会が国の行事として開催されたのに対して、国民体育大会は大日本体育会（昭和二十三年に日本体育協会となる）という民間団体によっておこなわれるのである。

第一回は、京阪神開催という、あとからみれば変則的な開催であった。昭和二十年の暮れのころに大日本体育会が開催を決定し、あわただしく準備が進められたものであった。まあ、まだ東京は混乱してもいるし、関西の方が連携よくやれるだろうという感覚で決まった開催地であった。

そしてもし国民体育大会をつづけるなら、次は当然東京開催だろうという大方の予想を裏切り、第二回の開催は、石川県となった。

第一回大会が進行しているとき、石川県の体育関係者などが、

「本県でも国体をやりたいのだが、次の開催を石川でお願いできないものか」

と、大日本体育会に名乗り出たのである。

そこで大日本体育会では、担当者らを石川県に派遣して実地の調査をした。その結果、妥当であろうという結論が出て、第二回は石川県開催と決まったのであった。

この時代、まだまだ食糧不足であり、石川県内においては猛烈な反対もあった。

しかし知事や県会関係者などが、県民や反対する団体などを根気よく説得し、無事にやりとげたものだった。この石川県の実績により、国体開催地が地方をまわるという形が定着した。

石川のあと第三回は福岡県、第四回は東京都と近県、第五回は愛知県、第六回は広島と近県というように各地で開催されてきたのであった。

「当分、国体が、わが国のほとんどの全運動競技にとって最大規模の大会となる」

順造はそう思い、またそう語ってきた。かつて厚生行政に携わった石田一郎もまた、そう思っている。武道としての活動が否定され、スポーツとしてのみ許可されるという性質を考えると、あたらしい剣道にとっては、国体に参加することがその存在が認められるための大きな目標となるであろう。

戦前の剣道をかえて第四回国体の東京開催に参加できるように企画されたものの、

「全国組織がととのっていない競技は国体参加はできない」

と、門前払いをくらったため単独開催されたのが「剣道競技選手権」であった。

つづく第五回の愛知県開催のときも、全国連盟を結成したので、なんとか撓競技として参加したいと願い出たのであるが、

「日本体育協会に加入していない競技団体は参加できない」

と、これまた拒否されたため、名古屋市で「第五回国民体育大会協賛全日本撓競技大会」を単独で開催したのであった。

東北の三県にまたがる第七回は、バスケットボールやバレーボールが福島市、陸上競技や

サッカーやバドミントンが仙台市、体操やボクシングが山形市といった開催になった。

そしてこの回から、いよいよ撓競技がオープン競技として参加できることになった。開催は十月二十日と二十一日の二日間、会場は、福島県郡山市の橘小学校で、終戦の年の四月、米軍の空襲に遭ったが、落とされた一トン爆弾が不発だったという幸運校である。

初の国体参加にあたり、順造や石田たちが拠点としたのは、郡山市清水台の染本ホテルであった。ここに陣どって、各地からやってくる指導者たちとの情報交換の場としていた。撓競技関係者にとって思い出が多い染本ホテルだが、のちに廃業してしまう。

染本ホテルにやってきた関係者は、撓競技の普及が一歩前進したことをよろこび合った。

郡山市の玄関となるのは、国鉄の郡山駅である。各県の選手たちが駅に到着すると、競技の運営関係者だけでなく、ボランティアで選手の滞在を支える多数の婦人会のメンバーが出迎えていた。選手たちは、予想もしなかった歓待ぶりに、到着直後から一種の興奮状態になった。

撓競技の開始式は、十月二十日、八時半からはじまった。

冒頭、大会会長として、順造が挨拶をした。

新しい時代になり、新しい民主的なスポーツとして撓競技が誕生した。日本の伝統を生かしながら、未来に向かおう……

順造につづいて、大会名誉会長である木村篤太郎が挨拶をした。木村は一週間前に、全日本剣道連盟の会長に就任したばかりである。撓競技後援会の会長にも就任していた。めでたく国体種目となったこの撓競技を、全日本剣道連盟としても全力で支援するつもりである……

「同志笹森くんの尽力で、剣道を後世に伝える足がかりができた」

木村らしい語り口で、これまで剣道関係者が集まる機会があるとそういっていた。このときもまた木村は、同じように笹森順造の業績をたたえた。

撓競技はじめての国体で、審判長をつとめるのは土田才喜である。

土田は、早稲田大学を出て、三菱地所にはいり、役員となって活躍していた。戦後、順造を支えて、剣道復活や撓競技普及の活動をつづけてきた代表的メンバーの一人であった。

そして審判団は、やはりこれまで撓競技を指導してきた中野八十二（東京）、和崎嘉之（大阪）、小澤武（茨城）、松本敏夫（兵庫）、佐藤金作（栃木）、それに地元福島の和田晋らを核にして編成されていた。

福島の和田晋は、会津藩士の血をひいていた。東京高等師範を出て教員となり、金沢の第四高等学校などで勤務ののち満州にわたり、南満州工業専門学校に赴任した。埼玉県撓競技連盟会長の小澤丘は、和田と高等師範時代の同期である。第四高等学校で和田に教えを受けた一人が、撓競技普及に尽力する名古屋鉄道の土川元夫である。

昭和二十二年四月に大連からひきあげてきた和田は、十二月には若松商業高校に職を得る。戦後の苦難の中で、何としても日本に剣道を残さなければならないと思いつづけていた和田は、母校である会津中学卒業生たちを組織し、母校の道場で夜間稽古をはじめていた。さらに昭和二十五年になると、和田は警察署に頼みこみ、警察道場で稽古をしていた。

だが、剣道では、おおっぴらに試合はできない。交流稽古もできない。

そこで、撓競技の創設にともないその普及に関わり、昭和二十六年三月、会津若松で撓競技連盟が発足すると、副会長についたのである。

和田には、順造に通ずるものがあった。和田も古流の鍛錬をおこなっていた。溝口派一刀流という流派で、和田の父が伝授した。この父は、戊辰戦争のとき十代なかばで会津軍に加わっていた。

溝口派一刀流は、袋しない、木刀、刃引などを使って鍛錬する。だから、和田には、竹刀で対戦するだけが剣道で、あとは変形であるといった先入観はない。

もっとも、和田が部外秘とされてきた溝口派一刀流を公開するのは、順造が昭和四十年に『一刀流極意』を上梓するさらにあとになるのだが。

そして、和田と順造には偶然とは思えぬほどの縁があった。和田の母親は、井深家の出であった。

母親の兄、つまり和田の伯父にあたる井深梶之助は、順造にとって、キリスト教教育界の大先輩であった。明治学院大学の学長を三十年もつとめた人物だったのである。

さて国体撓競技だが、初日は、各種目の予選であった。

大会の核となる都道府県対抗一般対抗（成人男子）は、地区予選を経て出場した三十二チームが四チーム一組となってリーグ戦をおこなった。その結果、北海道、茨城、東京、愛知、大阪、兵庫、広島、長崎の八チームが決勝トーナメントにすすむことになった。

いずれの組も強豪が勝ち残った形だが、中でも愛知と大阪の強さが注目された。特に大阪は、佐伯太郎や広光秀国といった選手を擁する井上正孝監督が率いる福岡や、はやくから撓競技を研究し、試合にもたけた秋田を押さえて、準々決勝に進出した。愛知と大阪は準々決勝で対戦し、愛知が勝った。

愛知のメンバーは、先鋒・内田實、中堅・榊原正、大将・近藤利雄であった。

内田は、昭和二十五年暮れころから、本格的に剣道と撓競技をはじめた。まさに没頭している毎日といってよかった。西尾の出身で、先天的ともいえる柔らかな身のこなしで活躍した内田であるが、やがていつの間にか剣道から遠ざかっていく。

中堅をつとめる榊原正は、大将である近藤の弟子である。榊原は、のちに全日本剣道選手権大会でも活躍し、記念すべき昭和二十八年開催の第一回大会において優勝する。

また、昭和四十五年四月五日、東京の日本武道館において開催された第一回世界剣道選手権大会に出場し、選手を代表して宣誓をおこなうことになる。

大将の近藤利雄は、幾多の名手を育てあげている指導者として知られ、いちはやく撓競技の普及に尽力してきた人物である。

撓競技については、おそらくこのとき、近藤は日本中の撓競技関係者の中でも、もっとも力のある指導者の一人であっただろう。

決勝戦は、東京と愛知でおこなわれた。

東京は、先鋒・辻村祥典、中堅・村田茂、大将・鈴木幾雄という、これまた強力な布陣であった。

辻村は、皇宮警察に勤務する。勤務しながら通った中央大学の学生時代、フェンシング部にあって撓競技や剣道に励んだ。

村田は、前橋工業学校を出て国鉄にはいった。この初参加国体で東京の監督としてきている小澤幸雄らとともに、戦後いちはやく国鉄で剣道をはじめていた。

東京高等師範を出た鈴木は、指導者としても全国の第一人者である。

結果は、僅差で愛知が勝った。愛知九・五対東京九、すなわち三人の合計で、反則一つの差であった。

優勝　愛知県
二位　東京都
三位　北海道

で、三位決定戦があり北海道が兵庫を破った。

個人の種目は、男女それぞれがあった。

二十六歳からの一般男子個人は、三十二名が出場し、四人一組で予選リーグをおこない、八名で決勝トーナメントを戦った。

優勝　浅川春男（岐阜県）
二位　田熊新悦（栃木県）
三位　三野秀一（香川県）

という結果になった。

浅川もまた、撓競技がはじまると熱心に研究し、鍛錬してきた男であった。そして、競技の普及のために、自腹を切って普及活動をしてきた。

順造よりははるかに若いのだが、順造は、浅川を同志としてつきあってきた。一方で浅川は、それに応えるように、順造に相談ごとをもちかけたり、何かと順造をたててくれていたものだった。

さらに浅川は、撓競技だけでなく剣道の試合にも遺憾なくそのすぐれた力を発揮し、昭和三十一年の第四回全日本剣道選手権大会において優勝する。田熊は、東京高等師範を昭和十三年に卒業した。撓競技の発足から、栃木県において佐藤金作、堀内肖吉らとともに指導の陣頭に立ってきた。

全国の中堅どころが、予選を経て出場してきただけに、紙一重の好勝負が展開された。猿渡春義（北海道）、奥山京助（秋田県）、小澤武次郎（茨城県）、高野武（神奈川県）、佐伯太郎（福岡県）といったのちの指導者たちがそろっていた。

また、東京都からは、峯重新二郎が出場していた。全身から熱気があふれ、全身バネのような峯重は、選手として活躍しながら学生の連盟づくりに奔走していた。

次に青年男子個人でも、予選リーグ、決勝トーナメントをおこない、

優勝　山本亀八（山口県）
二位　小深田博（大阪府）
三位　広野幸栄（高知県）

という結果になった。

青年男子というのは、二十五歳までだが、十代が一人だけいた。川上峻司という島根県代表の選手である。のちに関西大学に進み、日本の学生剣道界をリードし、さらに実業団勤務を経

たのち、ＰＬ学園を指導するようになり、あまたの名選手を剣道界に送り出す。

また、五人が出場した一般女子個人の結果は、総あたりリーグをおこない、

優勝　大和田頴子（埼玉県）
二位　高野初江（神奈川県）
三位　多賀蓁子（しげこ。京都府）

となった。

女子においては、大和田だけでなく、高野も多賀も、これから第一人者としてさまざまな大会で活躍するのである。

最後のプログラムである団体決勝戦が終わると、大阪の野田孝が、石田のところにやってきた。

「石田先生、大躍進ですね。さらにがんばりましょう」

そのあと、野田も石田も和崎も、順造のところにやってきた。

「いい大会や。三歩前進や、なあ」

和崎が笑った。


優勝した愛知勢は意気軒昂であった。

なんたって撓競技の国体初参加優勝という記念すべき優勝である。長い汽車の旅の話題は無尽蔵だ。撓競技の話も剣道の話も、いくらしてもあきることはない。

たまたま愛知勢先鋒で活躍した内田實の兄のことが話題になった。内田の兄である内田敏夫は東洋レーヨンに勤務し、近藤もよく知っている。

「会社の転勤で、兄が、名古屋工場勤務になった」

「えっ、敏夫さんが。ほんまか……」

名古屋工場事務部長の内田敏夫は、かつて名古屋高商時代、剣道の選手として活躍し、東洋レーヨン入社後も熱心に剣道に励んでいたものだ。

名古屋に帰ると、近藤はさっそく東洋レーヨン名古屋工場を訪ねた。

「内田さん、弟さんからきいてみえると思うが、わが愛知が国体で優勝しました。撓競技だけでなくまた剣道もできる時代になった。会社でも伝統ある剣道部をまた活発にしたらどうですか」

とすすめた。

「そうですね、近藤先生。私が社内に呼びかけますので、ご支援よろしくお願いいたします」

内田敏夫はすぐに行動を開始した。

さらに近藤は、同じ名古屋市にある東洋レーヨン愛知工場も訪問した。ここの事務部長の桂弘は、慶應義塾剣道部のOBで、一見きゃしゃな印象を与えるが、ひとたび竹刀を構えるや、おそろしいほどの気迫で押していく剣道で知られていた。

「もちろんやります、近藤先生。もともと剣道は、当社にとっては社技。わが東洋レーヨン社員づくりの根幹です。よろしくお願いします」

こうして、戦後実業団剣道をリードすることになる東洋レーヨン剣道部は、名古屋から復活を遂げていく。

さらに国体の翌月、昭和二十七年十一月三十日、名古屋市の金山体育館において愛知県撓競技連盟と中部日本新聞社の主催による第一回「中部日本府県対抗撓競技選手権大会」が開催された。

出場府県は、京都府、新潟県、長野県、富山県、石川県、福井県、滋賀県、静岡県、岐阜県、三重県、愛知県、それに名古屋市であった。大会はまず名古屋市内の中学と高校の撓競技優勝大会をおこない、そのあとで府県対抗を開催するものであった。

剣道ができるようになったことにともない、この大会は翌年から「中部日本剣道選手権大会」と名称をかえる。やがて愛知県を代表する大きな大会として定着し、昭和四十三年からは「都道府県選抜剣道選手権」となり、さらに「全国剣道連盟対抗剣道優勝大会」となって、長期にわたって全国的にしたしまれるようになる。

列車内で意気が上がったのは愛知県勢だけでない。いずれのチームも大いに盛りあがった。国体の仲間入りができた。また出て優勝しようじゃないか。愛知や東京や大阪のレベルに追いつこう。

メンバーも、それまでなじんできた剣道とはやや違うけれど、格段に客観性があるジャッジのもとで勝負ができるうれしさがあった。

帰ったら、早速練習だ。

順造たち役員も、ほほえみながら郡山をあとにした。

「ひとつの到達点ですね。たしかに」

進駐軍によりあわや歴史から消えようとしていた剣道であるが、順造らの進駐軍との交渉によって、全面禁止にまではいたらなかった。

そして、日本の剣の心と形を伝え継ぐ人間形成の教材として、撓競技をつくり出し、学校教育に活用できるようになったのだ。

だが次の課題もある。

――剣道と撓競技の関係である。

進駐軍による占領政策が、十年つづくか二十年つづくか、あるいはそれ以上かもしれない。

そんな予測の中で撓競技が構築されてきた。

ところが、朝鮮戦争によって日本の独立があっという間になされてしまった。

はばかることなく剣道ができる時代になった。

一方で、撓競技が浸透してきている。

参考文献一覧（文中明示のものは除く）

『弘前学院百年史』弘前学院百年史編集委員会編　弘前学院刊　平成二年
『戦前戦中の子どもたち　われらの日々』「新老人の会」東北支部北東北ブランチ会員著　企画集団プリズム刊　平成十九年
『火焔の人』松本汎人著　学校法人鎮西学院刊　平成十八年
『剣道五十年』庄子宗光著　時事通信社　昭和三十一年
『早稲田大学フェンシング部史』早稲田大学稲光会著　金子誠刊　平成八年
『中央大学フェンシング部五十年史』白門フェンシング会編・刊　平成十年
『剣道百年（改定新版）』庄子宗光著　時事通信社刊　昭和五十一年
『剣道・居合・道杖道高段者名鑑』創研編・刊　昭和五十四年
『早川崇　その生涯と業績』橘昌平編著　第一法規出版刊　昭和六十三年
『戦後政治史第三版』石川真澄・山口次郎著　岩波書店刊　平成二十二年
『大分県剣道連盟五十年史』大分県剣道連盟編・刊　平成十四年
『エラさまを語る』大條和雄編　笹森順造先生生誕百年祭実行委員会刊　昭和六十一年
『海外引揚関係史料集成（国内編）第一巻』加藤聖文監修・編　ゆまに書房刊　平成十四年
『身障讃歌』大槻道明著　大槻眞代刊　平成三年
『ここに人ありき』船水清著　陸奥新報社刊　昭和四十五年
『三十周年記念誌』関東学生剣道連盟編・刊　昭和五十七年

『帝国海軍士官になった日系二世』立花譲著　築地書館刊　平成六年
『三十年史』東京都剣道連盟編・刊　昭和五十六年
『東レ剣道部五十年史』東レ剣道部編・刊　昭和六十一年
『四十周年記念誌』全日本学生剣道連盟編・刊　平成五年
『野田孝氏の追憶』故野田孝氏一周忌追悼録編纂委員会編　阪急百貨店共栄会刊　昭和六十年
『四十年のあゆみ』株式会社シモン社史編纂委員会編　株式会社シモン刊　昭和六十三年
『風姿　和崎嘉之のことども』野田孝編・刊　昭和四十六年
『武道のあゆみ９０年』近代武道研究会著　商工財務研究会刊　昭和三十六年
『米国対日占領政策と武道教育』山本礼子著　日本図書センター刊　平成十五年
『東奥義塾再興十年史』笹森順造編　東奥義塾刊　昭和六年
『東奥義塾再興三十年史』東奥義塾編・刊　昭和二十七年
『東奥義塾九十五年史』東奥義塾編・刊　昭和四十二年
『―資料で見る―　東奥義塾の歴史』東奥義塾編・刊　平成十四年
『青山学院九十年史』青山学院大学編・刊　昭和四十年
『青山学院大学五十年史』青山学院大学編・刊　平成二十二年
『神の愛に生きる』青山学院編・刊　平成二年
『創立５０周年記念誌』財団法人東京都剣道連盟編・刊　平成十三年
『父　宮田正男の記録』市川みち子藤實和子奈良正子編　診断と治療社刊　昭和四十五年
『多士記念号』友枝龍太郎編・熊本県立濟々黌高等学校

『昭和の剣豪　宮崎茂三郎』高岡謙次著　健民会刊　昭和四十九年
『剣道の思い出』高岡兼次著　高岡胃腸病院刊　昭和四十一年
『贈る言葉』月刊「武道」編集部著　日本武道館刊　平成十九年
『大先輩に聞く』田谷将俊著　日本武道館刊　平成十七年
『剣道・居合道・杖道高段者指導者名鑑』逸見信之編　創研刊　昭和五十六年
『私の剣道修行』「剣道時代編集部」編　体育とスポーツ出版社刊　昭和六十年刊
『私の剣道修行　第二巻』「剣道時代編集部」編　体育とスポーツ出版社刊　昭和六十一年刊
『剣道範士鈴木幾雄先生を偲ぶ』中心会編・刊　昭和六十二年
『三十年のあゆみ』全国高等学校体育連盟剣道部編・刊　昭和五十八年
『学校剣道』全日本剣道連盟編　新剣道社刊　昭和二十八年
『豊商剣道史』「豊商剣道史」編集委員会編・鈴木房吉先生喜寿祝賀記念事業実行委員会刊　昭和四十二年
『剣友六十年』嘉穂高等学校剣友会編・刊　昭和五十七年
『青森県剣道史』青森県剣道史編集委員会編　青森県剣道連盟刊　昭和五十九年
『三十年史』弘前剣道連盟編・刊　昭和五十六年
『創立五〇周年記念誌』財団法人東京都剣道連盟編・刊　平成十三年
『北海道剣道史増改訂版』長谷川吉次編　北海道新聞社刊　昭和六十一年
『山口県剣道史』山口県剣道史編集委員会編　山口県剣道連盟刊　平成十六年
『剣友六十年』嘉穂高等学校剣友会編刊　昭和三十七年
『松川金七追想録』松川先生追想録編纂委員会編　宮城県医師会刊　昭和五十七年

『三十年史』創立三十周年編集委員会編　和歌山県剣道連盟刊　昭和五十八年
『創立五十周年記念誌』千葉県剣道連盟編・刊　平成十四年
『石川県剣道連盟50年史』石川県剣道連盟編・刊　平成十五年
『埼玉県剣道連盟三十年史』埼玉県剣道連盟編・刊　昭和五十九年
『創立五十周年記念誌』社団法人静岡県剣道連盟編・刊　平成十四年
『兵庫県剣道連盟四十周年記念誌』兵庫県剣道連盟編・刊　平成五年
『武生市剣道連盟五十年史』武生市剣道連盟編・刊　平成十六年
『敦賀市剣道史』敦賀市剣道史編集委員会編・敦賀市剣道連盟刊　平成六年
『茨城県剣道連盟五十年史』茨城県剣道連盟編・刊　平成十六年
『中野八十二先生を偲ぶ』中野八十二先生追悼文集編集委員会編・刊
『剣と政治』中村喜四郎追悼集編纂委員会編　中村登美刊　昭和四十七年
『社団法人大阪府剣道連盟五十年史』大阪府剣道連盟編・刊　平成十四年
『五十周年記念誌』愛知県剣道連盟編・刊　平成十四年
『森剣傘果』森武雄著・刊　平成二年
『道』熊本県剣道連盟編・刊　平成十五年
『西尾市剣道連盟五十周年記念誌』西尾市剣道連盟編・刊　平成十七年
『秋田県剣道史』秋田県剣道連盟編・刊　平成五年
『旭川剣道史』旭川剣道連盟編集委員会編　旭川剣道連盟刊　平成八年
『島根県剣道連盟五十年史』島根県剣道連盟五十年史編集員会編　島根県剣道連盟刊 平成十七年

『三重県剣道連盟創立五十周年記念誌』五十周年記念誌班編　三重県剣道連盟刊　平成十八年
『沖縄剣道史』松川久仁男著　星印刷出版部刊　昭和四十二年
『東照宮武徳祭と日光剣道大会五十年の記録』日光東照宮編・刊　平成十四年
『世界連邦　その思想と運動』田中正明著　平凡社刊　昭和四十九年
『歩みの跡』藤岡紫朗著　歩みの跡刊行後援会刊　昭和三十二年
『一つの戦後剣道史』山本甲一著　島津書房刊　平成十年
『剣道塾長　笹森順造と東奥義塾』山本甲一著　島津書房刊　平成十五年
『稲剣誌』（一〜八）稲門剣友会編・刊
『つるぎ』三田剣友会
『学校体育』日本体育社
『武教』（復刊号）
『剣道時代』体育とスポーツ出版社刊
『剣道日本』スキージャーナル社
『月刊武道』日本武道館

取材協力（記して御礼申し上げます）
笹森建英・笹森建美・半田より子・鈴木ゆき子・里見真平・茂田篤・雪田さだ・工藤弘二・村山芳郎・七戸猛・戸沢武・佐藤喜美子・今井富士雄・市川直正・福士文知・田澤吉郎・岡田守弘・渡邉静子・石田光徳・小山内尚文・小山秀弘・安原朋芳・小沼宏至・峯重新二郎・及川栄一・田嶋光男・関川清・渡瀬信正・

山本和正・川口三三夫・井上正孝・清水公大・山本哲也・山本節子・小山隆秀・山下美廣・高津義明・栗原正治・矢口五洋・谷藤文明・近藤勁助・荒木隆・加藤覚太郎・岡田睦夫・小名木俊夫・森山忠・大河内武夫・中村富貴子・藤野圭江・西尾多聞・門脇公太郎・岡本埜里

剣道大臣—笹森順造と撓《しない》競技—

平成二十九年九月十日　第一刷発行

著　者　山本　甲一

発行者　村瀬　博一

発行所　㈱島津書房

埼玉県入間郡毛呂山町南台三—一四—一七

郵便番号　三五〇—〇四六四

電　話　〇四九・二七六・六七〇〇

FAX　〇四九・二七六・六七〇一

乱丁・落丁本は、御面倒ですが小社通信係宛送付下さい。
送料小社負担にてお取替えいたします。